# 吴玉章论教育

吴玉章 著
中国人民大学校史研究室 编

中国人民大学出版社
·北京·

# 《吴玉章论教育》编委会

主 任：靳 诺　刘 伟

委 员：

吴付来　贺耀敏　郑水泉　刘元春　杜 鹏　朱信凯

齐鹏飞　顾 涛　王 轶　胡百精　张 斌　李永强

○ 吴玉章在办公室写作

○ 吴玉章在学生中间

# 吴玉章教育箴言十则

俗语说:"做饭不难洗碗才难。"人都喜欢做热闹事不愿作冷背事。我以为前一事的善后作得好,后一事的发展才有望,所谓历史事件有连续性。只看见表面,而不考究其根基,是不能了解事之所以荣枯的根源。所以我以为:前事之结束,是后事之开始,特别要重视。

本校教授历年均取自学辅导主义,凡对于一学科之基本原理,由教师讲授或实验,后由学生自行研究练习,以养成自动的理论为原则。其有研究不得解,实验无结果者,即向教师陈述,详为指导。……至训育方面,仍取自治辅导主义,使学生对于校规有自发的猛省,养成共同遵守规律之习惯。……以期养成健全之国民。

(留法俭学会)其目的约有四端,一曰扩张国民教育,二曰输入世界文明,三曰阐扬儒先哲理,四曰发达国民经济。

世界在不断地进步,不是与日俱进,而是与时俱进。

更好的把我们的智慧供献给人民,造福于人民,全心全意为人民服务,这就是我们的志愿,这就是我们今后工作的出发点。

我们教育工作者是社会主义建设中的一支劳动大军——脑力劳动者,是光荣的工人阶级的一个部分。国家极其重视我们的劳动的贡献,也殷切地期望我们不断取得更大的成绩。

使我国的科学技术特别是那些最急需的部门接近或达到世界先进水平!

我们当然是培养又红又专的人才。红与专要联系起来,我们反对的是白,并不是反对专。只专不红当然不对,但只红不专也不对。

看问题,就要学会看历史,看历史发展。

把我们的后代培养成经得起风险的、真正可靠的革命事业接班人。

# 序

吴玉章是我国杰出的无产阶级革命家、教育家、历史学家和语言文字学家。他一生始终奋进在时代的前列，他是中国革命最先进最觉悟的老战士之一，是共产党人和青年人的模范。他一生始终把教育事业作为革命事业的重要组成部分，从1912年倡导、组织留法勤工俭学，至担任鲁迅艺术学院院长、延安大学校长、华北大学校长和中国人民大学首任校长，半个多世纪中，他探索并创造性地提出了一套适合我国国情的教育理论，为新中国教育事业的建立和发展做出了重要贡献。他说："办学校，是为了振兴中华，提高民族文化素质，为国家培养人才，这是一个极其光荣而伟大的任务，是国家百年大计、千年大计的大事，它有着重大而深远的历史意义，我一生都乐于办学校，愿为国家培养人才做贡献。"

党的十八大以来，习近平总书记围绕"培养社会主义建设者和接班人"做出一系列重要论述，进一步明确和深刻回答了"培养什么样的人、如何培养人以及为谁培养人"这一根本问题。这是中国共产党对教育规律的深刻认识，浓缩着党在教育领域长期实践探索所取得的宝贵经验。值此中国共产党成立100周年之际，让我们重温老校长吴玉章的教育思想，进一步坚定扎根中国大地办大学的信念，努力建设中国特色世界一流大学，为服务国家富强民族复兴人民幸福贡献力量。

校党委书记　　　　　校长

2021年5月

# 代 序
## 纪念我国无产阶级教育家吴玉章同志\*
## （1983年12月30日）

### 蒋南翔

吴玉章同志原名吴永珊，四川省荣县人，生于1878年12月30日，今年是他诞生的一百零五周年。吴老是我国一位久经考验的爱国志士、无产阶级革命家，又是深受革命青年尊敬爱戴的无产阶级教育家。从他1903年出夔门去日本探求救国图强的道路，直到1966年12月病逝，六十多年间一贯站在革命的前列，坚贞不渝，奋斗不息，为人民的解放、国家的富强付出了全部心力。1905年他参加了孙中山领导的中国革命同盟会，曾为1911年4月广州黄花岗起义筹运军火。辛亥革命中他领导了四川的保路运动、荣县起义和内江起义。抗日战争时期，他是中国共产党参加国民党政府的国民参政会的七个代表之一（其他六位中共代表是：毛泽东、陈绍禹、秦博古、林伯渠、董必武、邓颖超）。作为中国民主革命的前驱者之一，吴玉章同志在中国现代史上每一个转折关头，都站在革命的进步的一面，从拥护变法维新转到革命民主主义，进而成为共产主义的坚强战士。吴玉章同志的一生，是坚持革命的一生，全心全意为人民服务的一生，也是紧随时代潮流不断前进的一生。

吴玉章同志是当代中国一位杰出的教育家。早在1915年他就发起成立"四川留法勤工俭学会"。1916年他在法国与蔡元培等人同法国教育界人士联合组成了"华法教育会"，负责组织当时留法勤工俭学的活动。1922年他任成都高等师范学校校长。1925年又在重庆创办中法学校。抗日战争和解放战争时期，他先后担任过延安鲁迅艺术文学院院长、延安大学校长、陕甘宁边区政府文化委员会主任和华北大学校长。建国以后，他一直担任中国人民大学校

---

\* 人民日报，1984-01-14（4）。

长、中国教育工会主席，同时主持文字改革委员会的工作。在吴玉章同志从事文化教育工作的漫长岁月中，为革命战争、政权建设、经济建设和文教建设，培养了好几代干部。他的教育活动，时间长，方面广，经验多，成就大，可以说是当代中国革命文化教育事业的杰出的代表。

毛泽东同志在庆祝吴玉章同志六十寿辰时说："一个人做点好事并不难，难的是一辈子做好事，不做坏事，一贯的有益于广大群众，一贯的有益于青年，一贯的有益于革命，艰苦奋斗几十年如一日，这才是最难最难的啊！我们的吴玉章老同志就是这样一个几十年如一日的人。"

吴玉章同志逝世到现在，已经过去十七年多了。在吴老一百零五周年诞辰之际，我国人民特别是教育界人士都在怀念他的高风亮节。我想着重谈谈吴玉章同志对我国教育事业和文字改革工作的卓越贡献，以寄托我们深深的怀念和衷心的景仰。

## 中国新型高等教育的开拓者

吴玉章同志既是一位革命家，又是一位教育家，而他之所以成为卓越的无产阶级教育家，正因为他首先是一位无产阶级革命家。他是为了推翻帝国主义、封建主义、官僚资本主义的反动统治而奔走革命，为了革命的需要而兴办教育的。他与同时代许多进步的教育家不同之处，在于他自始至终把教育当作革命事业的一部分，坚定明确地为革命的需要培养人才，他不是"为教育而教育"，也不是抱有"教育救国"的空想。他在参与组织了留法勤工俭学会之后，又于1917年重建了北京留法俭学会预备学校。他在当年5月预备学校开学典礼上所作讲演中，就强调青年们到法国去要探求革命思想。五四运动以后吴玉章同志主持成都高师时，以当时四川最高学府的校长身份，保护全省学生联合会和马克思主义研究会的活动，使高师成了当时成都进步势力的大本营。当时恽代英同志在泸州被反动当局逮捕，吴玉章同志立即去电保释，并聘请恽代英同志到校任教。1925年，吴玉章同志创办重庆中法学校时期，进一步使学校成为传播革命思想、培养革命干部的基地，特别注意招收因从事革命活动而被机关、学校开除的进步青年。可以说吴玉章同志早在二十年代就开始按照无产阶级的思想，根据中国革命的需要，探索和开拓着改造旧教育、创建新教育的道路。

1939年，吴玉章同志到达陕甘宁边区以后，在党中央和毛泽东同志直接领导下，建立和发展了革命根据地和解放区的高等教育事业。在战争年代极其艰苦的环境里，吴老以极大的热情，培养了一批又一批革命干部。华北大学是1948年6月由北方大学与华北联合大学合并成立的。这所学校吸收了从全国各地奔赴解放区的进步青年，特别是来自国民党统治区的大批大中学生，经过政治学习、思想改造，很快输送到各个战场。学生毕业时，吴老勉励他们"积极参加解放战争，把革命进行到底"；"进行土地改革，组织农民发展生产；参加城市工作，把工商业发达起来"。华北大学集中了老解放区干部教育的经验，在短短一年多的时间里培养出一万七千多名干部，为迎接全国解放、接管广大新解放区，作出了很大贡献。1948年，谢觉哉老同志曾赋诗祝贺吴老七十大寿，其中有云："况有三千诸弟子，东西南北立功勋。"这是对吴老的热情赞颂，也是当时的真实写照。那一代学员当中，许多人现在已成了各条战线的领导骨干。

建国以后，面临着恢复经济并逐步转向大规模建设的艰巨任务，需要培养大批的建设人材。1949年12月，中共中央和中华人民共和国政务院决定成立中国人民大学，任命吴玉章同志为校长，并指出，成立这所新型大学是"为了适应国家建设需要，接受苏联先进的建设经验，有计划、有步骤地培养新国家的各种建设干部"。遵照这一决定，在吴玉章同志主持下，以华北大学为基础，加上华北人民革命大学一部分领导骨干，又合并了政法大学，创建了中国人民大学。那时其他高等学校还刚接管不久，正在进行初步的改革，因而在新的基础上建立起来的中国人民大学的全部工作，带有开创和示范的性质。它是一所综合性的大学，设有政治理论、财经管理、外交、法律、历史、新闻、档案等系科。建校以来总共为国家培养了6万多名全日制毕业生，它举办的函授教育也培养出本科、专科毕业生一万九千多人。应当说，吴玉章同志致力教育事业的半个世纪中，他主持中国人民大学的十七年，是一个特别重要的时期。吴玉章同志在人民大学的工作，最突出地体现了为社会主义建设服务的特色，特别值得我们重视的，是以下三个方面：

（一）吴玉章同志坚定不移地贯彻党的无产阶级教育路线，坚持和发展了老解放区教育的革命传统，模范地执行了中央关于"教育为生产建设服务"、"学校向工农开门"的方针。在五十年代，中国人民大学的招生对象主要是工农干部和产业工人，也招收一部分中学毕业生。人民大学从建校之初就建立了多种学制、多种规格、多种形式的办学体制，既有本科、专修科、研究班，又有夜大学和函授部；还曾开设工农预科和工农速成中学，通过这一途径使更多的工农干部和劳动模范得以接受高等教育，从中培养出许多优秀人材。吴玉章同志按他一贯的为革命办教育的指导思想，悉心研究国家经济建设、政法建设和文化教育建设对人材的需求，来决定中国人民大学的系科和专业的设置。在财经方面，一开始就设有经济计划、财政信用、财政银行、工厂管理、合作社、对外贸易、统计等专业，以后又增设了经济信息管理、工业经济、农业经济，逐步形成了社会主义经济建设所需要的比较完备的专业教育体系。新中国社会主义的高等财经教育体制，最早是在中国人民大学建立并奠定基础的。

应当特别指出，吴玉章同志很早就提出要把管理人材的培养列入国家计划的要点。他在1954年就向中央建议，国家五年计划草案中关于高等教育的重点"应增加培养管理人材的院校和系科"。他认为，"在强调培养技术人材的时候，还须同时注意管理人材的培养，这样才能保证我国经济建设事业的正常发展"。他指出，"不能认为调些老干部转到企业中去就算把企业管理问题解决了，要把企业管理好，非有丰富的知识不行。不但要学经济科学，而且也要学技术科学，只有学会了这许多科学知识，才能成功地领导我们的经济建设工作。管理工作落后于技术工作的现象尽管还是在萌芽，但若不及时注意，将来就可能造成大的损失"。事实正如吴老所担心的那样，我国在相当时期内忽视了干部的正规教育和财经、管理人材的培养，使我们经济建设中深感到这方面人材的缺乏。党的十一届三中全会以来，根据四化建设的需要和中央的部署，许多高等学校采取一系列必要的措施，加强了财经和管理人材的培养工作，并开始见到成效。现在回顾一下，吴玉章同志早在三十年前就敏锐地觉察到忽视这一问题的危险性，表现了一位革命家和教育家的远见卓识。今天我们重温吴老的上述见解，应当更进一步理解和学习他的教育思想。那就是办教育必须从我国的国情和社会主义建设的客观需要出发，兼顾当前和长远，按照有计划按比例的原则发展教育事业，按照又红又专的方向培养学生；而不是把我们的主观愿望或学生的个人志趣作为出发点。这是社会主义教育的根本原则。

（二）吴玉章同志正确地执行了中央当时关于学习苏联的方针。全国解放之初，旧中国在高等教育方面给我们留下的基础是很可怜的。1949年全国高等学校在校学生一共只有十一万七千多人，教师只有一万六千多人。原有的国立大学、教会学校、私立大学，都是原封不动地接收下来，旧中国大学中广泛存在的国民党党化教育的影响和崇洋媚外的思想，还有待清除。在这样的历史条件下，我们要建设新中国的新型大学，显然不能走旧中国盲目抄袭欧美教育的老路。当时中央采取"以老解放区新教育为基础，吸收旧教育某些有用的经验，借助苏联经验，来建设新的人民教育"的方针，是完全必要和正确的。由于吴玉章同志曾创办过老解放区的高等学校，又有在旧中国办教育的经验，对苏联教育也有相当了解，因此他能比较全面地贯彻执行中央的上述方针。在他主持下，中国人民大学在系科设置、教学内容、教学组织、教学方针、科学研究、师资培训等方面，都根据我国的情况和需要，吸取苏联经验，也得到苏联专家的帮助，取得了良好的成绩。关于学习苏联，他强调对待外国经验，不能生搬硬套，不能搞教条主义。这些意见，在今天看来，仍然是很可取的。

（三）吴玉章同志提倡用马列主义、毛泽东思想占领大学讲坛，努力把中国人民大学建设成为学习和传播马列主义、毛泽东思想的坚强阵地。建国初期，在其他高等学校，广大教师对马列主义还有一个逐步了解和熟悉的过程，而新建立的中国人民大学最先在各个系科、各门课程的教学中较好地体现了以马列主义、毛泽东思想为指导。这所学校把培养马列主义理论人才作为一项主要任务。在"文化大革命"前的十多年中，人民大学培养了大量的理论人才，在理论研究中也做出了显著的成绩。今天我们在全国各地都能遇到许多从事理论工作的干部和理论课教师，或者是人民大学的毕业生，或者是在人民大学进修过的。吴老教育教师和学生要努力成为"用马列主义、毛泽东思想武装起来的、掌握最新科学成就的专家"。在吴老以身作则和大力倡导之下，中国人民大学比较注意理论与实践的结合。学校同有关业务部门和企业建立有固定联系的制度，双方订立契约，实行互助合作，学校有计划地组织师生走出校门参加社会调查和生产劳动，又聘请有关业务部门负责人到校作报告，学校的教师、干部也参加业务部门的研究工作。人民大学每年都要举行校内外结合的科学讨论会，并取得相当的研究成果。毕业生出去工作，也表现出较强的实际工作能力，广泛受到好评。吴玉章同志亲自培育起来的这种将马列主义、毛泽东思想的指导同各门学科的教学实践相结合的学风和校风，是很值得坚持和提倡的。

当然，人民大学和其他高等学校一样，工作上不免有这样那样的缺点或不足之处；但总的说来，成绩是主要的，而且是巨大的。

吴玉章同志是我国高等教育的优良传统的杰出代表，也是我们教育工作者的杰出代表。建国之初，党中央决定在中华全国总工会之下成立中国教育工会，委托吴老筹建。在1950年8月召开的第一次全国教育工作者代表大会上，吴玉章同志当选为中国教育工会全国委员会主席。他在大会上指出，这次代表大会"标志着中国社会体力劳动与脑力劳动分裂对立的现象开始走向体力劳动与脑力劳动的结合与统一的方向。这是人类社会发展史上很大的一件事情"。他还在1954年"五一"节致全国教育工作者的一封信中指出："我们教育工作者是社会主义建设中一支劳动大军——脑力劳动者，是光荣的工人阶级的一部分。国家极其重视我们的劳动贡献，也殷切地期望我们不断取得更大的成绩。"吴老一贯关心党的知识分子政策的贯彻执行。他亲自过问小学教师生活待遇如何改善，又认真研究如何使学有专长的学者、专家充分发挥作用。他曾说，解决好这些问题，是党和国家义不容辞的责任。同时，吴老号召广大教师珍视作为工人阶级一部分的荣誉，严格地要求自己，沿着又红又专的方向前进。

## 中国文字改革运动的先驱

我国的文字改革，关系到全国各族人民和子孙后代的文化生活，关系到国家的繁荣昌盛。吴玉章同志早年曾经沉痛地说："不仅帝国主义强盗们贱视中国人，就是中国人自己也有看不起自己的，以至有四万万五千万人的国家落到半殖民地的地位。其原因之一就在于绝大多数人愚昧无知，文化落后。"而难学难用的方块字，"不仅为难了广大的人民，同时也使世界的人无法了解中国的实在情形"。所以他尽后半生的心血，一直把文字改革当作一项革命事业，为之奋斗不懈。

1927年大革命失败，吴玉章同志到莫斯科之后，就主动参加了汉字的改革工作。他先后同瞿秋白、林伯渠、萧三等同志一起，研究汉字的根本改革，制定了中国拉丁化新文字的方案。吴玉章同志于三十年代初在苏联远东地区的华侨当中，四十年代前期在陕甘宁边区的农村，先后进行过用拉丁化拼音文字来扫除文盲的试验。在陕甘宁边区，吴老曾任新文字运动委员会主任，举办过新文字干部学校，主持过《新文字报》和《新文字丛书》的工作。这些初步的实践，为解放后在全国范围开展文字改革工作提供了宝贵的经验。

建国以后，吴玉章同志先后担任文字改革协会主席、政务院中国文字改革研究委员会副主任（主任为教育部长马叙伦）、国务院中国文字改革委员会主任。他在毛主席、周总理的关怀下，积极组织和领导了中国文字改革的工作。一位从事文字改革工作多年的同志曾告诉我一个真实故事：1958年吴老在向全国政协所作的一次报告中恳切地说，我已经八十岁了，从小习用汉字，如果单为个人，完全不必提倡文字改革，然而为人民大众和子孙后代，我必须坚持文字改革，为它奋斗到底。这番话使当时主持会议的郭沫若同志非常感动，他站起来说：大家应该学习吴老的这种为人民服务的精神。在场的人士也无不为之动容。

根据中央决定的工作方针，吴玉章同志大力推动汉字的简化和整理工作，以减少汉字在教学、阅读和书写上的困难。在广大语言文字工作者共同努力下，于1956年公布了《汉字简化方案》，简化了一部分汉字的笔划，减少了常用汉字的数目，便利了群众使用，并促进了扫除文盲、普及教育的工作。吴老非常重视推广以北京语音为标准音、以北方话为基础方言的普通话，认为这不仅是实现我国文字拼音化的必要步骤，而且是关系到巩固国家统一的政治任务。在吴老领导下，中国文字改革委员会于1958年2月制定出《汉语拼音方案》，经第一届全国人民代表大会第五次会议批准，作为帮助学习汉字和推广普通话的工具。吴老曾在为普通话学习成绩观摩会题词中号召"大力推广普通话，促进汉语的统一，使我们的语言更好地为社会主义和共产主义建设服务；积极推行汉语拼音字母，用来巩固扫盲成果，以促进文化革命和技术革命"。经过多年的努力，我们初步实现了中国近百年来先进的人们所期望的目标：普通话在各地区比较通行；汉字经过简化和整理，较为易学易用；国家有一个共同一致的并能在国际上通行的汉语拼音方案。二十五年来，汉语拼音方案在普及教育和国际交往中都起了很大作用。现在，用汉语拼音来书写中国的人名、地名，已经得到国际公认。

吴玉章同志主持全国文字改革工作的十多年，真是勤勤恳恳，呕心沥血。他不顾年老体弱，亲自到华北、东北、华东、西南十多个省、市检查、推动汉语拼音和普通话的教学。为了解决字母和拼法上的疑难问题，时常废寝忘食，日夜苦思。他提倡简化汉字，批评那种认为简化会使文字混乱的错误意见，同时也反对一下子造出大批新的形声字，使群众难于接受。对于政府已经公布试行的改革方案，他很注意倾听工农群众和语言文字工作者的反应，力求再加改进。总之，吴玉章同志不仅参加了中国文字改革的创始工作，而且负责领导了建国以后全国文字改革的实际工作，孜孜不倦地奋斗了几十年。他作为这一事业先驱者的光辉业绩，是永远值得后人纪念的。

## 教育工作者的楷模和师表

1939年，我在重庆初次认识吴玉章同志。那时中共南方局青委在重庆的八路军办事处主办了一期大后方的青年干训班，请吴老讲课，他讲中国近代革命史，具体、生动地讲述辛亥革命以前，许多革命先烈为了推翻专制王朝而前仆后继、可歌可泣的英勇斗争。他平静地娓娓而谈，亲切感人，在听讲的青年同志心中，留下了经久不灭的印象。在以后二十多年中，每次和吴老接触，常不禁引起我初次在重庆听讲时的回忆。

吴玉章同志一生，为党为国，公而忘私，他的功业品德在革命队伍里备受尊敬。但他一贯谦虚谨慎，永不自满，刻苦精进，至暮年亦不稍衰。1960年5月吴老的《自励诗》有云：

　　春蚕到死丝方尽，人至期颐亦不休。
　　一息尚存须努力，留作青年好范畴。

吴老何止是青年的好范畴，他实实在在是我们共产党人和一切后来者的好范畴。吴老最值得我们学习的，首先是他将无产阶级革命家与无产阶级教育家集于一身的品格。近百年来，我国进步的教育家为数不少，但象吴老这样当之无愧的无产阶级革命家兼教育家，可以说是寥若晨星。他一生坚持革命，从宣传和组织群众，购运军火，直到深入龙潭虎穴，亲身参加武装斗争。他一生致力于教育，不仅当校长，而且当教员，直到晚年还亲自讲课，给学生讲辛亥革命，讲五四运动，讲党的历史，讲中国文字改革，甚至直接给学生教汉语拼音。他一贯把教育与革命结为一体，坚持育人为革命为社会主义的方向。这正是他胜过一般进步教育家之处，也是他堪称无产阶级教育家的理由所在。

吴老最值得我们学习的，还在于他一贯忠诚党的教育事业的革命精神和他毕生积累的宝贵经验。吴老的教育活动延续了将近半个世纪，桃李满天下，功德载口碑。他能在马列主义、毛泽东思想指导下集新旧教育、中外教育之精华，尤其难能可贵。我们纪念吴老，在广泛宣传他的革命功业的同时，应当特别珍视并认真总结他培养人材的经验，作为当代和后世学习的生动教材。继承和发扬吴老办教育的经验，对于我国社会主义教育事业的发展、改革和不断提高，将是有力的促进。

吴老最值得学习的，尤其在于他那坚强的无产阶级党性和崇高的革命气节。毛泽东同志号召全党"特别要学习他对于革命的坚持性"，说他从戊戌变法、辛亥革命到新民主主义革命，几十年"颠沛流离，艰苦备尝，始终不变"，而要做到这一点，"不但需要有坚定正确的政治方向，而且需要有艰苦奋斗的精神，不然就不能抵抗各种恶势力恶风浪"。吴老对党和人民怀着真诚的热爱，对马列主义、毛泽东思想抱着坚定不移的信念，从而在斗争中表现出威武不能屈、贫贱不能移、富贵不能淫的革命节操，和生命不息创新不已的革命风格。他对党和人民事业的无限忠诚，工作上的严谨细致和平易近人，生活上的艰苦朴素，给干部和群众留下了难忘的印象。在当前建设社会主义精神文明、防止和清除各种精神污染的斗争中，吴老的言行风范更加显出它的夺目光辉。

吴老永远活在全国教育工作者的心中，永远活在全国人民和青年学生的心中。让我们继承吴老未竟之志，为祖国的四化建设，为中国社会主义的教育事业而努力奋斗，百折不挠地沿着社会主义道路奋勇前进！这是我们对吴玉章同志最好的纪念。

# 目 录

致故乡友人信（1905 年 1 月） ……………………………………… 1
留法俭学会讲演会之演说（1917 年 9 月） ……………………… 5
成都高等师范学校教授训育及学生实习之状况（1923 年 3 月） …… 8
在重庆中法学校开学典礼上的讲话（1925 年 9 月 27 日） ……… 11
中国革命与世界革命的关系（1926 年 9 月） …………………… 12
革命军人要懂得革命的理论（1927 年 2 月 24 日） ……………… 15
研究中国历史的意义（1938 年） ………………………………… 17
纪念蔡孑民先生（1940 年 4 月 5 日） …………………………… 23
致安徽自然科学界的一封信（1940 年 5 月 4 日） ……………… 26
中国妇女在五四运动中走上了自己解放的道路（1940 年） …… 28
培养能做事的了解国情的青年（1941 年 9 月 22 日） …………… 34
在龌龊的社会里，还要学习"人品"（1946 年 6 月） …………… 38
回忆陶行知先生（1946 年 8 月） ………………………………… 40
在华北大学成立大会上的讲话（1948 年 8 月 24 日） …………… 44
在华北大学祝寿会上的讲话（1949 年 1 月 1 日） ……………… 52
在华北大学一部同学毕业典礼上的讲话（1949 年 2 月 26 日） … 55
纪念"五四"三十周年应有的认识（1949 年 6 月） …………… 58
致世界学生第二届代表大会贺电（1949 年 7 月 9 日） ………… 61
学习的重点在改造思想（1949 年 11 月 11 日） ………………… 62
五十年来英勇奋斗的中国青年（1949 年） ……………………… 66
中国马克思主义最早的倡导者——李大钊同志（1949 年） …… 69
中华全国自然科学工作者代表会议筹备会全体会议开幕词（1949 年）…… 72

中华全国自然科学工作者代表会议筹备会全体会议闭幕词（1949年）…… 76
纪念列宁（1950年1月21日）…… 80
在中国人民大学第一次学生大会上的讲话（提纲）（1950年3月）…… 83
《人民大学》校刊发刊词（1950年5月）…… 85
全国教育工作者代表大会的闭幕词（1950年8月11日）…… 88
中华全国自然科学工作者代表会议开幕词（1950年8月18日）…… 91
培养新中国的各种建设干部（1950年10月3日）…… 94
纪念十月革命三十三周年（1950年11月7日）…… 100
在中国人民大学专修科学生毕业大会上的讲话（摘要）
　（1951年6月10日）…… 104
在中国人民大学校代会上的讲话（1951年9月20日）…… 107
《教学与研究》发刊词（1951年）…… 111
在中国人民大学学工人员大会上的讲话（摘要）（1952年2月14日）…… 115
关于学生功课太重致毛泽东信（1952年3月18日）…… 118
人民教师必须学习马克思列宁主义、毛泽东思想（1952年7月1日）…… 120
希望青年学生参加人民教育工作（1952年7月12日）…… 124
对于新学年的希望（1952年9月6日）…… 126
和青年们谈谈学习问题（1952年9月30日）…… 129
教育工会是推动国家教育事业的重要组织（1952年9月）…… 133
学习苏联知识分子的榜样，积极参加祖国建设（1952年11月7日）…… 136
为了国家建设，教育工作者必须加强学习，提高工作质量！
　（1953年1月11日）…… 141
在中共中国人民大学第二届党代表大会上的开幕词
　（1953年3月19日）…… 144
在中国工会第七次全国代表大会上的发言（1953年5月5日）…… 146
在中国人民大学学生毕业典礼上的讲话（1953年7月）…… 150
中国人民大学三年来工作的基本总结（1953年10月4日）…… 156
学习和宣传总路线是教育工作者的重要政治任务
　（1953年12月25日）…… 164

给全国教育工作者的一封信（1954年4月30日）……………………… 168
在高等财经教育工作会议上的讲话（1954年4月）………………… 174
中国人民大学第五次科学讨论会闭幕词（1954年12月26日）…… 182
庆祝莫斯科大学成立二百周年（1955年5月7日）………………… 186
《人民大学周报》复刊（1955年9月10日）………………………… 188
在全国青年社会主义建设积极分子大会的讲话（1955年9月16日）… 190
开展群众性职工体育运动，是保证完成第一个五年计划的重要条件
　（1955年9月22日）………………………………………………… 195
发展中日两国教师间的友谊（1955年10月25日）………………… 197
在中国人民大学马列主义夜大学第二届学员毕业典礼上的讲话
　（1955年10月30日）……………………………………………… 199
为贯彻执行提高教育质量的方针而斗争（1955年11月18日）…… 200
中国文字改革的道路（1956年3月1日）…………………………… 206
为迅速赶上世界科学先进水平而奋斗（1956年5月）……………… 213
青年们，要向哲学社会科学进军（1956年6月6日）……………… 216
对毕业生的五点希望（1956年7月）………………………………… 219
充分动员和发挥教育工作者、科学工作者的力量，为伟大的社会主义
　建设服务（1956年8月6日）……………………………………… 221
用科学知识武装劳动人民（1956年8月26日）……………………… 229
让青年发挥更多的独立精神（1956年8月）………………………… 232
在社会主义学院开学典礼大会上的讲话（1956年10月15日）…… 235
学习苏联，改造思想，全心全意为建设社会主义服务
　（1957年11月6日）………………………………………………… 240
工会对教师和科学工作者的工作（1957年12月5日）……………… 245
谈勤工俭学和新学风（摘要）（1958年5月9日）………………… 250
在中国人民大学庆祝中国共产党成立三十七周年大会上的讲话
　（1958年6月28日）………………………………………………… 252
坚决贯彻执行党的教育方针（1958年9月14日）…………………… 259
在中国人民大学全校人员学会拼音文字和普通话大会上的讲话（摘要）

（1958年11月19日）············································ 267
六十年来中国人民创造汉语拼音字母的总结（1958年）·············· 271
在中国人民大学第七次科学讨论会上的讲话（1959年5月4日）······ 275
努力学习做好档案工作，为社会主义事业服务（1959年6月3日）······ 278
给孙子们的信（1960年2月1日）································· 281
在开学典礼上的讲话（1961年9月10日）························· 285
发扬"五四"运动的革命传统（1962年5月4日）··················· 288
总结经验，增强团结（1962年11月15日）························ 292
做革命的接班人（1963年1月1日）······························ 296
致毕业同学（1963年7月7日）································· 306
提高教育质量的关键，在教育者本身（1963年11月3日）··········· 307
新年话家常（1964年1月1日）··································· 309
大家来写校史（1964年1月17日）································ 315
给青年的话（摘录）（1966年10月）······························ 319

吴玉章自传（1942年）············································ 321

参考文献························································ 337

编　后·························································· 344

## 致故乡友人信<sup>*</sup>
（1905年1月）

△△鉴

弟远桑梓倏忽二年，时以不得与同志诸君谈心论世，砥学砺行为憾。今春家兄旋里，得与诸君周旋，聚首谈心，一堂讲学。家兄来函屡称：诸君奋发有为，堪为吾国柱石，此不独吾荣之幸，亦吾国之幸也。每思及此，不仅为之踊跃三百。以为国内如此振兴通达之士层见叠出，风气日见昌明，人民顿加醒悟，吾国虽弱，岂不能即转为强。故尝慨然曰：亚东本是同文国，崛起何尝逊白人，勃勃生机，私心窃幸。

乃近来略有所闻，反足令人短气。何也？或谓新学尽属欺人，或谓学界几成陷阱，故凡学界举一事，不以为非，亦不以为可。补苴罅漏，面是心非。使如此则我国之亡，非不讲学求新之罪，是讲学求新之罪也?! 清夜自思，潸然泣下。自兹以往，不敢以维新救国、讲学出洋诸名词告诸君，更羞以足浅见陋之言强聒诸君矣！殆转念以思，不言而势已至此，言之而势亦不过仅及此，或言之而势反不至此。是以不揣冒昧，为诸君渎陈之。

以事过繁冗，略分内外。外界之事，诸君闻之熟矣。他不具论，其于我关系最大者为日俄战争。日人一战胜俄，遂有辽阳。自四月围攻旅顺以来，最为世界所注目。冬月中旬，歼灭其舰队，夺取其要垒，卒于冬月二十六日攻陷天险，敌俄军降伏。是日为西历元旦，日本全国欢呼鼓舞之情，难以笔墨述。美总统于宴会为之投箸，英人称之为世界第一强国。德法等新闻，赞美莫罄。正是：小将功成日，全球震动时。当西历除日，日攻围军司令官乃木大将愤攻围

---

<sub>*</sub> 程文，陈岳军. 吴玉章往来书信集［M］. 重庆：重庆大学出版社，1993：1-4.

久无成效，誓于元旦日掷一军团，期以必克此而朝食，而于是日得俄将开城书，亦可为此军团幸。闻乃木三父子皆从军，战则誓以必死，其二子皆战死，而各报恐大将前敌以死而失其飞将军也，弥危之。吾不知日人之性何以若是其勇决也。于活动写真见南山之战，俄人于阵地设铁网，坚牢无比。日兵突进，战于网中，死伤山积不稍却，负伤者鲜血交流犹举枪奋斗。故俄人语曰：天下无论何物皆不能比日兵之坚忍而有进无退也。当战争之时，其心以为敌炮虽利，未必能扫我全军，纵使十死八九而所残之一二人已突进巢穴，举旗一呼，后者继进，此所以每战必得敌垒，每战必获胜利也。二十四日，海军大将东乡以旅顺敌舰全灭凯旋东京，万姓夹道欢呼，万岁之声闻于数里。夫东乡明治以前留学英国时，一寻常诚朴之士耳。其弟兄从西乡起义，尽瘁国难而死于斯时也。外族凭陵，内患迭起，国是未定，宗社将墟，其流涕痛哭当不亚于贾长沙也。而不数十年，使国家列为世界一等强国，固始愿不及此，而亦不可谓天下事不在人为也。

弟睹人新胜之国势，而以吾国事事拟之，竟成一反比例，不敢怨人，自怨而已。阅冬月二十八日《日新》北京来电，谓俄人要求我政府，欲福建之澳门、厦门为泊军舰地。此等无理之事，固知万不行，然而侮我亦太甚矣！上海露兵暴行，屡见各报，此为繁富之区，稍有举动即能知之，吾独悲乎东三省、蒙古等之僻在一隅也。虽暴杀数十万数百万，亦无人理之，无人言之也。又阅二十四日日报云：德人于山东仿俄人防守铁路政策，分三十余处，每处派兵二三百人，山东巡抚与之不合，竟强迫更换之。英人于西藏筑铁路直达重庆，要求甚力。种种无理之逼迫，接踵而来，能不令人发指！

然而外侮之来，固吾国势之弱。使吾国有勃然之机，则今日虽受侮，庸有雪耻之一日。而吾国内又何如也？社会政治无一不腐败，朝野上下，其所言所行，混混浊浊，几令人不欲置身于其丛中。而所恃者，仅学界耳。以为仁人志士多出其中，移风易俗匪异人任。故近日讲求教育普及之法，万众一心，举国一致。讵知新旧之争，其祸更烈；而讵知新与新之争，其祸尤烈。或丑诋一二人而谩骂全局，或择举一二事而痛毁全体，致使故乡父老闻而相戒曰：毋使子弟入此迷途也。抑谁之疚欤？！

近日学生东渡者将达三千，良莠不齐，议论亦多不当。故乡父老闻之，以为是皆少年无知之辈，未窥经典，略识之乎，故见异思迁，无操守性质；而尤敢以末识妄议前人，是不可不主持大义，以存先哲典型。故一切刑政制度应改革之事，无不起而厄之。吾固知父老之心非不欲救吾国也，而万事不能许其革新，适足以灭吾国！灭国非父老之罪也，吾辈之罪也乎？

夫今日之势，既不能闭关自守，则必与各国交通；与各国交通，则不可不观世界之大势。今日号独立国者，其政体非立宪即共和，其专制而称独立国者，仅俄罗斯与中国。俄自战败以来，民族蠢动，刺国务卿，刺波兰总督，刺警察长，莫斯科且集至数千、万人以抗。俄皇知专制国之不能立于二十世纪也，于西历十二月二十日下改革立宪之诏，谓非时势之不得不然耶！我父老欲存先王之志，闻言改革则以为学洋人。吾甚钦佩父老保祖国之心，然我辈今日所行之制度礼仪，衣服器具，何一为古先圣王之制乎？清夜以思，恍然自悟矣。

又，或以为游学者炫于人之辉赫，而未识先圣先贤之典章文武，遂自揄扬。夫如弟之孤陋寡闻，未能博览群籍，其言固不足短长。而谓集二三千之士子，萃二十余省之人才，一二通人博学亦未曾有，能不诬乎！

又或以内地亦不乏报章，而危词耸动不如是之甚，岂海外别有天地乎？而不知内地报章诸多忌讳，且海外并无访事人，所译各报皆人已实行之事，而安能于机之先，知各国之内情与对我之手段也！即在日本，于各报亦不得闻其详，而往往于其通人学士所著之书睹其密秘。而各报亦以保东亚和平为主义，稍有关于中国之事则反复论之，非欲警告中国也，亦借以作他山之石而激励其国民，故此次战争皆知奋身。使民夙无知识，不知亚东之关系，安能舍死而为邻国驱强敌乎！

今者日俄战事，各国有仲裁之说。彼二国事平，即我国事始。稍有识者皆知此番交涉之难。而况西有川汉铁路与英法之交涉，又有粤汉铁路与美之交涉，更有广西乱事与法人之交涉，其它山东、澳门、厦门等交涉，外交之棘手当莫如斯时也。

外界之激刺逼人而来，觉天地虽宽，竟无国民吐气扬眉之地。而回想我故国山河，闾阎父老，谓前此曾痛言时局，或有一二革新之机，反动力大，其进步愈速，祸未必非福。而不料无一线光明，反诸多疑窦。一人何足惜，所可伤者，二万里锦绣江山，四千岁文明古国，神明胄竟如斯乎！

　　无计能醒我国民，丝丝情泪搵红巾。
　　甘心异族欺凌惯，可有男儿愤不平！

　　杞忧人其不必矣，一眶血泪，无处可倾。今日东京市以旅顺陷落，祝捷于日比谷公园，其繁华热闹不忍看不忍言。走笔草此，我思古人贾长沙之策治安，殆以涕泣为宗；庾子山之赋江南，惟以悲哀为主。虽知其不详，非人所能主。

　　来日方长，尚祈为国珍重。不宣。

　　（原注：此信根据吴玉章同志生前保存留学日本时期手稿录出。写信地点在日本东京，时间当在1905年1月。）

# 留法俭学会讲演会之演说
（1917年9月）

永珊特为组织华法教育会事，自法归来。留法俭学会，亦该会应办事之一端。其历史，其精神，已由蔡、汪、李三先生发挥尽致，无庸再述。兹但就华法教育会之组织目的，为诸君略言之。此会为蔡、汪、李诸先生，及旅欧同人，联合法国学者所组织而成。其目的约有四端，一曰扩张国民教育，二曰输入世界文明，三曰阐扬儒先哲理，四曰发达国民经济。何谓扩张国民教育？我国甲午以前，留学外国者绝少，即壬寅癸卯时代，于日本亦不过二三百人。其时爱国者盛倡自费留学，遍设招待机关。无何而留学日本者，数达二万以上。风气遂开，学说大变，而革命思潮，遂滂沛而不可遏。壬癸以来，十余年耳，其思想之进化为何如，吾人试一回溯，能无隔世之感乎！今革命成功矣，革命事业，非仅破坏已也，势必有极良之建设，而后革命之目的为得达。现我国政象之杌陧，民生之凋敝，言之滋痛，是皆因无术以善其后也。欲求利国福民之术，非学莫由。国内学术未备，势非留学不可。顾国人多欲留学东洋，而鲜至欧西，虽限于经费，亦昧乎实情。或更误于日与我近，适于国情之说，衷心以为日本亦一强国，苟能学步，亦足称雄。而讵知日人学术，步武欧西，中学以下之书，著者尚多，而高深者则甚鲜。且限于国情，自有取舍趋重之必要。有此数因，以致吾东亚人士，多未能洞悉世界学术思想变迁之大势。例如社会主义一名词，早已通行于世界，而东亚人士，尚有惴惴然惟恐其发生者，亦有援引而妄用者。殊不知今日为社会主义盛行时代，自德国之国家社会主义，以至俄国之共产主义，派别虽多，大约可分为二，一急烈，一平和。急烈者为"改

---

*  东方杂志，1917，14（9）：181–183.

造的",即欲打破旧社会之组织,而建设一新社会者也。平和者为"进化的",即欲就旧社会之组织而改良之者也。其手段虽有不同,其认今日之社会为不良,则一也。其欲使今日经济,分配不平之现象,使之日趋于平,则一也。凡此皆经济学家之主张,苟不考其源流,而徒信道路之传闻,几何其不误会也。吾人处此开明时代,而眼光足迹,仅限于一隅,若有物为之蔽者,岂非吾少年英俊之大恨事乎?同人甚愿吾国青年,目光注于全世界,勇猛精进,必穷究世界学术之精微,由自主的择一自信者而力行之,而后为不虚生于此二十世纪。留法俭学会之设,即欲为国人作求学之津梁也。何谓输入世界文明?吾国新学之勃兴,殆四十年,而编译有名之著作,仅寥寥数卷,且转译日文者居多,或为陈腐之说,或属一家之言。夫近世学术昌明,日新月异,一学说出,恒有他学说以反对之,皆各持之有故,言之成理,苟不观其全而会其通,往往有激于一偏之弊。然欲求举国人士,皆通欧文,遍读新书,势必不能。故编译之事,亦为最要。本会有世界编译社之组织,其办法分二部:一则编译世界名著,绍介世界新书,条分缕晰,使国人洞悉世界学术思想,亦随变迁之大势;一则发行一大杂志,将世界新事实,及时详载,使国人得察人文社会进化之趋向。何谓阐扬儒先哲理?我国学术发达极早,而以补益现世界者尤多,徒以限于文字,未大昌明,吾人拟择吾国儒先学术之精华,译为西文,以表彰我国之文明,俾中西学术之英精,融成一片,以促世界之进化。何谓发达国民经济?我国今日穷困极矣,然据经济学家言,有土地,有人民,国绝不患贫。而我国地广人众,何竟至此?是必吾人处理未得其道也。致富之道,不外生众食寡,为疾用舒,今天下胥为分利之人,而又有外人朘削之,国安得不贫?即如对外贸易,年年输入超过数万万,为一绝大漏卮,论者尤谓幸有华侨赢利,稍足补救,尚可无虞。而不知华侨之贸易,其足称为国际贸易者绝少,不过我旅居外国之同胞甚众,需用祖国之物品亦多,故大部分之侨商,不过赢得吾侨民之血汗数点而已。此后吾人当谋直接输出我国出产于世界市场,与各国为经济之竞争,庶几可救贫困于万一。又自欧战以来,各国广招华工,如能因势利导,不但国民之生计,得以一舒,且可培植一般实业人才。本会对于招工合同之改良,华工教育之组织,特为注意,以图国民经济势力之发展。以上诸件,为本会愿办诸事之大略,兹值俭学会开幕之机,特为诸君一陈。最后尚有一言,致欲留学诸君子前。清时代留学外国者，多发扬蹈厉之气，坚苦卓绝之操，故能演出种种可歌可泣之事业，而革命遂以成功。民国成立以来，学风稍靡，似以为目的已达，更无须奋勉者。而不知环观世界，吾民国之幼稚，无异婴儿之在襁褓，而风雨飘摇，又有大厦将倾之象，诚不可不痛自刻责，发奋为雄，以争生存于世界者也。此心此志，愿与诸君共勉云。

# 成都高等师范学校教授训育及学生实习之状况[*]
（1923年3月）

本校本科国文、英语、数理、博物各部三年级学生，自第三学期起，应照章实地练习教授法。本校三年级学生因仿照京鄂各高师办法，于毕业前派员率领赴长江各省及日本各处，实地考察教育状况，以资考镜，不能不将实习期间酌量减少。其实习学校，计附属中学九班，附属小学十班，分为二次实习。第一次、第二次均实习二周，附中附小先后更替，未实习时则分部参观教生教授，其教授批评除教员临时批评外，各部每周开批评会一次，批评时先由学生自述对于教案准备是否完善，次由参观之教生批评，最后再由教员批评。自经批评后，教生教法尚知逐渐改良。

本校又以三年级生毕业在即，教授法应多为参考，乃于实习中择其暇日，由教职员率领参观省城各中小学校教授，藉资比较。实习完毕，特派专员率领各三年级生，赴长江各省及日本各处考察教育状况，以便观摩。三年级生偕往者六十余人，因旅费未能筹得未往考察者实占少数。考察之结果，统计考察国内学校四十余所，国外学校三十余所，往返百有余日，各生颇有心得，较之囿于见闻不出国门一步者自有天渊之别，将来服务愈有把握。

又，十一年五月，由图画教员率领专修科一二两班学生，往灌县实地教授写生、图画，往返七日，灌县在省治西隅，距省一百二十里，丛峦叠嶂，绝妙天然图画，实地教授，真饶有兴趣也。

本校教授训育之实况：

---

[*] 中共四川省委党史工作委员会. 吴玉章教育文集[M]. 成都：四川教育出版社，1989：35-37. 原注：此系吴玉章担任成都高等师范学校校长时撰写的《成都高等师范学校十年度周年概况报告》的（五）（六）部分。题为编者所拟。

本校教授历年均取自学辅导主义，凡对于一学科之基本原理，由教师讲授或实验，后由学生自行研究练习，以养成自动的理论为原则。其有研究不得解，实验无结果者，即向教师陈述，详为指导。本校因校款拮据，设备多未完善，至为扼腕。十年下期，向川省第二军军长杨森募得银一万元，以五千元辅助教职员薪水，以五千元添购图书仪器及欧美日本原文书籍，以供学生参考。至训育方面，仍取自治辅导主义，使学生对于校规有自发的猛省，养成共同遵守规律之习惯。学校规则之外，十年上期即由学生组织一群治会，分股办事，由学校予以指导，一面养成自治，一面接近社会，成绩至为可观。至学生十年上期组织之国文学会、英文学会、数理学会、博物学会、音乐学会、体育学会、教学研究会，均切实进行，撰拟杂志，分期出版。二三年级生复于课余分任本校附设平民夜课学校教员，以为教授之练习。至体育方面，除正课外，聘有拳术教习，暇时分组练习。每日并举行十分钟早操。十一年五月复举行夏季小运动会一次，举凡足以锻炼学生身体者，本校无不注重。而关于体育之蹴球、网球、徒步各种，本校均竭力提倡，以期养成健全之国民。此本校教授训育之大概也！

## 附一：为高师十年度周年概况报告致教育总长函

为呈送事，窃本校从民国十年暑假后开学起，迄民国十一年暑假止，所有十年度全年实施状况，及未来计划，业经钧部修正专门以上学校周年概况报告程式，制就本校十年度周年概况报告，理合具文呈送

钧部俯赐察核，指令祗遵。谨呈

教育总长

  计呈十年度周年报告一册（略）

校长吴永珊

中华民国十二年三月　日

（1923年）

（原注：此函根据四川大学图书馆藏存之高师文书档案抄录。）

## 附二：为高师十年度周年概况报告致四川省长公署函

径启者，查本校从民国十年暑假后开学起，迄民国十一年暑假止，所有十年度全年实施状况，及未来计划，业经遵照教育部修正专门以上学校周年概况报告程式，制就本校十年度周年概况报告，相应函送

贵署，请烦查阅备案，实纫公谊。此致

 四川省长公署

  计送十年度周年概况报告一册（略）

校长吴永珊

中华民国十二年三月 日

（1923年）

（原注：此函根据四川大学图书馆藏存高师文书档案抄录。）

## 在重庆中法学校开学典礼上的讲话\*
（1925年9月27日）

今日承来宾贲临，非常荣幸，特将本校经过，分项述之。

一、学校历史的经过。此校由法华教育会产生，教育会系蔡元培、汪精卫、李石曾、吴稚晖诸先生发起，以沟通中法为宗旨，彼时决在中国设立学校五所，地点分东南西北中，四川亦预算之中，迄今始获实现。

二、中法学术沟通之必要。法学者卢梭、孔德均主张人道主义，以中国今日之现况观之，此说最为切要。又，法国为民治国家中的先进国，以国体言，我国亦应以法国为模范。

三、办理学校的宗旨。甲、使学生储备完备的知识，期能应付社会；乙、注意中国文化；丙、外国语言，随学生个性所近者选择之，但授课时间甚少，并以法文为主。

四、敝校初创，望各界热心教育人士，予以切实援助。

---

\* 中共四川省委党史工作委员会. 吴玉章教育文集［M］. 成都：四川教育出版社，1989：38.

# 中国革命与世界革命的关系<sup>*</sup>
## ——在黄埔军校的演讲
## （1926年9月）

各位同志：今天兄弟来此讲演，但因有病，所以很觉莫精神；而大家对于革命的理论又很清楚，工作又很努力，所以今天我不过是把一个革命问题同大家来研究，就是中国革命与世界革命的关系。

第一，自二十世纪科学发达，交通便利，全世界打成一片，成了整个的国际的组织。我们生活在这样的时代中，就不能不受此时代的影响，而闭关可以自守的。第二，科学发达，生产形式（商品生产）变易与经济基础与前不同，则社会状况亦随之而不同。现在的社会是人力胜天然的科学昌盛的时代，然其科学的伟大能力只被少数人利用之以垄断生产机关，形成资本主义，来压迫剥削本国无产阶级和殖民地半殖民地的弱小民族。所以中国也得要受这种势力的支配，绝不能离开世界而独立。那么，中国的问题就是世界问题中的一部分，而中国革命也就是世界革命中的一部分；要解决中国问题，就必要把世界全部的问题一同来解决才行；世界革命不成功，中国革命也是不会成功的。

解决这世界问题的方法，自一二百年来，有许多大学问家宣下很多的主义。有主张无政府社会主义的，有主张工团社会主义的，有主张基尔特社会主义的，但这些社会主义都不察社会的客观环境，不明社会进化的历程，在现社会很不适用。惟总理与列宁集此科学学说的大成，故其方法和主张都很彻底。他们认清现在国际资本帝国主义是我们共同的敌人，我们要社会安宁，舍先打倒它这怪物以外，别无路可走。我们知道，帝国主义是资本主义

---

\* 中共四川省委党史工作委员会. 吴玉章教育文集 [M]. 成都：四川教育出版社，1949：42-45. 原注：据记录稿。记录人白明善。

发展的最高形式，及至1914年欧战时为帝国主义完成的时期。但这次战争的结果，并不足以消灭了资本帝国主义者相互间之竞争和解决了社会的种种问题；因为他们没有认出此种积弊，仍欲保持资本主义私有制度的缘故。中山先生与列宁都能认清此点，故有苏俄十月革命之成功。而孙中山先生之要"联合世界上以平等待我之民族"共起打倒帝国主义，拥护工农，谋民族的解放，与列宁站在工农阶级联合弱小民族的主张一样，所以我说他俩的主义都是科学的社会主义。现在非用这种方法来打倒国际资本帝国主义，则弱小民族、被压迫阶级便无从得到解放。

讲到此处，大家必以为科学的社会主义是马克思主义；而更须知道列宁与中山先生都能以客观的见解来看清环境，都是能深明马克思的唯物史观的。所以我说中山主义与列宁主义即是科学的社会主义，而可以解决现代社会问题的。

我们知道，现在是科学发达、人力战胜自然的资本主义社会，即帝国主义侵略剥削的时代，我们要推翻这种势力的压迫，非有强有力的党，我们共同团结在他的旗帜下来与敌人奋斗不可。故苏俄有共产党——第三国际之一分子的组织，来指挥他的群众；中国有联合各阶级的国民党，来指挥着与帝国主义及其工具军阀等搏斗。我们的国民党是合科学法则，有组织，有纪律，有训练的；我们的党军，就是合科学法则而能严密组织，服从纪律，接受训练的。我们处处要能够群众化、科学化。我们的革命不是只有破坏，并能建设，我们是为建设而破坏的。我们要能唤起群众，领导群众，组织群众。党军是党的核心，因他是群众的模范和标本，受过特别军事知识和政治训练的。

我们要明白，我们所要解决的是民生问题，民族、民权都是为解决民生问题的。而要解决这民生问题，就要讲科学的社会主义。那么，我们是不是要实行马克思的共产主义呢？那我们就只有看现社会物质的条件、进化的过程是不是到了这步境地。马克思曾说过，这个法则如鸡与卵然，到了成熟时就得要破壳而出的，因为这时候此壳已成了它的障碍，故不得不力破之。人类社会的进化也是这个道理，等到客观的条件已具备，我们人力的推动就不得不使之前进，以促其成。决不能违此进化之迹，而不合科学法则的。

我们要知道，中山先生为什么联俄呢？这是因为现在的革命是有世界性的。为什么容中国共产党员加入国民党呢？这是因为他们是最革命分子。所以中山先生诚心信俄，信共产党员，而欲与之一同来革命。苏俄之所以援助国民政府，共产党员之所以加入国民党，亦是光明磊落，为要促成革命的成功。这是他们应有的一种责任，也可以说这就是他们的自救出路，并不是有别的阴谋。惟帝国主义者、军阀、反动派宜乎造谣反对的；而国民党右派和国家主义派，尚自号革命的、爱国的，也出而反对，那就可知他们是何存心了！

我们知道，在十九世纪的欧洲各国及日本盛倡国家主义，就是要用不平等条约以压迫各弱小民族。它的存在条件，是在于用不平等条约来束缚殖民地半殖民地的侵略行为，造成现在的各帝国主义。现在若要取消不平等条约，就先要打倒了帝国主义而后可。这是就理论方面讲的。再就事实上说，他们国家主义的主张是"外抗强权，内除国贼"，而对"五卅"帝国主义之屠杀我同胞，反归咎于共产党。帝国主义的报纸《诚言》诬我同胞是"过激"，是"赤化"，国家主义的《醒狮》则照样译载出。今年"三·一八"，惟《醒狮》派可去在上海租界，这证明他是同帝国主义勾结的。他们骂国民政府，在武昌中华大学捣乱，无不是反革命的行为。我们可叫他一个名号为"安全机"，因为他们不但不革命，反时常要破坏革命以拥护帝国主义。由这些事实看，他们如仍不改变方针，难免不被人称为反动、反革命。他们的这种行为，防止革命的行为，更甚于清朝。他们给帝国主义者当侦探，作走狗，真是尽心竭力。这种退步分子无论何时都有。我们真正革命的同志们，对这少数国际资本帝国主义压迫、剥削世界大多数人的社会要努力打破，以完成我们的革命工作！

## 革命军人要懂得革命的理论*
——在中央军事政治学校武汉分校的讲话
（1927年2月24日）

各位武装同志们：

现在时间已不早，我简单的同各位讲几句：试问为什么我们要武装？是为的要革命；我们并要作革命先锋勇往前进。但是革命是什么？我们的武装同别人的武装有什么区别？我们为什么要革命？各位同志一定明白，革命是社会进化突变时期的剧烈运动，用以打倒压迫阶级，为大多数受压迫的同胞谋幸福。

目前，我们是正在用这种革命手段以求解放的时期，并不是已经得着幸福的时期。我们革命的敌人是世界的帝国主义及国内的军阀。我们用很大的力量，尤其是各同志的勇敢，是可以有成功的希望的。但是仅仅只靠再等几个月的工夫，平定全国的军事胜利，还不能算是革命的成功。恐怕如辛亥年的革命一样，终要归于失败。

革命要懂得革命的理论和意义，否则决不能建设革命事业。革命决不容有封建思想及个人权利存在。但是在革命潮流高涨时期，我们的革命队伍里，真正为革命而来者有之，但亦不能说没有为权利而来的。所以一个革命队伍，若果没有革命理论，则将来一定成为革命的罪人！我最希望武装同志们切不要作第二军阀，要为全中国痛苦民众及全世界被压迫阶级谋幸福。

我们武装者也可说是有枪阶级，如果我们没有革命的理论，一定难免潜伏在心中的特权思想发生。我们如果不把革命的意义弄清楚，那瞧！结果一定是以暴易暴，革命白革了！

---

\* 中共四川省委党史工作委员会. 吴玉章教育文集［M］. 成都：四川教育出版社，1989：46-47. 原注：本文为吴玉章以国民党中央领导人身份，在中央军事政治学校武汉分校开学日的训词。题为编者所拟。

各位武装同志一定要明白，党军是站在革命的理论上的革命大本营。武装党员理论的中心点要确定，才能勇往向前。明白的说，就是要认识党，否则革命永远不能成功。希望大家不要抱着特权思想，要看清革命理论，要服从党的权威，不要只认得某一个人！

认清革命理论，向前进，把社会特权阶级打倒，才不愧为革命的武装同志！

# 研究中国历史的意义
（1938 年）

> 这是吴玉章同志底大著"中国史"绪论中的第一段，今得吴同志底允许，特为发表于此。
> ——编者

人类底历史就是人类自己发展底过程。历史是一种科学，它是要发现整个人类社会发展变化的规律底科学。但是，一切过去社会底历史，除了原始的状态以外，都是阶级斗争底历史。因此，现在我们研究过去的历史，主要地是研究阶级社会底产生、发展和衰落底科学；是研究阶级斗争底科学。

历史科学是为民族革命和社会革命而斗争底有力工具。我们应该知道人类真正的历史，劳动者奴役和解放底历史，应该知道我们从那里来和往那里去。因为，这能十倍地坚强我们奋斗底信心和给我们这种胜利条件底知识。

我们常常看见，凡一个民族，如果缺乏详实的历史记载，则会减弱民族自尊心和奋斗底自信心。章太炎说：

> 余数见印度人言其旧无国史，今欲搜集为书，求杂史短书以为之质，亦不可得，语辄扼腕。（"国故论衡"，"原经"）

章太炎深为印度人太息没有成文历史的痛苦，他以为：

> （中国）自秦以迄今兹，四夷交侵，王道中绝者数矣；然掮者不敢毁弃旧章，反正又易，藉不获济，而愤心时时见于行事，足以待后，故今国性不堕，民自知贵于戎狄，非"春秋"孰纲维是？孔子不布"春秋"（自孔

---

\* 解放，1938（52）：7-9.

子作《春秋》开始用编年纪事的例子，中国历史才有可考的年代，章太炎极推崇孔子这个功绩，这是他的卓见。因为历史必须在年代的联系性中，叙述最重要的事变和事实，才能给历史人物以准确的评价，否则不等于小说传奇，也只成了社会、经济形态抽象的定义而违背唯物史观），前人往，不能语后人，后人亦无以识前，乍被侵略，则相安于舆台之分，诗云："宛其死矣，他人是愉。"此可为流涕长潸者也！（同上）

他又说：

> 天方荐瘥，载胥及溺，满洲亡而复起，日人又出其雷霆万钧之力以济之，诸夏阽危，不知胡底！如我学人，犹废经史而不习，忘民族之大闲，则必沦胥以尽，终为奴虏而已矣！（一九三五年，"讲论读经有利而无弊"）

他又说：

> 史之有关于国本者至大，秦灭六国，取六国之史悉焚之；朝鲜亡后，日人秘其史籍，不使韩人寓目；以今日中国情形观之，人不悦学，史传束阁，设天降丧乱，重罹外族入寇之祸，则不待新国教育三十年，汉祖、唐宗必已无人能知，而百年之后，炎、黄裔胄，决可尽化为异族矣！（一九三三年，"讲读史与文化复兴之关系"）

章太炎为中国现代精通旧文学的文学家、历史家，他深深抱着民族主义和爱国思想，就是他从旧历史中领会得来。虽然他在文学上好用古字，崇拜古文，泥古非今，和他解放民族的革命思想与行动，大相矛盾；然而他上面所说这些话，却含有一部分真理。

现在我们处于资本主义底最后阶段——帝国主义的时代，痛心于我神洲古国的劳动民众，沉沦于半殖民地半封建的苦海中，认识了马克思科学的社会主义，使酣睡的牡狮，猛然惊起，跳跃于世界大革命的潮流中，有些革命家，薰染了十八世纪法国的革命思想，不承认一切的权威和过去历史上所认为神圣的东西。一切旧的宗教、哲学、宇宙观与人生观、社会与国家的制度等等，都要受到无情的批评。一切都要在理智面前裁决，凡是不能证实它的理性的东西，都被宣告消灭。这种怀疑的态度和革命的精神，是非常可贵的。但是，把一切旧的社会与国家形式，一切传统概念，都认为不合理性的，当作陈旧废物而抛弃，认为凡在现时以前的世界，都为一些偏见所指示，因而一切它的过去只值得叹息而轻蔑，它的历史不值得一顾。这样就不仅抹煞了人类发展进化历史所创造的文明，必然要走到空想的社会主义，而且恰好给反动势力和法西斯蒂留下一个有力的武器，使他们能够利用特殊的民族心理来欺骗民众。季米特洛夫在共产国际第七次代表大会上，报告"法西斯主义底进攻与共产国际为工人阶级反法西斯主义的统一而斗争的任务"说：

> 法西斯蒂曲解每个民族底整个历史，以便把自己形容成为这个民族史上一切高尚英勇事迹底继承者，而对于一切有伤民族观念的耻辱事实都利用来反对法西斯主义底仇敌。在德国出版几百种书籍，其唯一的目的，就是按照法西斯主义的精神来假造德国民族底历史。初出茅庐的民族社会党的历史家拼命假造德国历史，把德国历史弄成这个样子：好像由于什么"历史的规律"，在两千年来，都有一条发展线索贯串着，结果就有一个民族"救主"出现于历史舞台，这就是日耳曼民族底"救星"，祖籍奥国人，有名的"下士"！在这些书籍里，把日耳曼民族史上最伟大的人物，描写为法西斯蒂，而把伟大的农民运动，描写为法西斯蒂的嫡祖。
>
> 墨索里尼拼命利用民族英雄加里波的英勇模范，来赚取政治资本。法国的法西斯蒂把女杰再·达尔克奉为自己的英雄。美国法西斯蒂借口美国独立战争底传统，华盛顿、林肯底传统。保加利亚的法西斯蒂利用七十年代的民族解放运动，及其光荣的民族英雄——列夫斯基、加拉查等人底声誉。
>
> 有些共产党员认为所有这些事情都是与工人阶级底事业没有关系，宁愿袖手旁观，却不拿正确的历史眼光，真正马克思主义的、马克思列宁的、列宁斯大林的精神，来在劳动群众面前，说明他们本民族底历史，却不把共产党员目前的斗争与该民族过去的革命传统联系起来；这样就等于自愿地把民族史上一切宝贵事迹，奉送给法西斯蒂的历史曲解家，让他们愚弄民众。（"论统一战线"一五六—一五八页）

中国现在的情形，也正和季米特洛夫所说的一样，反革命的历史曲解家，正在玩弄复古和尊孔的把戏，曲解历史底事实来欺骗民众。什么复古运动，读经运动，闹得乌烟瘴气。苏俄布勒斯特条约底事件，可以借作卖国的护符；卖国的秦桧，可以变为深谋远虑的爱国策士。这些历史曲解家不惜曲解事实，颠倒是非，以阿谀当世。特别是日本的法西斯蒂，在它已占领的中国的东北四省各地，一方面大倡孔子王道等教条，表示他是中国和东方文明底保护者；一方面在学校里强迫人人学日语，不许中国人读中国历史，企图消灭中国的民族性。我们如果轻视反动势力和法西斯蒂底这种骗人手腕，那就是罪恶。我们共产党员是国际主义者，毫不调和地根本反对各色各样的资产阶级的民族侵略主义，可是，我们并不是民族虚无主义者。如果谁认为，因为要用无产阶级的国际主义精神来教育工人和一切劳动者，他就可以，而且甚至于不得不唾弃广大劳动民众底一切民族观念，那末，他就大错而特错，他就毫不懂得列宁和斯大林关于民族问题的学说。列宁说：

> 难道我们这些大俄民族的觉悟工人，没有民族自夸心吗？当然有！我们爱自己的语言，爱自己的祖国，我们所最努力工作的，就是要教育我们祖国的劳动群众（即祖国十分之九的人民），使他们成为觉悟的民主主义者和社会主义者。我们所最目击心伤的，就是暴虐无道的皇家刽子手、贵族和资本家，公然摧残压迫和侮辱我们的大好河山的祖国。我们引为自夸的，就是这种压迫政策，已经引起我们大俄人民底反抗：我们大俄人民已经推拥出拉吉雪夫、十二月党人、七十年代的平民革命家；我们大俄民族的工人阶级已经在一九〇五年造成强有力的群众的革命党……我们充满着民族自夸心，因为大俄民族也造成了革命的阶级，也证明了：大俄民族能够给人类标榜为为自由为社会主义而斗争的伟大模范，而不只是大批蹂躏被压迫的民众，大闹刑场监狱，大闹饥荒以及在神父、皇帝、地主和资本家面前大显卑躬屈节的丑态。
>
> 我们充满着民族自夸心，正因为这个缘故，所以我们特别愤恨自己的以往的奴隶生活……以及现在的奴隶状况。现在的时候，又是那般地主，协同资本家，强迫我们东征西剿，去扑灭波兰和乌克兰，镇压波斯和中国的民主运动，使罗曼诺夫、色白林斯基、普利史克维赤这般玷污我们大俄民族名声的狐群狗党，更能作威作福。（"列宁全集"第八卷，第八十一页，"大俄罗斯人底民族自夸心"）

我们中国有五千年的历史，其幅员底广大，仅次于苏联；全国面积约有一千一百余万平方公里，超过全欧各国面积的总和；而其人口底众多，则为任何国家所不及，总数约在四万万五千万以上。历代以来，有不少伟大的思想家、卓绝的军事家及出色的发明家，有异常丰富的典籍文献；实为东亚文化的中心基础，有素称发达的农业和工业。

远在西历纪元两千年以前，中国已有了指南针的发明，而火药的应用，亦远在欧洲人以前。二世纪时，即有纸张底出现；七世纪时，已有刻版印刷底发明，到十一世纪时则更有活字印刷术底使用。其他如华美精致的金属品、陶瓷器及光泽美观经久的染料，亦为中国自古著名的特产。而爱国热忱及勤苦耐劳精神，尤为中华民族向来的特色。因此，中国人民有很强的民族自夸心。例如：当"九一八"日本占领满洲的时候，东三省三千万人民及全中国人民无不愤恨日本军阀之欺凌我大中华民国，莫不思起而反抗；就是在苏联远东的中国工人，一听到日本占领满洲的消息都说道"小日本子何敢占我们大国的土地"，平素也常常以大国人自居，充满着民族自夸心。正因为这个缘故，所以东北底游击运动和中国工农红军底革命战争，创造出最光荣的历史，他们能够发扬光大中华民族过去迭次推翻外族压迫统治的革命传统。我们大中华人民，已经推拥出洪秀全、孙中山及二十世纪初的平民革命家，创造了中华民国，我们大中华民族的工人阶级，已经在最近十七年来，造成强有力的群众的共产党。我们充满着民族自夸心，因为大中华民族，也造成了革命阶级，也证明了，中华民族能够给人类标榜为自由为独立和为社会革命而斗争的伟大模范，而不是如日本人所骂的："中国人无爱国心"；"中国人没有五分钟的热心"；"中国人如一盘散沙"；"中国只是一块需要强国来占领的、无组织的领土"；"中国不能算是一个国家"等等糊说。自然，我们不应该受历史曲解家和日本走狗汉奸底欺骗。他们说："中国曾经几次被外族征服过，如蒙古人、满洲人都曾经征服过中国，统治了几百年。而终究还是被汉族征服了，因此，现在日本的侵略，我们是不怕的。"他们企图这样来安慰我们，以消灭我们救亡图存的民族爱国心，以掩饰他们不抵抗、求妥协和卖国的罪恶。我们应该知道蒙古民族和满洲民族与汉族的斗争，毕竟还是国内民族的斗争，和日本民族的侵略，其性质已大不同，即使勉强用来相比拟，我们也要好好地懂得下面两件事情：第一，我们有胜利的民族解放斗争底光荣历史，这不仅可以自夸，而且可以十分坚强我们胜利的自信心，这是很可宝贵的，但这个光荣历史是由坚苦斗争中得来，是由无数的有气节的民族英雄底热血换来，绝不是卑躬屈节、任人宰割、甘作亡国奴的人所能侥幸得到的。这只须一读岳飞的"满江红"、文天祥的"正气歌"、郑所南的"心史"、史可法的"答满清摄政王书"及其他许许多多慷慨激昂的文字和无数成仁取义民族英雄之事迹，就可以知道；第二，被征服的汉族能推翻征服者的蒙古人和满洲人底统治，最主要的是由于以前汉族底经济发展高于蒙古族和满族，因而汉族在经济上使它们不能不同化或降服，结果也就易于征服他们。至于现在的日本，它已是走到资本主义最后阶段的帝国主义，经济和一切技术都大大地高过我们。如果坐令日本帝国主义现在灭亡中国，绝不会像从前蒙古人满洲人一样，很容易地就把他们打倒了。我们只要看朝鲜、印度等殖民地，是怎样地受帝国主义的蹂躏和民族解放运动的难于胜利，就不能不惊醒了。

我们充满着民族自夸心。正因为这个缘故，所以我们特别愤恨自己的已往的奴隶生活以及现在的奴隶状况。尤其使人痛恨的是日本帝国主义以华制华的毒计，多方挑拨我们的国内战争，以便它坐收渔人之利，以灭亡中国。

我们大中华民族正处在亡国灭种的生死关头，只有深刻地研究我们的历史，唤起全民族的爱国精神，团结一致，结成牢不可破的、钢铁一般的民族统一战线，来推翻帝国主义的压迫，最迫切地是粉碎日本帝国主义的进攻，我们的民族革命和社会革命才能得到胜利。

# 纪念蔡孑民先生\*
（1940年4月5日）

　　蔡孑民先生以满清名翰林，组织爱国学社，创办爱国女学校，加入革命同盟会以实行革命运动，并以欧洲十八世纪自由、平等、博爱等革命哲学教育青年，这就打破了中国数千年来所谓纲常名教底封建的、奴隶的学说。一九〇三年上海爱国学社南洋公学等风潮，开始了中国学生的革命运动，虽然爱国学社及爱国女学校、南洋公学等被封禁或解散，苏报案且将章太炎、邹容等监禁，而中国革命运动从此蓬勃地发展起来。孑民先生实中国初期知识份子学生革命运动的重要发起人，此堪纪念者一。辛亥革命民国成立，南京临时政府任蔡先生为教育总长，他宣布民国的教育方针是以革命的世界观和人生观来教育国民，把自由、平等、博爱的学说，引古训来说明其不悖于中国的旧道德。并注重社会教育以图教育的普及。未几南北和议成，孙中山先生去大总统职。袁世凯继任为大总统，仍以孑民先生为教育部长，不数月先生以袁氏专横腐败，不愿与同流合污，遂高蹈远行，重到法国，在法国时，孑民先生会同李石曾先生及我和许多留法同学与法国政学界人士组织一华法教育会，目的在沟通中法两国文化，尤在便利国内许多无力出国求学青年，以半工半读的方法到法国留学，故发展留法勤工俭学会，实为该会主要的工作。当时为第一次欧洲大战期间，法国招去许多华工，故加紧华工教育，保障华工利益，也是该会一重要工作。在欧战期间，世界既遭到这样重大的政治经济危机，国内又受袁世凯的专横压迫，蹂躏人权，推翻民国，以至于称帝，同时日寇侵占我青岛、山东，并提出二十一条亡国条件迫我承认，国内穷苦的革命青年痛心于内忧外患之严

---

\*　中国文化，1940，1（2）：50。

重，莫不思探求革命理论以救国家的危亡，故一时以勤工俭学赴法留学者不下千人。当时适值俄国十月革命胜利，马克思、列宁主义革命学说，遂为这般青年所欢迎，这就造成了中国共产党许多优秀干部：如我党著名的周恩来、李富春、罗迈、陈毅、王若飞同志及在大革命时或十年奋斗中所英勇牺牲的赵世炎、陈延年、陈乔年、穆青诸同志，都是中国新时代的杰出人才。这也应归功于孑民先生倡导勤工俭学之力，此可纪念者二。一九一六年袁世凯倒毙，共和恢复后，蔡先生被任为北京大学校校长，他遂由法返国，罗致进步人士为北大教授，如我党出色人物李大钊同志及主张白话文大倡文学革命的胡适等，起了新文化运动的革命作用，一时新思潮勃兴，学术思想为之大变，尤其是我半殖民地半封建的国家受了十月革命的影响，社会主义的思潮，汹涌于一般人士特别是青年脑筋中，使中国苦闷而没有出路的革命知识份子得到了新生命，获得了新武器，因而就有冲破旧桎梏而创造新文学、新文化的勇气，因而就有反帝反封建轰轰烈烈的"五四"运动。这就为中国历史开一新纪元。虽然这是时代所产生的必然的结果，而蔡先生领导之功自不可没，尤其是他给顽固派林纾一封公开信，把反动的思想学说打得落花流水，此可纪念者三。自一九二五——九二七年中国大革命失败后，白色恐怖非常残暴，蹂躏人权达于极点，不仅对于我们共产党员成千成万的屠杀，就是稍有进步思想的人都难幸免，这些反动份子特别对文化人仇视更甚，如南京曾把六个优秀的青年男女文艺家活埋，使闻者伤心，见者落泪，孑民先生痛心于这般虎狼的惨无人道，曾与宋庆龄、杨杏佛诸先生发起组织人权保障大同盟，以企图为国家民族保存一二分元气，虽然那些暗杀党徒以暗杀杨杏佛先生并以许多恐吓信来胁迫，他仍不屈不挠地为保障人权而奋斗，此可纪念者四。孑民先生于伟大文学家鲁迅逝世后，不顾权贵之愤怒而为之料理丧葬，刊刻遗集。对拉丁化新文字尤表赞助。"九一八"日寇进攻中国以来，国难日趋严重，我党中央屡向全国人民及国民党中央提议停止内战一致对外，孑民先生直接间接对于国内团结共御外侮，用力甚多，卒能于"七七"抗战以前，达到国、共合作的目的。前年四月我由欧洲回国，道经香港得与晤谈时，他犹欣欣然以国、共能重新合作共赴国难为国家民族之大幸。今当日寇深入，举全国之力以抗战，虽然争得了敌我相持阶段，而驱逐日寇出境之战斗任务还非常艰巨，何况日寇诱降之奸计甚多，明暗汉奸如汪精卫之徒不一而足，投降、分裂、倒退的现象有加无已，国家前途之危险实甚，正需国民党中明达之士如孑民先生者主持大计，砥柱中流以宏济艰难，不幸先生遽尔溘逝，这不仅是我文化界的一大损失，而且是全国抗日人民的重大损失。我们只有更加努力来坚持抗战，坚持团结，坚持进步以补足这个损失，这样来纪念他才有意义。

# 致安徽自然科学界的一封信*
（1940年5月4日）

安徽省自然科学界同志们：

首先我们代表陕甘宁边区自然科学界全体同志，向敌后坚持抗战的全体将士及自然科学界战友们致慰问和亲爱的敬礼！

陕甘宁边区自然科学界为了团结全边区自然科学人员，从事自然科学事业，并与国内外自然科学界取得联系，共同努力，完成抗战建国中自然科学界应有的任务，曾成立了"陕甘宁边区自然科学研究会"的组织（宣言登载于《解放》103期，《新中华报》113期，成立大会记见《新中华报》108期）。

我们决定我们今后总的奋斗目标是为着争取抗战建国的最后胜利，为着完成中华民族的自由解放，我们要加强自然科学运动，掌握与提高自然科学成为抗战中的战争力量，为抗战到底，为加强团结，为力求进步而服务，来配合政治、军事、经济、文化的抗战。我们要运用自然科学的成绩来粉碎敌人的经济封锁，打击敌人的奴化政策。这个重大的任务，愿与全国自然科学界同志们提携共进，相辅而完成之。

因此我们热烈希望全国各地，特别是在敌后坚持抗战的自然科学界同志们团结起来，组织起来，建立各地区的自然科学研究会，开展自然科学运动。

为着科学战线上统一步骤，互相帮助起见，希望在各地自然科学研究的组织成立以后，经常和我们取得联络，并进行组织更广泛更强大的全国性的自然

---

\* 新华日报，1940-09-02（4）.

科学团体。特此函达,并致

  革命的敬礼

陕甘宁边区自然科学研究会

会长 吴玉章

1940 年 5 月 4 日

## 中国妇女在五四运动中走上了自己解放的道路[*]
（1940 年）

如果说五四运动为中国民族解放运动开了一个新纪元，那末，我们完全有权说五四运动也为中国女子社会解放开了一个新纪元。为什么呢？因为五四运动中，中国青年女子不仅同青年男子一样，做了反帝爱国的壮举，而且做了冲破数千年封建束缚的伟绩。中国吃人的所谓"礼教"特别对于女子尽了残酷压迫的作用，什么男尊女卑、三从四德等等糊说，支配了中国数千年的社会。在五四运动时代，一方面中国正是新文化勃兴反对旧礼教，打倒孔家店，抛弃文言文，提倡白话文，一切以科学民主为依归，自由平等为原则，这就激发了千千万万的优秀男女青年，向光明的前途猛进；而另一方面，反动政府及那些自命为"卫道"之士的遗老遗少，拼命要保存黑暗势力，但这个黑暗势力的万里长城终于被青年男女攻破了。

"五四"开始的各次运动，都有女子参加，北京各女校也很活动，但每次都给学校当局阻止着。当六月二、三两日被捕大批讲演学生的新闻在报上发表后，北京女子师范学校及附属中学的学生，就商量援助的方法，不料事为该校校长所探知，就一面嘱咐工人把校门紧闭，一面召集学生训话，加以严厉的斥责。这样的办法，似乎使得该校女生再也没有活动的余地了；但是她们的愤怒却因此更盛，就一齐拼命把后门打开，蜂拥向外冲出，沿街讲演，更是激昂慷慨，讲者"垂泪而道"，听者"掩面而泣"。下午一同到了反动政府的临时监狱北大法科的门前，齐声慰劳被捕的战士，同时她们的代表及女中的代表六七人，各用手巾提了几千枚铜元送到法科被捕学生团，接济被捕的男同学，并声

---

[*] 中国妇女，1940，1（12）：2-4.

明送来的铜元都是临时捐集的,所以来不及换成银元。这种热情侠义,不仅增加了男同学的勇气,而且可以说这是中国女子自己力争解放的第一声。女子师范领导女界首先发难后,接着就有京中十五女校联合呈请政府释放被捕学生,而各地学生会中亦多有女校的学生代表参加。数千年加于女子的枷锁被打破了,这就开辟了女子解放的道路。

中国妇女问题远在"五四"以前太平天国革命时代就已提出,十几万妇女参加了太平军的武装斗争。中国妇女第一次获得了某些政治权利(当时有女军师、女丞相等)和经济权利(凡十六岁以上的男女都享有分得土地的权利)。在法律上也有许多男女平等保护妇女的规定。可是,不仅随着太平天国的失败,随着太平天国上层份子的中途腐化,中国妇女失去了已获得的某些成果,而且太平天国对于男女的界限还是保存着封建的意识(如坐位有男左女右、行路有男行女行之分),没有自由人权真正男女平等的思想。

戊戌政变时代康有为在广州开始组织不缠足会,一时四川、湖南各省都有天足会的组织。开办女学的呼声也各处可以听到。这一可怜的解放女子肉体上的痛苦和知识上的要求,也随着变法维新的失败而消沉下去了。

戊戌政变失败后,优秀的妇女代表直接参加了革命运动,在义和团运动时,妇女参加汉口唐才常的起义,事泄被杀者有周福贞、刘惠芳等。一九〇七年秋瑾组织了光复军,自任协领,图谋在绍兴起义,事未成即被清廷枪杀。中山先生组织同盟会时,除秋瑾外还有何香凝、方君瑛、曾醒等参加。辛亥革命爆发时不仅北京有妇女做炸良弼及袁世凯的秘密工作,而且妇女由秘密参加革命进而直接参加武装斗争,如浙江女子军参加杭州之战,女国民军及女子决死队参加南京、汉口之役。这些事实正是说明中国妇女要以自己的力量去奋斗,争取自己的解放。

但是,中国妇女解放运动也和中国资产阶级民主主义革命一样有它的特点。特点在什么地方呢?特点就在于中国是半殖民地半封建的国家。旧范畴的资产阶级民主主义革命,在中国是找不到出路的。所以辛亥革命虽然推倒了满清政府,而革命还是未成功。这是什么原因呢?原因是中国的敌人太大,在外则有世界各帝国主义,在内则有受帝国主义支持的封建残余和依附于帝国主义的大资产阶级。不反对帝国主义则不能推翻本国的封建残余,而要反对帝国主义则必然要站在无产阶级社会主义世界革命的一条战线。因此，中国革命的性质虽然基本上现在还是资产阶级民主主义革命，它的客观要求，基本上依然还是扫除资本主义发展道路上的障碍。然而这种革命，已经不是旧的、完全被资产阶级领导的、以建立资本主义的社会与资产阶级专政的国家为目的的革命，而是新的、被无产阶级领导或参加领导的、以在第一阶段上建立新民主主义的社会与建立各个革命阶级联合专政的国家为目的与在第二阶段上建立社会主义的社会为目的的革命。因此中国革命发展的前途，一定不会成为垂死的资本主义的反革命的一部份，而必成为社会主义世界革命的一部份。正如毛泽东同志所说：

> 中国资产阶级民主主义革命，自从一九一四年爆发第一次帝国主义世界大战与一九一七年俄国十月革命在地球六分之一的土地上建立了社会主义国家以来，起了一个变化。
>
> 在这以前，中国资产阶级民主主义革命，是属于旧的世界资产阶级民主主义革命的范畴之内的，是属于旧的世界资产阶级民主主义革命的一部份。
>
> 在这以后，中国资产阶级民主主义革命，却改变为属于新的资产阶级民主主义革命的范畴，而在革命的阵线上说来，则属于世界无产阶级社会主义革命的一部份了。（毛泽东著"新民主主义论"）

中国这种殖民地半殖民地半封建的国家要求得解放，中国无产阶级要求得解放和中国妇女要求得解放，都只有走世界无产阶级社会主义革命这条唯一的道路。

这就是说：要求得民族解放和社会解放，就不只是要达到新民主主义第一阶段的革命目的，而且要达到新民主主义第二阶段的革命目的。特别是无产阶级和妇女，如果不消灭人剥削人、人压迫人的私有财产制度，即阶级社会，则永远不能得到解放。如资本主义最发达的国家：在法西斯的德国里，"教堂、产房和儿童"这就是妇女被分配于这三个范围的社会生活；在所谓民主的资本主义的英国有一句老话说："妇女的位置是在家庭里。"在"五四"时代最有文学革命声誉的中国资产阶级的代表胡适也说：妇女的美德是"贤妻良母"。总之，女子是男子的附属品，没有以平等的人格相待。自从女子受压迫以来，直到资本主义社会都是一样。只有消灭了私有制度、消灭了阶级的社会主义的苏联，才不仅在政治经济上妇女与男子完全平等，而且没有一种职务或位置，妇女不可以根据男女完全平等的基础上，同样地担任起来。苏联斯大林宪法规定："苏联妇女在经济、国家、文化及社会政治生活一切方面，都和男子享有平等的权利。""为实现关于妇女的这些权利有下列保证：妇女和男子平等地享有工作权、劳动报酬、休息、社会保险和教育等权利；国家对于母亲和儿童利益的保障、孕妇保留工资的休假以及广大的产科医院、托儿所、幼稚园网等的设备。"由此可见，只有社会主义社会，妇女才能真正得到解放。

中国的妇女在社会上尽了很大的责任。中国多年已是小农业与家庭工业合为一体的生产形式，家庭妇女除了生育和教养子女外，还要作绩麻、纺线、种菜、煮饭、驯养家畜、管理家政等等繁重工作。一家之生计大半依靠于女子，而且凡是社会上稍有成就的人，大半都是受了母亲的良好教育，中国社会教育大半要归功于妇女，而社会对于妇女的待遇则是奴隶牛马的待遇。世间不平的事当莫过于此，而腐儒之辈反造出许多伦理道德、恭顺、贞操等"学说"来粉饰这些罪恶。这些先生们毫不知道：一夫一妻制家族的起源不是基于自然的条件，而是基于经济的条件，即在私有财产对于原始的自然发生的共有财产而占胜利的基础上所建立起来的。封建社会或资本主义社会的一夫一妻制，决不是为和谐夫妇而出现于历史，更不是当作最高的婚姻形态而出现的。反之，它却是当作男性压迫女性，当作为以前历史所未知的两性斗争之宣言而出现的。而且贞操只责备于女子一方面，男子可以多妻，甚至规定有爵位的人有三夫人、九嫔、二十七世妇、八十一御妻，平民也可娶妾等。

原来人类最初是经过群婚和母权制时代，母权制的特点是男子不能继承氏族的财产，如现在我们的父权制社会一样，女子不能继承父亲的财产。照母权时期家族内的分业，取得食物及制造所必要的工具之责任，由男子担负。因此，他占有了那些工具，当离婚时，如妻之保留家具一样，他就把那些工具带去。照当时的社会习惯，男子也是新的生存资料——即家畜之所有者，后来便是新的劳动力——即奴隶之所有者。因为有了奴隶，财富愈增加，男子在家族的地位也愈比女子重要，且利用这个强固的地位，为他的子女的利益，因而就有推翻传统的继承法则的欲望发生。但是母权制如继续存在则此欲望难于实现。因此，非先把母权制废止不可，而母权制竟被废止了。恩格斯说：

> 这却决不如我们今日所想到的那样困难。因为这一革命——人类所曾经验过的最激烈的革命之一——并没有须侵害氏族中任何一个活着的氏族员之必要。全体氏族员仍能照常过活，只要有一个简单的决议，说从今以后，男子氏族员的子女应属于氏族，女子氏族员的子女应该除外，而转属于他们的父之氏族，就很够了。这样一来，由女系追溯血统及母方的继承权即被废止，而由男系追溯血统及父方的继承权即告成立。……母权制的颠覆是女性的世界史的失败。男子在家庭中已握着支配权，女子已被贱视、被隶属，成为满足男子欲望的工具与生产子女的机器。……历史上所表现最初的阶级对抗是与一夫一妻制中男女的对抗之发展相一致的，而最初的阶级压迫是与由男性对女性的压迫相一致的。一夫一妻制是一个伟大的历史进步。但同时因有奴隶制及私有财产制，它便开辟了这样的一个继续到今天的时代，就是虽有如何的进步，却带着相对的退步，且一个人的幸福与发展是靠别个人的苦怜与抑压以成就的。它是文明社会的细胞形态，我们得由此以研究在文明社会正在完全展开的对立与矛盾之性质。（恩格斯著"家族私有财产及国家之起源"七十一——八十五页）

很明显的，中国妇女如果就是做到了政治上与男子平等，经济上与男子平等，社会上一切都与男子平等也不能得到澈底的解放。因为妇女之受压迫是由于私有财产的经济条件作基础，不推翻私有制度则妇女得不到完全解放。因此妇女是家庭中的无产者，她们的利益与无产阶级的利益是一致的，她们是无产阶级社会主义革命最可靠的同盟军。

中国妇女自五四运动开始觉醒以来，她们同中国无产阶级一样，以崭新的姿态跳上政治舞台，不循旧资产阶级民主革命的道路而开展，中国新民主主义的革命斗争。在一九二五——一九二七大革命时代，在罢工中则纱厂女工不仅占了很大的数量，而且表现了坚决英勇的斗争。在十年土地革命中，农妇参加了严酷的斗争。在"一二·九"运动中，青年女学生表现了她们的英勇。在抗日民族革命战争中，女工、农村妇女及青年女学生和文化界女作家等，或慷慨从军，或英勇参战，或下乡宣传，或随军慰劳，或任看护，或育难童，尤其到延安来学习的青年女子成千成万,络绎不绝,在中国革命战争中,添了这一枝生力军,使中国革命胜利更有保障。这不仅因为中国妇女有坚强的革命性,而且因为中国有二万万二千五百万这样大的数量底新起的女子革命军。

中国妇女现在的任务是和中国革命现在的任务相一致的。这就是说:"中国革命的历史进程,必须分为两步,其第一步是民主主义革命,其第二步是社会主义革命,这是性质不同的两个革命过程。"(毛泽东)我们要达到第二步的社会主义革命,就不能不努力于第一步的民主主义革命。因为民主主义革命进行得越澈底,则越能更快地转变到社会主义革命。因此我们妇女现在的任务:就是澈底实行新民主主义革命的第一步,即坚持抗战到底,以争取国家民族的独立;力争民主宪政,以争得妇女在政治上、经济上、社会上与男子平等与自由的地位;开展女子教育与文化运动以提高妇女的文化水平,组织妇女团体以发动妇女群众运动。起来!新时代幸运的二万万二千五百万妇女同胞们,中华民族解放的光明,世界革命的灯塔,照耀着你们的前途,快快地向光明的大道前进!

## 培养能做事的了解国情的青年*
## ——在延安大学开学典礼上的讲话
## （1941年9月22日）

延安大学成立了，这是教育上很大的转变。中共中央以及边区政府在延安推行新的教育。中国学术和教育都很空虚不实际，这是很大的毛病。满清的士大夫，都是迂夫子，只懂做八股，不跟现在事情发生关系，考上进士翰林就能做官，所以戊戌政变时，废科举办学校及派留学生出洋，当时的青年很拥护。后来先进青年忙着革命，没功夫做实际工作，另一方面政府不用专门人才，只要人事关系搞好就成，弄得学非所用。今天，大后方的教育仍是无甚用处。在我们革命的地方，过去因为前方需要，六个星期就训练完毕，只学会一般革命的基本课程，近两年还是如此，还是很空虚。主观主义、教条主义做不好事情，不能使我们活泼地运用马列主义。目前我们要应付这个革命的时代，教学方法就感到不够。我党实行整顿学校，变成正规化，纠正不切实习惯。今后要培养能做事的了解中国国情的青年，大家要努力学习科学和外国语。

## 附：延安大学教育方案（初稿）①

### 一、方针

本校以适应日益开展的西北形势需要，实施新型正规化的新民主主义教育，大量培养为人民服务的各项专业干部及普通干部为目的。

---

\* 中共四川省委党史工作委员会. 吴玉章教育文集［M］. 成都：四川教育出版社，1989：71-72. 原注：据1941年9月23日《解放日报》报道。题为编者所拟。

① 原注：原件系手刻油印单页，未注明成文年月。原文照录。

为此目的：（一）本校依新民主主义社会之需要，进行各种教育，使学员获得并掌握专门业务的知识与技能；进行政治教育，以增进学员革命理论的知识，以培养学员具有革命观点、群众观点、劳动观点，作为人民服务的忠诚勤务员。（二）本校在教学上，应养成学员具有民主自治、团结互助、艰苦朴素、实事求是的学风。

**二、学制**

（一）编制与修业期限

1. 大学部：暂设教育、文艺、政治、经济建设四系，一年至两年毕业。必要时各系得设短期训练班，六个月毕业。

2. 研究室：大学设研究室，吸收蒋区大学生、助教、讲师、教授，按各人专长及志趣分编若干研究组，研究期限，视研究成绩与客观需要决定之。

3. 分校：按程度分班，三个月毕业，毕业后，依程度、志愿及工作需要，分别升入大学各系及附中学习或介绍工作。

（二）各系编制、任务及招生标准

1. 教育系：暂设中等教育及国民教育行政二班。

（1）中等教育班：以培养中学师资为主要目的，分设国文、政治、史地、数理四组，招收高中毕业或具有同等学历者。

（2）国民教育行政班：以培养县级教育行政人员为主要目的，招收初中毕业或具有同等学历者。

2. 文艺系：暂设新闻、文学、戏剧、音乐、美术五班。

（1）新闻班：以培养新闻工作干部为目的，招收高中毕业或具有同等学历者。

（2）文学、戏剧、音乐、美术四班：以培养各项文艺工作干部为目的，文学、戏剧二班招收高中毕业或具有同等学力者；音乐、美术二班招收初中毕业或具有同等学力者。

3. 政法系：暂设行政、司法二班，附设文化班。

（1）政法班：以培养县级科员以上为目的，招收高中毕业或具有同等学力者，和初中毕业具有二年以上工作经验者。

（2）司法班：以培养地方法院、县司法处之书记员与裁判员为目的，收生标准与行政班同。

（3）文化班：以培养乡级干部为目的，招收具有两年以上区乡政权工作经验，小学毕业程度者。

4. 经济系：暂设工业、农业二班。

（1）农业班：以培养农业技术、农业行政干部为目的，分研究组、普通组。研究组招收大学肄、毕业生和程度较高的高中毕业生，普通组招收高中肄业或初中毕业生。

（2）工业班：以培养化工、土木、水利、机工等技术干部为目的，分研究组、普通班。收生标准与农业班同。

（三）收生、学绩考核及毕业

1. 招收学生，必须入学考试，不合格者不收。

2. 学习期间，建立一定的学习考核制度，以理论与实际联系为准则。

3. 学生毕业时，须经毕业考试，及格者准予毕业，并发给毕业证书。

## 三、课程

课程编制。

本校课程，分为各系共同政治课与各系专修业务课两种，必要时另设文化课，以适应某些班之需要。

## 四、教学

为了消除旧教育遗留给我们的理论与实践分离的弊病，达到理论与实践统一、学用一致的目的。

（一）我们的一切教学内容，必须与新社会实际需要和学生具体程度密切结合。

（二）我们的教育方法，学习理论必须联系实际，以理论说明实际，使学员体验到什么是理论与实际结合，进而了解到或实践到理论与实际应如何结合。

（三）为着与边区实际结合，各系须与有关机关建立一定的联系，如聘请各有关机关负责同志参加学校行政领导或参加教学。

（四）为着学用一致，在学习期内，以一定时间进行实习。

（五）教员应善于以身作则，诱导启发，使教育计划变成为学员自觉的行动。

（六）学员应着重个人学习，辅之以集体互助，消除学习中之盲目性与被动性。

（七）敢于怀疑，自由研究，民主讨论，服从真理。

## 在龌龊的社会里，还要学习"人品"*
（1946年6月）

  本来陶先生李先生约我好几次，我都因病没有来，今天听到各位同学第总结报告，心里很高兴，很感动，在短短第三个半月中有这样的成绩，真是难得。

  我们常说文化教育要大众化，民主化，自由化，科学化，在解放区已经照着作了，但大后方作起来却很困难，这还是一个政治问题，中国的教育制度，几十年来完全是抄袭欧美的，尤其是日本的，这完全是一种统制式的教育，所以直到现在中国的教育，还只有钱的人才能享受，所教育的也并不是为了人才，现在就有好些人才不是学校出来的，而目前呢，连大批特务也钻到学校里捣乱起来了，我们试问教育是为了教好人呢？还是教坏人？不客气的说，官办的教育就是害人，陶先生多年来办的生活教育是一服救药，尤其计划中的八百万社会大学学生，更是对症下药，八百万对于四万万来说，虽然还少一点，但这是重要的第一步。

  这一种社会大学，可以使得老老少少男男女女，有职业的，无职业的，都可以来学习，同时也可以把教育提高到和穿衣吃饭一样的重要。这一种学习的方式对于学生固然很方便，因为他不必丢开了工作而死板板学习，也不致被资格关在门外，那怕是不识字的还是可以来读。在教授方面也不会受到无理的苛求，只要他研究那一门，就可以来担任那一门。这样学生来学是自愿的，不是来敷衍，不是来弄文凭的。教授来教呢，一方面可以传授自己的心得，一方面也可以从这里得到检讨。

---

  * 社大同学会编辑委员会. 社会大学［M］. 昆明：北门出版社，1946：62-63.

社会大学是改造社会的一个基础，我们对她只有祝颂。所要向各位贡献一点的，就是我们不仅要学习技术，同时我们也要学习人品，现在的社会是龌龊极了，在这里面生活，难免要沾染一点坏习惯，所以我们要发动自我批评，在这个社会里，没有自我批评：就是没有改造社会的武器。

另外，刚才听到各位同学报告，大家对于哲学方面都很感兴趣，这是很好的，我们有了正确的哲学思想，就有了正确的立场，作起事来，也就有了信心，对事情的发展也就有了远大的认识，纵然在黑暗中，我们也能看见光明。所以你不要看有些反人民的家伙，好像是干得轰轰烈烈，到头来还是要给人民推下台来的。

陶先生主张改革中国文字，我是研究中国文字拉丁化的，抗战期间由于物质条件的困难，没有继续推行，将来希望能跟同学们共同研究。

## 回忆陶行知先生*
（1946年8月）

他为大众服务，也为大众所爱戴。他对于人民大众——社会的发展具有极大的信心。他认为：人类生活数十万年来，天天在变化，天天在发展前进，而其发展前进的推动力，则由于人类有手脑并用之劳动，劳动生活创造了一切，才由野蛮而发展到现代的文明。

回忆陶先生，我想起了一九三八年二月，我们同出席伦敦世界反侵略大会的时候，一同去瞻拜马克斯的坟墓，我们在一片荒冢里，找寻了几遍，才发现恩格斯所题的墓志，而惊叹这一旷世伟人之墓，竟这样平凡。这象征着生要和大众打成一片，死也要和大众打成一片，才是真正的伟大。这和陶先生要智识份子在人民大众之中，为人民大众服务，做人民大众的"人中人"，而不是站在人民大众头上，做人上人之思想，是相符合的。陶先生崇拜马克斯的辩证唯物论。从他把自己"知行"的名字，颠倒过来，改为"行知"，就是一个证明。他把王阳明"知是行之始，行是知之成"的唯心论，改为"行是知之始，知是行之成"的唯物论。这就表现他得到了马克斯的正确的思想方法。

回忆陶先生，我想起了一九三九年，我们同住北碚的时候，他为我说明办育才学校的意思，是在于培养人才之幼苗，使得有特殊才能的幼苗，不致枯萎，而能够发展。特别是为了老百姓的穷苦孩子，为了有才能而穷苦或身有缺憾的孩子。为了引导学生们团起来做追求真理的小学生，团起来做自觉觉人的小先生，团起来做手脑双用的小工人，团起来做抵抗侵略的小战士。经过陶先

---

\* 陶行知先生纪念委员会. 陶行知先生纪念集[M]. [出版地不详]：[出版者不详], 1946：215-221.

生的苦心孤诣，艰苦经营，六七年来，育才学校日益壮大了，这真是"有志者事竟成"。

回忆陶先生，我想起了今年三月，他对我说，要在上海及各大都市去发展社会大学。他说："我估计中国全国有四百万职业青年需要社会大学帮助他们进修。我们应该在全国展开社会大学运动。在各大都市建立夜大学和早晨大学来应济这广大的需要。"他又改孔子"大学之道：在明明德，在新民，在止于至善"，为"大学之道：在明明德，在亲民，在止于人民之幸福"。他认为，"社会大学之道：首先要明白人民的大德；其次要亲近老百姓；第三要为人民造幸福"。他说："社会大学有两极：一是有形的，二是无形的。社会大学运动是要把有形的普及出去，并要给无形的一个正式的承认，使每一个人都承认这无形的社会大学之存在，随时随地随事进行学习；无形社会大学是只有社会而没有'大学'之名。他是以青天为顶，大地为底，二十八宿为围墙，人类都是同学，依'会的教人，不会的跟人学'之原则说来，人类都是先生，而且都是学生，新世界之创造是我们的主要的课程。"这种"民胞物与"，"各尽所能"之设计，不能不承认其伟大。

回忆陶先生，我想起了他的革命精神，凡一切过去的思想，学说，理论，制度等等，都要经过理性的裁判，如有不合理的，即使人人认为神圣不可侵犯的东西，他也大胆的要反对要革命，他要求人类，从思想到肉体，都要得到解放，得到自由。他对儿童教育，要解放孩子的头脑，双手，嘴，空间，时间，使他们充分得到自由的生活，从自由生活中得到真正的教育。他的生活教育的理论，就是教育革命的理论，也是革命教育的理论。他打倒一切陈腐的自私自利的学说，使教育无拘无束，活生生的实现于人类生活之中。把人的生活是有规律，有理性，有组织，有创造，有发展，和其他动物盲目的生活不同，明白的在教育意思上表现出来。这是他天才的发现。

回忆陶先生，我想起了他的创造精神。他以为人类自从腰骨竖起，前脚变成一双可以自由活动的手，进步便一日千里，超越一切动物，而且有脑子作为一切行动的总司令，就能创造一切。他的"创造宣言"说："创造主未完成之工作，让我们接过来，继续创造。"因此他就创造了：生活教育，儿童教育，民主教育，小先生制，育才学校，社会大学等等。他教人攻破二十七个难关，以达到教育的普及。他号召人们说："处处是创造之地，天天是创造之时，人人是创造之人，让我们至少走两步退一步，向着创造之路迈进罢。"

回忆陶先生，我想起了他为大众生活解放的教育宏愿。他说："少爷小姐有的是钱，大可以为读书而读书，这叫做小众教育，大众只可以在生活里找教育，为生活而教育。当大众没有解放之前，生活斗争是大众唯一的教育。并且孤立的去干生活教育是不可能的。大众要联合起来才有生活可过，即要联合起来才有教育可受。从真正的生活教育看来，大众都是先生，大众都是同学，大众都是学生。'教学做合一'即知即传是大众的生活法，即是大众的教育法。总说一句，生活教育是大众的教育，是大众自己办的教育，大众为生活解放而办的教育。"是的，大众实在太苦于无法生活了，大众要想从痛苦生活中解放出来，只有在自己生活中学习革命教育，学会革命教育，才能得到解放。

回忆陶先生，我想起了他为民主奋斗的精神。他既认定孤立的去干生活教育不可能，而中国又是个人独裁的国家，人民大众迫切需要民主。因此，他有民主教育的运动。他说："民主教育是教人做主人，做自己的主人，做国家的主人，做世界的主人。""民主教育一方面是教人争取民主，一方面是教人发展民主。在反民主的时代或民主不够的时代，民主教育的任务是教人民争取民主，到了政治走上民主之路，民主教育是配合整个国家的创造计划，依着民主的原则，发挥个人及集体的创造力，以为全民造幸福。""无论是争取民主或是发展民主，都要靠广大人民的群策群力才会成功。这广大人民在数量上是越广大越有力量，在认识上是认识得越深刻越有力量。因此民主教育需要普及。我们所要普及的是救命的民主教育，要全国老百姓，无论男女老少贫富，都能很快的得到这救命的民主教育。"真的，人民已经到了九死一生，救死不暇的时候，实在无法再照旧生活下去！陶先生大声疾呼要全国老百姓，无论男女老少贫富，都团结起来，为争取救命的民主而斗争。全国人民必须响应他这一沉痛的呼声。

回忆陶先生，我想起了他为民族解放而奋斗的精神。他痛心于帝国主义之侵略，号召大众联合起来为中华民族解放而斗争。他很沉痛的说："中国已经到了生死关头，争取大众的生活教育，自有他应负的历史的使命。为着要争取大众解放，他必须要争取中华民族的解放，为着要争取中华民族的解放，他必须教育大众联合起来解决国难。因此推进大众文化以保卫中华民国领土主权之完整，而争取中华民族之自由平等，是成为每一个生活教育同志，当前所不可推却的天职了。"这一号召产生了八年抗日战争的英勇斗争，自去年八月日寇投降，方幸我中华民族得到解放，谁知"前门拒虎，后门进狼"。一年以来，卖国政府又将国家主权丧失殆尽。全国人民之忧患更深了。

陶先生的思想是准确的，见识是高超的，志愿是宏大的，意志是坚强的，生活是刻苦的，作事是勇敢的，对人是诚恳的，他为大众服务，也为大众所爱戴。他对于人民大众——社会的发展有极大的信心。他认为：人类生活数十万年来，天天在变化，天天在发展前进，而其发展前进的推动力，则由于人类有手脑并用之劳动，劳动生活创造一切，才由野蛮而发展到现代的文明。他主张在劳力上劳心，而不主张在劳心上劳力，他反对把二者平列起来，把劳心与劳力分为二种人。他以为，将来的社会必无专以劳心为职业的人，因此他强调在劳力上劳心，就是说用手还要用脑，才能有所创造。他要人们依靠人民，大众，相信人民，大众，不要依赖统治者。要往下看而不要往上看。他要打倒一切压迫人民大众的恶魔。他的热诚感动了千百万的大众，他能领导大众为中国的独立，民主，和平，与卖国，独裁，内战之执行者作坚决的斗争，因此遭到了独裁者的痛恨，必欲得而甘心，而特务暗杀的黑名单，把他列为第一名。虽然他还没有如李公朴，闻一多二先生之被人暗杀，而因李闻二公之死，悲痛愤激，为整理未竟事业，准备成仁，朝夕忧劳，而竟夺去了他的生命。我们相信，他已播下了千千万万的革命种子，必然要开花结果，他的肉体虽死而精神不死，他的功业将永垂不朽，万古长存！

# 在华北大学成立大会上的讲话*
（1948 年 8 月 24 日）

各位来宾、各位同事、各位同学：

华北大学今天举行成立典礼，我要说一说我们大学的方针和目的。华北大学是一个革命的大学，是中国新民主主义革命过程中所产生的大学，它要培养新民主主义的革命与建设的干部，为完成中国新民主主义革命而奋斗。

首先，华北大学要学些什么呢？最主要的是要学马恩列斯的理论和中国革命的经验。这里所说的中国革命经验，具体的说来，就是以毛泽东同志为首的中国共产党员根据马恩列斯理论所写的某些著作及我党中央各项规定路线和政策的文件，我们把这些叫做毛泽东思想。毛泽东思想是马恩列斯的理论与中国革命的实践之统一的思想，它是帝国主义与殖民地半殖民地革命时代的马克斯列宁主义，它是马克斯列宁主义的向前的发展。它是马列主义在目前时代的民族解放斗争中之继续发展，也就是马克斯列宁主义的民族化的最好典型。它是从中国民族与中国人民长期革命斗争中，在中国伟大的四次革命战争——北伐战争、土地革命战争、抗日战争和现在的人民解放战争中，生长和发展起来的。它是中国的东西，但它又是完全马克斯列宁主义的东西，又是国际主义。它是在坚固的马克斯列宁主义理论的基础上，从中国这个民族的特点出发，吸收近代革命以及中国共产党极丰富的经验，经过科学的缜密的创造，而建设起来的。它是站在全体人民利益的立场上，用马克斯列宁主义的科学方法，概括中国历史、社会及全部革命斗争经验而创造出来，用以解放中华民族与中国人民的理论与政策。它是中华民族与中国人民用以解放自己的唯一正确的理论与

---

\* 知识，1948；10（4）：10-13.

政策。它是从中国人民革命战斗中所产生，带有中国民族性，但同时它又带有马列主义所共通的国际性，凡是实行新民主主义的国家，特别是殖民地半殖民地反帝反封建的国家都能适用。

毛泽东同志以他的绝顶聪明和数十年革命斗争的丰富经验写成了关于政治、经济、军事、文化、建党等各方面的著作，和在战斗过程中作出了决定党的路线与政策的许多指示和文件，这些文件和著作极大地丰富了和正在丰富着马列主义的宝库。

（一）在政治方面：毛泽东同志在他的名著新民主主义论中把中国革命"分为两个步骤，第一步改变这个殖民地半殖民地的社会形态，使之变成一个独立的民主主义的社会。第二步使革命向前发展，建立一个社会主义的社会"。他创造了一个完整的新民主主义的革命理论，此外还有论抗日民族统一战线，论联合政府及最近论目前形势和我们的任务等等许多有名的著作。

（二）在军事方面：论游击战运动战的战略战术，论持久战、论新阶段及现在在"目前形势和我们的任务"中所规定的十大原则的正确战略方针，这些都是创造了毛泽东的军事理论并获得了惊人的胜利，今后还要获得更大的胜利，以坚决全部澈底干净地消灭反动势力。

（三）在经济方面：毛泽东同志在他的著作中明确地规定了新民主主义革命的经济纲领，即没收封建阶级的土地归农民所有，没收官僚资本归新民主主义的国家所有，和保护工商业三大经济纲领；明确地规定"发展生产、繁荣经济、公私兼顾、劳资两利"为建设新民主主义经济的总目标。他的最有名的著作有"湖南农民运动考察报告"、"农村调查"、"经济问题与财政问题"、"论合作社"、"组织起来"；关于土地改革政策方面的著作则特别多。

（四）在文化方面：有民族的科学的大众的新民主主义文化方针及文艺座谈会之讲话和其他关于文艺的许多问题的指示都是很宝贵的。

（五）关于党的建设：毛泽东同志本着列宁党即布尔什维克党的建党原则，在思想上政治上组织上坚强了中国共产党。其著作有"改造我们的学习"等整风文献，反对主观主义、反对教条主义、反对经验主义、反对党八股、反对自由主义，坚定正确的阶级立场，坚持正确的革命理论，发展批评与自我批评，强调为人民服务的群众路线，用马恩列斯的思想方法来改造不正确的思想。

总之毛泽东同志是我们殖民地半殖民地革命的导师，中国人民的救星，亦是世界革命的一位英明的领导者，特别是殖民地半殖民地革命理论之创造者。我们最大的荣幸，就在于我们有毛泽东同志这样的伟大领导者，所以我们首先要向他学习，研究他的著作，掌握他的思想。

我们的大学就是要培养革命建设的人才，更要吸收国民党统治区的大学生和中学生，来学习毛泽东思想，培养他们成为新中国各方面的革命与建设干部。我们的第一部就是政治训练的速成班，凡是进我们的大学的青年，都要经过第一部的学习，毕业以后最大部份分配到各种岗位上去工作，留下少数转入其他各部。第二部是教育学院，专门培养和提高中等学校的师资及其他教育干部。第三部是文艺学院，专门培养和提高人民文艺的干部，特别是部队和地方的文工团剧团干部。第四部是研究部，专门研究各种学术，并且培养将来正规大学的师资。另外我们还有农学院和工学院，培养农业和工业建设的人材。

我们学校的任务和学习内容就是这样。

其次要认清现在的时代：我们现在所处的是什么时代呢？现在我们所处的是全世界资本主义与帝国主义走向灭亡，全世界社会主义与新民主主义走向胜利的历史时代。而我们中国则正处在战争与革命的洪流中，成了全世界帝国主义阵营和全世界反帝国主义阵营的一个极其重要的战场。自从蒋介石反动集团在一九四六年发动全国规模的反人民的国内战争以来，已经有二年多了。他们之所以敢于冒险，不但依靠他们当时自己的优势的军事力量，而且主要的依靠他们幻想为异常强大的、举世无敌的、手里拿着原子弹的美国帝国主义，一方面能够像流水一样的供给他们以军事上与财政上的需要；另一方面，狂妄地设想所谓"美苏必战"，所谓"第三次世界大战必然爆发"。这种对于美国帝国主义的依赖，是第二次世界大战结束以后全世界各国反动势力的共同特点。而蒋介石反动集团则以为时机不可失、自告奋勇，充美国帝国主义反苏反共的先锋队，将中国四万万五千万人民陷于内战的血海中。蒋介石反动集团总以为中国共产党所领导的人民解放军"不堪一击"，而二年战争的结果：人民解放军第一年消灭蒋军一百十二万人，第二年消灭了蒋军一百五十二万人（编者按：吴老讲话是在去年八月间。截至去年底，两年半共歼敌四三三万，截至去年底，解放区总面积有二百五十八万一千平方公里，人口一万万九千〇四十九万，城市有七百三十七座）。而蒋管区的人民百分之九十九都是仰慕解放区，拥护中国共产党及人民解放军，因此人民解放军得到了伟大的胜利。毛泽东同志在去年十二月曾说："敌人军事力量的优势这只是暂时的现象，这只是临时起作用的因素。美帝国主义的援助，也只是临时起作用的因素；而蒋介石战争的反人民的性质，人心的向背，则是经常起作用的因素；而在这方面，人民解放军则占着优势。人民解放军的战争所具有的爱国的正义的革命的性质，必然要获得全国人民的拥护。"现在的战争形势发展，完全证明毛泽东同志所说的话是正确的，人民解放军在全国范围内对蒋区的进攻，获得了不断的胜利，敌人军事上的优势已经完全过去了，美帝国主义的援助并不能挽回蒋匪的没落的趋势。现在全世界爱和平、爱民主，反帝国主义、反战争贩子、反封建残余的广大人民群众无不希望中国这一正义的革命战争获得完全胜利。他们认为这是消灭帝国主义、解放全世界人类的一个重要关键。毛泽东同志说："我们和全世界民主力量一道，只要大家努力，一定能够打败帝国主义的奴役计划，阻止第三次世界大战，使之不能发生，推翻一切反动派的压迫，争取人类永久和平的胜利。"我们有资格有信心完成这个历史时代的伟大任务。因为我们中国不但有一千万以上平方公里这样广大的优美的土地，有四万万五千万即世界五分之一的这样众多优秀的人民，而且有精通马列主义的毛泽东同志领导的三百万共产党员，有朱德同志领导的几百万英勇将士所向无敌的人民解放军，还有解放区无数英勇的人民，我们敢于胜利，我们一定要胜利。

第三、要担负我们的任务。我们现在的任务是甚么呢？

既然我们是处在战争与革命的时期，第一个任务就是支援前线，使战争很快得到完全胜利。第二个任务是把旧的思想、理论、观点、政治制度改变为新的思想、理论、观点、政治制度。这两个任务是互相依存的，同等重要，也要同时进行。

我们怎样支援前线呢？就是要集中人力物力来支援前线，我们没有外援，只有自力更生，因此只有大大的发展生产，在工业方面要发展新式工业特别是军事工业，在农业方面要改进生产方法。我们是有了一万万以上的翻身农民，他们得到了土地，封建制度已消灭了，生产关系已经改变了，生产力可以大大地发展起来。同时我们要改造人民的思想观点特别是要改造知识份子的思想观点，我们知道，知识份子是有极大的优点的，中国革命如果没有革命知识份子参加便不可能成功。但是知识份子由于他们的社会地位和社会生活，却有许多的缺点，如个人主义的思想、轻视劳动、轻视工农群众的观点，主观主义片面空洞的思想方法，和自高自大、无组织无纪律的自由主义作风等等。这些思想、观点与作风，都是于人民革命事业有害的。他们一定要扔掉这些落后的过时的思想观点，掌握新时代的思想观点，才能参加这个改造旧社会成为新社会的工作。这些知识份子现在特别重要，就因为目前这个革命时代需要成千成万甚至成百万的干部人才。因为要适应目前的需要，我们就急需办速成班，几个月便培养出来，供应迫切之需要。所谓速成，不要以为学习不到什么东西，速成往往是会出革命时代之领导人物，革命出色之人，大都是从速成班中训练出来的。我自己就是一个速成的学生，我所看到的历史经验证明了这一点，因为一个革命时代所产生的人物，本来他的心志是非常热烈的，斗争是很激烈的，只要接受了新的思想观点，很快就变成了新的人物。我们解放区不用说了，受到了新的思想观点和政治经济文化的教育，就是蒋管区的知识份子特别是青年学生，由于他们身受压迫痛苦，就自发地斗争起来，他们已有很多的经验，只要给他们一个正确的人生观宇宙观马列主义理论和毛泽东思想的教育，他们就很快的会接受新的思想和办法，成为新的人材。同时我们又要训练广大的人民大众，要提高他们的文化和政治水平，特别是工农群众，尤其是新时代所产生的青年儿童，我们更要特别来训练培养他们，使他们得到好的教育，掌握新生活新时代最进步的各种科学艺术，成为掌握机器化电气化的人材。因此我们的学校是要把托儿所、幼稚园、小学、中学、大学、研究室都要建立起来，建立新民主主义的文化中心。古人说"十年树木，百年树人"，我们必需有适应目前的计划，也必须有远大的计划，才能担负起文化先锋队的任务。有些人有一种不正确的观点，就是不愿当教员，尤其不愿当中小学教师，这是不对的。现在正是需要我们努力教育成千成万的人，需要教育他们，培养他们成为新民主主义建设的干部，这是极其重大的任务，也是极其光荣的任务。我们无论在那个岗位工作，都是为革命服务，为人民服务，所以无论怎样艰难困苦，我们既是先进的知识份子，就要把教育工作作好。教育工作是一种非常可敬可爱的工作。孟子说："得天下英才而教育之，三乐也。"我们决不能把教育人的工作看轻了，我们的祖国从来都把师保看得很尊重的。

最后我们提出忠诚、团结、朴实、虚心，作为我们的校训。

什么叫做忠呢？尽己之谓忠，就是说要尽我们的力量，老老实实，为广大群众服务，尽我们的能力，不辞劳苦，不怕困难，为社会服务，就是毛主席所说的作人民大众的勤务员，也就是鲁迅所说的"俯首甘为孺子牛"。什么叫做诚呢？诚就是诚实不欺，不自欺欺人，说话做事都要有信用。我们言行一致，表里一致，我们的一切言行完全对人民负责。

团结是人类社会生存、发展的要素，尤其是被压迫人民反抗压迫者的最有力量的武器。平津青年同学喊出了"团结就是力量"这一正确的口号。但是团结要有力量，要能持久，而不是出于一时热情的冲动，或一件事情的刺激，就必须有正确的认识，正确的观点和立场。只有团结在思想统一，行动统一的基础上，团结才有力量，要求得思想统一，行动统一，而且是自觉的不是被动的，就必须要有正确的世界观和人生观，就是说要掌握正确的思想方法，即马克斯主义辩证唯物论的思想方法。只要正确的思想理论一为群众掌握，就立刻成为物质的力量，就能使群众团结得像一个人一样。

朴实就是不虚伪，不轻浮，不好高骛远，不粗枝大叶，而是脚踏实地，实事求是的作风和态度。毛主席常强调凡作一事必须有调查研究，我们作事要认真切实，反对轻浮夸大，要从下层最小的事情上一点一滴的认真的做，切实的做，这样才能经得起考验，才能为群众办好事。我们还要有胜不骄、败不馁，兢兢业业，小心谨慎，不屈不挠的精神，要有坚持忍久的毅力，即鲁迅所说的韧性。

虚心是增长学识能力的要件，我们这里所说的虚心，不只是在学习上要虚心，而且在作事作人上也要虚心，就是说不自以为是而能虚心采纳、接受和考虑不同和反对的意见。作事要虚心，就是常常要考查自己的工作是否作得好，和旁人比起来好坏如何，不自满自足，随时想到要改良进步；作人要虚心就是要能接受旁人的批评，多多反省，时时作严格的自我检讨，自我批评，也要毫不客气的，大胆的批评别人，当然要出于治病救人的精神，而不是意气用事，或攻击别人。

现在我们是处在历史转变的伟大时代，我们的任务特别重大。世界在不断地进步，不是与日俱进，而是与时俱进，我们一定要迅速地前进，要勇敢地前进，决不要停滞，更不能落后，我们要有决心改造旧的社会，建设新的社会。我们要有坚强的信心，热烈的情感，刻苦耐劳的作风。我们的校歌上说："我们是新文化的先锋队，要掌握最进步的科学艺术，学习马列主义和毛泽东思想。"这样我们就能"把新时代的革命潮流，更推向高涨"，就能完成新时代新人物的伟大历史任务。我相信在我们党中央和华北中央局华北人民政府的领导下，由于我们全体教职员同学的团结和努力，我们是一定能够完成这一光荣任务的。

## 附一：吴玉章为号召学习毛泽东主义致周恩来请示电

恩来同志：

华大（华北大学）于号日①开学，我想在开学典礼大会上说主要的要学习毛泽东主义。把毛泽东思想的思想改为主义，并给以如下的定义：毛泽东主义是帝国主义和殖民地半殖民地革命时代的马克思列宁主义。它是马克思列宁主义的向前的发展。它是以马列主义的普遍真理与中国革命的具体实践相结合而产生的。这样说是否适当，请同毛主席少奇同志商量后赐以指示。

吴玉章　元<br>（1948 年 8 月 13 日）

（原注：此电根据吴玉章同志生前保存手稿抄录。）

## 附二：毛泽东关于不能号召学习毛泽东主义复吴玉章电

吴玉章同志：

八月十三日电悉，那样说是很不适当的，现在没有什么毛泽东主义，因此不能说。毛泽东主义不是什么主义，要学"毛泽东主义"，而是必须号召学生们学习马恩列斯的理论和中国革命的经验。这里所说的中国革命的经验是包括

---

① 原文即"号日"，现保留之。——编者注

中国共产党人（毛泽东在内），根据马恩列斯理论所写的某些小册子及党中央各项规定路线和政策的文件在内。另外有些同志在刊物上将我的名字和马恩列斯并列，说成什么"马恩列斯毛"也是错误的。你的说法和这后一种说法都是不合实际的，是无益有害的，必须坚决反对这样说。

毛泽东<br>八月十五日<br>（1948年）

（原注：此电根据吴玉章同志生前保存抄录稿抄录，并核校《毛泽东书信集》。）

# 在华北大学祝寿会上的讲话*
（1949年1月1日）

今天承许多来宾、许多同志和同学们来庆贺我七十岁的寿辰，我想在这样大的盛会上，讲点我在革命经过中的一些感想，更有意义。

我从事革命运动已经有四五十年了。最近五十年是资本主义最后阶段的——帝国主义由形成和充分发展至接近死亡的时代，也就是帝国主义侵略压迫中国最厉害的时代，同时又是中国的民族与民主革命艰苦奋斗、争得解放的时代。自从一九一七年俄国无产阶级十月革命胜利，已经标志着资本主义制度崩溃的开始，但是在将近三十年的时期内，还只有苏联是唯一的社会主义国家。到一九四五年第二次世界大战后，才有波兰、罗马尼亚、捷克、保加利亚、匈牙利、亚尔巴尼亚和南斯拉夫这些欧洲国家，脱离了资本主义制度，建立了新民主主义制度；在附属国与殖民地国度中，民族解放运动正在大踏步前进；特别在中国这个半封建半殖民地殖民地国家中，经过了八年的抗日战争及二年多反封建主义、反帝国主义、反官僚买办资本主义的解放战争，获得了伟大的胜利，在半个中国已获得解放的土地上，肃清了封建主义、帝国主义与封建买办法西斯主义的统治，建立了崭新的、人民民主的新民主主义社会。这就是说，在反法西斯主义的第二次世界大战胜利以来，不仅在欧洲起了重大的变化；而且在亚洲也起了根本的变化；特别在中国更起了绝大的变化。这种变化是在加速度的进行着，在飞跃突变的规模上进行着。

近代中国第一个最强大的敌人是外国帝国主义，但是，我们伟大的中国民族是有能力打败外族侵略的民族。从前历史上的匈奴、突厥、五胡、契丹、

---

\* 人民日报，1949-01-05（1）.

辽、金、元、清等民族侵入中国，都被中国打败了，姑且不去说它。就是近代资本主义进而为帝国主义更进而为法西斯主义的列强侵入中国，也都被打败了，或正在打败它的过程中。历史的事实证明：列强侵略中国，愈到最近的年头，就愈加凶恶狡猾，越是明目张胆、肆无忌惮，但谁更凶恶谁就失败得更惨，失败的时间也更加速的快：大英帝国自鸦片战争以来，即逐渐加紧压迫中国，约有一百年的时间失败了；日本帝国主义自甲午中日战争以来就想灭亡中国，到"九一八"及"七七"武装进攻后，中国领土真的被它占了一大半，但刚刚满五十年的时间就失败了，时间缩短了两倍，而且失败得更惨；美帝国主义自从第二次世界大战以来，即想吞并全中国作为它的殖民地，豢养了中国的卖国奴才蒋介石，作为它反苏、反中国人民的工具，接济他大量的军火与金钱使他进行反人民的国内战争，占领中国的领海、领土、领空，作为它反苏的海陆空军基地，但它这样疯狂的侵略，不过三年的时间，就遭到中国人民严重的打击，如果不改变它的对华侵略政策，大约不会超过五年，它将要完全失败，时间缩短了二十倍，而且失败得将要更更惨。

历史的事实又证明：最近五十年中国的卖国贼也是愈来愈凶恶，野心也是愈来愈狂妄，而他们的失败也是愈来愈悲惨：满清西太后卖国、狂妄地说："宁赠友邦、不予家奴。"她想在帝国主义铁蹄之下保存小朝廷，小朝廷不能保，反而使满清彻底灭亡；民国成立以来，袁世凯卖国想作日本帝国主义的儿皇帝，儿皇帝未作成就失败了，而且失败得很惨；汪精卫卖国想作日本帝国主义所谓"东亚共荣圈"的小卒，小卒未作成就失败了，而且失败得更惨；蒋介石卖国想作美帝国主义反苏反共的前哨，前哨未作成又失败了，而且失败得将要更更惨。

历史的事实更证明：无论英国资本主义的鸦片商品加军舰大炮也好，日本帝国主义的贱价日货加飞机坦克也好，美帝国主义的军火金钱加原子弹也好，只要中国人民觉悟起来，团结起来，就是不可战胜的力量。只要中国这个四万万五千万人民的半封建半殖民地殖民地的国家得到了解放，必然要推动全世界殖民地半殖民地解放运动更大踏步前进，必然要加速亚洲十二万万被压迫民族获得全体解放。

最近五十年来科学的发明和人类的进步，一日比一日更加速度的突飞猛进，把世界的空间、时间都缩短了：以前环游地球一周需要几年、至少也需要几个月才能作到，现在有飞机只需要几天就作到了；以前世界上较大事变的新闻消息，需要几年或几月，至少也需要几天，才能传到世界各地方去，现在有无线电广播只要几十分钟、甚至是几分钟就传到了。一切科学都大大地进步了，人类已达到了更能征服自然的时代，人类的知识更加发达了，人剥削人、人压迫人、民族压迫民族、白色人压迫有色人的时代已经过去了。如果说十月革命的胜利是粉碎了帝国主义束缚世界锁链最弱的一环，那末亚洲十二万万被压迫民族获得解放就是粉碎了帝国主义最强的一环，因为帝国主义的成立是以有殖民地半殖民地为主要条件，殖民地半殖民地解放了就是"矛盾的统一"的解决，消灭了一面，另一面必然要消灭。因此，帝国主义也就必然要归于死亡。法西斯主义是从帝国主义的怀抱里孕育出来的，帝国主义又是从资本主义的怀抱里孕育出来的，法西斯刽子手的疯狂凶暴，是帝国主义临死的挣扎，帝国主义的独占统治和寄生性与腐化性是资本主义垂死的表现，法西斯灭亡了，帝国主义必归于灭亡，帝国主义灭亡了，资本主义必归于灭亡，代之而兴的必然是由社会主义到共产主义，这是历史发展的规律，谁要阻挡历史的车轮前进，谁就要归于粉碎。

今年是人类最伟大的巨人马克思、恩格斯发表"共产党宣言"的一百周年，现在世界事变和中国革命的发展，证明了共产主义的实现是为期不远了。"共产党宣言"是指示了人类社会发展的道路，这种道路是由马克思的天才以科学的方法汇集了人类有史以来的智慧而发展产生出来的历史科学的规律。我们人民解放军之能够获得光荣伟大的胜利，就是由于这个军队是中国共产党领导的为人民解放而斗争的军队，而中国共产党又是由于精通马列主义的毛主席所领导的。因此，我们坚决相信我们的革命一定会得到胜利！

我很庆幸生在这个时代，不但有马列主义普遍真理的照耀我们，而且还有现今中国的英明革命领袖毛主席亲身指导我们。现在我已七十岁了，是近代中国革命中更老的一代，但我总是随时代前进，绝不做时代的落伍者，我愿意和年青的同志们一道更加努力学习马列主义和毛泽东思想，努力做革命工作，彻底打倒敌人，为新民主主义新中国的实现而奋斗。我更相信：我将看到中国由社会主义到共产主义的实现，并和年青的一代又一代共同来享共产主义的幸福！

# 在华北大学一部同学毕业典礼上的讲话*
（1949年2月26日）

现在许多同学，在这个新年的革命大胜利的时候毕业了，这是非常光荣的。今年是胜利年，胜利的消息每天传来，我们非常高兴；同时也有许多的事要我们去做，按着预算，你们还要多学习一些时间，但是现在你们不得不提前毕业了。

同志们！毕业出去就要担负许多重要的责任。你们在校学习的时间不多，但根本上我们给了你们许多东西，譬如：在思想上已初步建立了新的人生观和世界观，如果我们能掌握这一点，就够我们用了。不单单在学校中学习，在工作中也要学习。在学校中学了一些基本的东西，在工作中我们要根据这些基本原则再结合着工作经验来处理问题。

你们毕业出去做些什么？大概可以分三个方面：

（一）军事斗争还没有完全结束，敌人还有一些力量，战争还是要列为第一任务的。长江以北的战事快要胜利的完成了，长江以南还要加以扫清。你们要准备渡江，把革命战争进行到底，要完全地彻底地把敌人消灭干净。我们要像打毒蛇一样，把它打死，正如新华社《新年献词》中所说的那个希腊故事一样，对于恶人一定要消灭它，不然我们就要受它的害。中国古时也有一个故事，我可以说给大家听：楚国的孙叔敖，当他还是小孩子的时候，一天出外时，看见一条两头蛇，他听说过凡人看见了这种蛇便会死去，他便把它打死埋了。回去以后，他大哭起来。父亲问他为什么哭？他说，看见了一条两头蛇，

---

\* 中共四川省委党史工作委员会. 吴玉章教育文集[M]. 成都：四川教育出版社，1989：102-105.

又说，他已经打死了这条蛇，并且把它埋了；因为他怕别人看见也要死去。他父亲听了，对他说："你不会死了，因为你已经杀死了它。"孙叔敖能打死毒蛇，不让它害人，这是值得我们学习的。所以，我们看见恶毒的东西一定要把它消灭，不消灭便是罪恶。今天对于蒋介石、美帝国主义这些恶毒的东西，我们一定要消灭他们！我们不能因敌人可怜，便不消灭它，我们如果对敌人慈爱，便是对人民残忍。有志气的人要上前线去。前年，我写信给毛主席，我要上前线，我要请缨杀敌。毛主席说："你要上前线，很好。"后来，我有了别的工作，没有上了前线，我想，有一个时期，我还要上前线的。我们青年的第一个志愿就是上前线。以前动员上前线只是知识青年，现在又动员了大批工农青年上前线去。你们是时代上的人物，为什么不走上时代的舞台而单在舞台下看呢？你们只喊战事打得好，为什么不上前线去呢？在前线虽然苦，但战士们知道千万人都在为他们而欢呼。前方打胜仗就是因为多少人不怕死！一个人牺牲了，他的"铜像"就在人类的心中树立起来。这就是英雄，世界上有多少无名英雄墓，这墓上树立的不是一个人的像，而是整个人类的像。青年要以上前线为第一任务。

（二）实行社会革命：今天我们要消灭封建势力，便要实行土地改革。在同盟会时代，孙中山便主张平均地权，实行土地国有。孙中山这个志愿是好的。但是他是和平改良的办法，他的缴土地税的办法总是行不通。土地革命在中国非常重要，它是在解放区才实行了。在华北的大部分地区已经解决了土地问题，但在南方还没有解决。在新区，我们不能一下子主张平分土地。我们的土地改革是逐渐的，有步骤的，先从减租减息做起，等到人民发动起来了，再平分土地；将土地交给了农民，土地问题才算真正解决。不过土地革命还只是资产阶级范畴的革命，土地还是属于私有，才是革命的第一步。第二步就要实行土地公有，组织集体农庄。我们要发展生产，自力更生。农民生产搞得好，我们才有办法，整个说来便是发展生产。

以上所说的二点，这是毛主席所说的"军队向前进，生产长一寸"。但是土地问题、政权问题的后面还有工作要做，后方的艰苦斗争也是一样的。你们如果到乡村去，一方面需要我们给群众知识，一方面要向群众学习生产的知识，斗争的知识，这正是你们所缺少的。

（三）城市工作：许多工商业大城市被我们解放了，那些地方的矿山、铁路、工厂等多得很，我们要去发展这些工商业，并且提高技术，掌握最新最进步的技术。这些工作现在还无人去做。我们要把工商业发达起来，与农业一起前进。

我们的同学出去之后，所要做的事便是这些。你们是新生的力量，一批批地出去了。老的干部不够用了。他们之中也有些是不能适合新技术的需要，而我们正要做这些工作。这些工作都是革命的工作，是互相联系的，谁适宜于什么样的工作，就分配去做。希望我们的同学出去，个个都强，都能建功立业。这就是我今天要对毕业同学讲的话。

在校的同学还要有一个时期的学习，时间长短要看实际的需要，如果学得太少，到时间便解决不了问题。我们学习的是实际的东西，必要的知识。我希望他们集中力量来学习。在学校一天，便多学一天，出去工作也是学习，随时都可以学习。在生活中学习，不一定死啃书本。学习是自觉自动的，如果不自觉便什么也学不到，自觉的学习，到什么地方也可以学习。把一些基本的东西学好，出去工作就可以做好。现在不愁没事做，问题是看你有多大本事，做多大的事。我们生长在这个时代，是要赶上前去，不落后，要做新文化的先锋队。

这就是我要讲的话。

# 纪念"五四"三十周年应有的认识[*]
（1949年6月）

今年纪念"五四"的特点，是人民解放军获得伟大胜利，南京已经解放，南京国民党反动政府已宣告灭亡，革命很快就要得到全国范围的胜利。

这一革命的胜利是什么东西的胜利呢？

我认为是马列主义的胜利。

为什么这样讲呢？因为：我们如果以冷静的头脑、远大的眼光来透视这三十年事变的经过，就可以看出"五四"新文化运动的发展，有两条不同的路线在发展着、斗争着。到现在：一个是成功了；一个是失败了。这是合于历史发展的规律的。这两条路线各有它的思想、理论、政治观点、政治制度。因为在当时它们都是新时代和中国新兴阶级的产物，表面上都是反帝反封建的，因而使人难于辨别是非、认识它们的好坏。其实这两条路线，一个是革命的，一个是改良主义的；一个是代表无产阶级的，一个是代表资产阶级的；一个是马列主义的，一个是实验主义的。宣传马列主义最早最有力的人是李大钊同志；宣传杜威实验主义最早最有力的是胡适。因为当时美国乘第一次世界大战帝国主义双方都精疲力竭的时候，加入英法协约国的方面，因而英法美就侥幸得到了胜利，于是什么公理战胜强权啦！民主主义战胜军国主义啦！威尔逊的十四条是世界和平的保障啦！叫得特别响。这时美国成了世界第一个强盛的国家，胡适从美国带回的实验主义就特别受到欢迎，成了最时髦的东西，胡适的风头出得很足。因此，一般人都以为"五四"新文化运动是胡适等领导的，其实胡适

---

[*] "五四"卅周年纪念专辑编委会. "五四"卅周年纪念专辑［M］. 上海：新华书店，1949：23-28.

等不仅不是新文化的领导者，也不是"五四"运动的领导者，恰恰相反，他们是反对者。真正的领导者和组织者是李大钊同志。而且他和胡适作了不调和的斗争。请看下面的事实吧：

当一九一七年俄国无产阶级十月革命胜利后不到一年，德奥无产阶级起来推翻他们的反动政府，英法美得因此获得胜利，中国也在名义上参战，参加了英法美等协约国，没有出过一个兵，却借了许多参战外债来武装了反人民反革命的军阀，但因为协约国胜利了，中国也附带成了"胜利国"。一九一八年十月李大钊同志在"新青年"五卷五号上发表"庶民的胜利""布尔什维克的胜利"二文，在一般人喧嚷"庆祝胜利"的时候，大钊同志嘲笑他们的无知和盲目的庆祝，明白指出新世界必是"庶民的"胜利、无产阶级的胜利。一九一九年五月大钊同志又发表"我之马克思主义观"。胡适起来反对，七月他在"每周评论"上作了"多研究问题，少谈些'主义'"一文来反对马克思主义在中国传播。大钊同志发表"再论问题与主义"来驳斥他，指出"马克思主义的流行，实在是世界文化上一大变动"，研究问题不能离开方法，缺了主义。十二月胡适又发表"新思潮的意义"，反对马克思主义，主张"一点一滴的改造"，"这个那个问题的解决"，反对社会的根本改造，反对革命。关于"五四"运动胡适也曾有过反对的文章，这都是事实。

"五四"时代，由于美国的强盛，胡适等请杜威到中国作实验主义的宣传，其气焰不可一世。当时新兴的中国资产阶级也正是欣欣向荣的时候。至于中国的无产阶级虽同时有很大的发展，但还很幼稚，还没有组织起来。以人口比例来说还少得可怜。而当时的苏维埃俄罗斯，又为世界各国政府（中国政府也在内）所痛恨，更不许马列主义的宣传发展，然而当时中国的马克思主义者认识了马克思的辩证唯物主义的下面一个真理，就是：

> 在辩证法看来，最重要的不是现时似乎坚固，但已经开始衰亡的东西，而是正在产生，正在发展的东西，那怕它现时似乎还不坚固，因为在辩证法看来，只有正在产生，正在发展的东西，才是不可战胜的。（"联共党史"四章二节）

这就是说：

> 不要指靠社会里已经不再发展的阶层，那怕这些阶层在现时还是占优

势的力量，而是要指靠社会里正在发展、具有远大前途的阶层，那怕这些阶层在现时还不是占优势的力量。（同上）

因此，中国的马克思主义者就指靠于无产阶级，而中国新文化发展的方向，不应是代表资产阶级的，而应是代表无产阶级的。到一九二一年，无产阶级的先锋队——中国共产党产生了。它是以无产阶级的、马列主义的理论来指导中国革命的。从此以后，中国共产党领导了一九二五——一九二七的第一次大革命——北伐战争，领导了一九二七——一九三七的第二次大革命——土地革命，领导了一九三七——一九四五的抗日民族革命战争和现在的第三次大革命——人民解放战争。中国的马克思主义者并没有弄错。到了今天，事实证明，中国无产阶级及其先锋队——共产党，已由一个不大的力量发展成为头等历史的和政治的力量。

因此，我们应该说，中国革命今天的胜利是革命路线的胜利，是马列主义的胜利。

至于改良主义的路线，最初它是代表中国新兴的民族资产阶级，因此它也反帝反封建。但是它：一方面实验主义是从美国带来的理论，崇拜美国，也因美国的变化而变化，美国在大战后有一个时期的繁荣，因而有"美国的经济是新式的资本主义，是永远健康的，不必革命就可以和平转入社会主义的"，各种各样反马克思主义的"理论"，美国的垄断资本主义逐渐发展成了世界帝国主义最反动的堡垒，中国的改良主义者也随美帝国主义而趋于反动；一方面，因为中国民族资产阶级的软弱，美国培植的附庸——封建买办阶级，因利乘便，成了中国的垄断的大资产阶级。最初代表资产阶级的改良主义者，因为亲美的关系，本身的腐化，已经不是代表反帝反封建的中国民族资产阶级，而是代表美国的走狗中国封建买办大资产阶级。今天的胡适成了卖国贼蒋介石的帮凶是不足怪的。

改良主义者常常是以自由主义、中间路线相标榜，自以为他们是超阶级的，站在阶级斗争之外、站在革命与反革命之间，其实在阶级社会里，没有无阶级的中间立场，所谓"中间立场"，在阶级斗争尖锐时，一定会落到反革命的立场，这是有这样思想的人应当深深警惕的。

## 致世界学生第二届代表大会贺电\*
（1949年7月9日）

欣逢世界学生第二次代表大会开幕，特电致贺。当此帝国主义战争贩子疯狂向和平人民进攻的时候——即美帝国主义一手布置了朝鲜内战，动员海陆空军，对朝鲜人民作战，并以朝鲜形势为借口，妄图霸占中国领土，阻挠中国人民解放台湾，扩大对越南、菲律宾和东南亚各地的侵略行动，扰乱远东秩序，危及世界和平的时候，切望大会更进一步团结与动员世界学生，为制止美帝国主义的侵略罪行，拥护民族独立，保卫世界和平而斗争。

吴玉章<br>一九四九年七月九日

（原注：本电根据吴玉章同志生前保存的底稿抄录。）

---

\* 程文，陈岳军. 吴玉章往来书信集 [M]. 重庆：重庆大学出版社，1993：184.

# 学习的重点在改造思想*
## ——在政治研究所二、三班开课典礼上的讲话
## （1949年11月11日）

今天是我们政治研究所二、三班开学的日子，以前一班开学时我曾讲过一次话，以后很想多讲一点，但因一直没有时间，这是非常抱歉的。今天有机会来，想把我认为重要的问题向大家讲一讲。

我们政治研究所的同学，有不少是各方面的专家，学问经验都有一些；问题就在要能掌握正确的立场、观点和方法，来从思想上改造一番，以期能够掌握马列主义毛泽东思想，好好地为人民服务。我们一部在短期内训练了一万多青年，毕业后就走上了工作岗位；政治研究所的同学大都有专门知识，年纪比较大，我们很想使大家在短期内就能领会和掌握马列主义，为人民服务。

戊戌政变到现在，中国革命经过几个阶段，有不少的青年，当初是热诚爱国，英勇奋斗，但是后来就有些经不起考验的人，有的消极退隐，有的腐化堕落，有的变成了反革命。这是因为什么呢？因为都是没有把思想弄清楚，没有正确的阶级立场，初期领导革命的大都是知识分子，如康有为、梁启超等，虽然后来成了反革命，但当时都是急进的，爱国家、爱民族，大谈其富国强军的政策，康有为还作了"孔子改制考""大同书"等，从旧经书里引出托古改制的思想来，主张"大同"这一类学说。大体上讲来是小资产阶级一时冲动的急进的意识，但在当时却起了一些启蒙的作用。他们的维新运动在历史上也起了一定的推进作用，我们也不抹杀它。但是康有为几次公车上书以后，得到了光绪皇帝的赏识，自以为这是受了特达之恩遇，就有感恩报德尽忠保皇的思想。以后就成了保皇复辟的反革命罪魁了。

---

\* 华大生活，1949-11-28（1）。

梁启超在戊戌政变失败后到了日本。办"新民丛报","新小说报",在那时他的思想比康是更进步的,几乎有些是近于革命的,很多青年都受到他的影响而活跃起来,我就是其中的一个;但是以后他也变了,也坚决反革命了。为什么呢?因为他在壬寅年(一九〇二)三十岁时到了美洲,他著了"新大陆游记"。有人说,他到美洲见到康有为,康骂他忘了皇帝知遇之恩。因此,他就变成了反革命了,后来投到北洋军阀里,作了革命的罪人。这充分的说明了小资产阶级是动摇的,一遇到有人给他一点好处,他就会投到反革命阵营去。

再看到文化运动中的胡适,在当时也有很大的作用,最初也似乎有革命的气概,尤其是当林纾大骂他提倡"白话文"主张"文学革命"的时候,蔡元培曾复信大为辩护;一时胡适也曾受到青年热爱,可是后来他反革命了。他是美国留学生,极受杜威学说的影响,所以当时就和共产主义者李大钊立于敌对地位。我们知道五四运动后中国的时代变了,马列主义代替了美国资产阶级的思想,尽管那时胡适也号称进步分子,可是已经站到反动方面去了。胡适受美国资产阶级的影响,也受了美国的恩惠,想报美国的恩(如保皇党、亲美派),竟走上了美帝主义的走狗蒋介石的反动道路而不知悔。这就是小资产阶级思想意识在作祟,想往上爬,向压迫阶级方面走,弄得身败名裂。

在每一个时期中也有一批革命思想逐渐进步的人。在康梁时,孙中山也给李鸿章上过书,也是富国强兵,救国救民的条陈。但他更富于革命性。在戊戌政变时他已看出满清不行,极力鼓吹革命,到了一九〇三、一九〇四年时,在日本留学的青年都受到他的影响。到了一九〇五年,在日本东京有革命同盟会的产生,因而有辛亥革命,推翻中国几千年的专制制度的胜利;但从此以后同盟会的大多数人就没有看清问题,同盟会在胜利时,初改为政党的时候,也曾有较进步的六条政纲(如民族自决、男女平等、土地国有等),后来被宋教仁组织国民党时所取消,一点革命的气味也没有,于是中国的革命失败了。直到一九一七年俄国十月革命成功,一批最进步人士和新的青年出来,接受了马列主义的思想,成立了中国共产党。一九二五—二七大革命时期,国共合作,打倒了北洋军阀,进入到土地革命;但这时革命阵营又起了变化,蒋介石、汪精卫等先后叛变,许多人又走到反革命的路上去。从这些血的经验,我们又知道这都是知识分子没有坚决的革命立场的弱点。

在中国这个落后的国家，知识分子是很重要的，很宝贵的；但知识分子一定要把思想弄清楚，无论你的知识如何丰富，如果不把革命的正确的思想巩固起来，那是很危险的。

改造思想不容易。我一九〇三年到日本，一九〇五年加入同盟会，我在日本看书很多，当时世界各国的进步思想的书籍也很多。讲社会主义的书也不少，如幸德秋水的"社会主义神髓"是我喜欢读的；但今天看来那些书多是机会主义的。在日本有很多假马克思主义者，机会主义的或修正了的马克思主义；真正的马克思主义是经过列宁与第二国际机会主义斗争并驳倒了他们，复活了十九世纪四十年代马克思主义的革命原素，恢复了马克思的唯物辩证论；而且列宁不仅复活了恢复了它们，并发展了它们。所以我们现在要说马克思主义列宁主义，简称为马列主义，才是真正的马克思主义。所以不是看几本书就懂得了马克思主义。改造思想更不是靠着几本书就可以改造的，而最重要的在实践，在深思，在深刻地自我检讨。在大革命失败后，我到苏联去，看了很多宝贵的书，并到劳动大学学习。到那里才发现自己实在不够，同时明白了看书要仔细思考，还要和自己的生活行事结合起来，加以反省。抗日战争初回国，到了延安后，受到毛泽东同志的教育，才了解有些同志犯了教条主义的错误。另有一部份同志则犯了经验主义的错误。在整风运动中，我们经过很大的痛苦，与错误思想机会主义的同志作斗争，同时也与自己的错误思想作斗争。当时有许多人以小资产阶级意识把自己的弱点掩护起来，怕人批评，爱面子，自高自大，自私自利，个人英雄主义，不坦白承认错误，不向真理低头；但终于是不能掩饰过去的。同学们可以看看"整风文献"上许多批评错误的文章，是何等深刻！我们的党不经过毛主席的整风，是不会像现在这样坚强的。大家应当时常反省，好好的检讨自己，不要以为读了几本马列主义的书就行了。我们现在需要很多的干部，只怕没有培养好，做起事来会犯很大的错误；我们不怕过去犯了错误，只怕你不能改或者改得不彻底。大家一定要老老实实的把自己的短处都暴露出来，一点不要掩藏。有些人自以为聪明，其实一点也不聪明，"大智如愚，大巧如拙"，真聪明的人就是那最谦虚的人，最能反省的人，最老老实实的人。大家不要以为天天讲来讲去还是这一套，这种重复实际上是必要的。毛主席的"整风文献"有许多地方我初看了都觉得有许多话是在刺我一样。我细细一想，对了！这正因为自己有这个毛病。这还不赶快医治吗？用毛主席的话说，"惩前毖后，治病救人"，就是毛主席整风的精神。大家也要根据这种精神，老老实实的学习，老老实实检讨自己！我们谆谆的讲就是如此。希望大家一面看书，一面听讲，一面检讨；在批评与自我批评中求得进步。我们的时间不多，但在相互帮助下，一定可以获得很好的效果。听说大家都能安于这种学习环境，认真学习，这都是很好的现象。我们许多干部也许程度不太高，但大方向是对的，在这一段时间中，一定可以很好的帮助大家进行学习。

# 五十年来英勇奋斗的中国青年<sup>*</sup>
（1949年）

最近五十年来，中国人民进行了异常英勇而又异常艰苦曲折的革命斗争，中国青年站在广大人民的前列，在革命的每个历史阶段，都起了唤醒人民的先锋作用与组织人民的桥梁作用。

从甲午中日战争后，帝国主义列强掀起了侵略中国，分割中国的狂潮，清廷腐败暴露无遗，忧时愤世的士大夫阶层中急进的青年的一派以康有为、梁启超为代表，寻找改良道路，拯救本身的危亡命运。同时代表当时进步的中产阶级与小资产阶级的知识青年，如孙中山领导的一部份，则主张革命，继承中国革命先烈的优良传统，但另一部份则参加了改良主义运动。这种改良运动的领导人康梁等，将所有的希望都寄托在一个"开明的"光绪皇帝身上，与当时正在发展的农民运动毫无关系（无产阶级力量，则正在萌芽时期）。在腐朽但又顽固的封建官僚资本势力打击下，这个戊戌变法改良主义的运动迅速地（不到一百天）夭折了。

这种改良主义没有革命意识，装作"忧国忧民"的面孔，其实是为没落阶级服务，甚至作反革命的帮凶，康梁以后堕落为反革命是毫不足怪的，改良主义有不少的继承人，如以后的研究系，现在的政学系等及其他政客，他们的"好人政府""只要变不要乱""法统""正统""自由民主社会主义"等说法，都是为了挽救反革命的死亡，青年们应该十分警惕啊！

康梁改良主义的道路既已不通，代表资产阶级思想以及小资产阶级思想的知识份子，乃转向革命道路。许多留学外国，特别是留学日本的青年，羡慕法

---

\* 中国青年，1949（8）：14-15.

国大革命,开始公开宣传革命(一九〇三年邹容"革命军"出版)。一九〇五年由孙中山领导组织了革命同盟会,进行革命。有不少的青年回国,领导国内青年在各地实行起义,不幸都失败了。但中国青年英勇奋斗,不怕牺牲的精神,则感动了广大人民,特别是辛亥年三月二十九日广州起义,许多优秀青年英勇地舍身于革命事业,尤使青年大为奋发。到武昌起义,辛亥革命胜利,终于推翻了清廷的异族统治及数千年来专制的制度,建立了中华民国。可是当时革命党人犯了妥协投降的错误,把革命政权交与代表封建势力的北洋军阀袁世凯,旧民主主义革命由资产阶级自己的手送入了坟墓。

辛亥革命以后,中国无产阶级力量开始发展,特别在第一次世界大战中,中国资本主义有飞跃地发展,无产阶级也大发展了。知识青年在旧民主主义失败后,也在转寻新的革命道路,这时,划时代的历史大事变,俄国社会主义的十月革命胜利了,十月革命标志着资本主义制度的崩溃,开始了无产阶级社会主义革命的新时代,中国这个半殖民地、半封建的国家,反帝反封建革命的面貌也为之一新。进步的革命青年受了十月革命的影响,认识了马列主义的真理,进行了坚决的、不妥协的、反帝反封建的五四运动。新民主主义革命开始了,也就是开始了中国革命历史的新时代。

五四运动在思想上与干部上准备了一九二一年中国共产党的成立,又准备了五卅运动与北伐战争。北伐战争因为大资产阶级的叛变而遭受失败。中国革命经过十年艰苦内战,虽受巨大牺牲。但保持了革命骨干与革命根据地,锻炼了革命力量,尤其是革命的武装力量,成为钢铁一般的坚强,并推动了新的抗日高潮。这个历史阶段中,标志着两个革命高潮的大运动,五卅运动与一二·九运动,他们都是知识青年,特别是学生打着先锋,对中国的革命起了辉煌的作用。

抗日战争中及抗日战争胜利后,中国革命在以毛泽东同志为首的中国共产党领导下,大踏步的向胜利前进,广大的青年,不只是知识青年,而且有更多的广大劳动人民的青年,在解放区踊跃参加军队,发展生产,自力更生,支援前线,进行艰苦到八年之久的抗日战争。在国民党统治区域的青年,反抗顽固势力,争取民主,直到后来的反美、反特、反饥饿、反迫害、反法西斯暴政等,都作了英勇的斗争。在中国共产党坚持抗战,团结进步的方针下,抗日战争得到胜利。在抗战中为了战胜强敌，革命的人民群众的力量，特别是武装的人民的力量，获得极大发展与强大，依靠这个基础，才使今天的人民解放战争得到伟大胜利，并推进这个战争走向全国胜利。新民主主义的中华人民共和国已到了产生时期，中国青年的幸福生活已在招手，中国青年向新时代前进的道路已大放光明！

五十年来，中国人民以中国青年为先锋，写下了中国革命光荣的史实。也在革命中证明了一个历史的真理。这就是：在革命与反革命之间没有中间道路，中间道路实际上是向反革命妥协、投降。只有革命的道路才是前进的，光明的道路，才能引导中国革命走向胜利。

现在国民党反动派统治已经土崩瓦解，但是还有残余势力需要肃清，中国青年应当和中国人民在一起，把革命进行到底，继续积极参加和支援人民解放战争，消灭残余敌人，解放全中国。同时还必须积极参加恢复与发展工农业生产事业以及文化教育事业。缔造新民主主义的中华人民共和国的伟大而艰巨的光荣任务，中国青年应该担负起来！

团结起来勇猛前进啊！英勇的中国革命青年！新时代是你们的，你们必须和中国人民一道，坚决、澈底、干净、全部地消灭帝国主义封建主义与官僚资本主义，建设新中国！

# 中国马克思主义最早的倡导者——李大钊同志[*]
（1949 年）

我人民解放军百万大军南渡长江，南京已获得解放，国民党反动政府宣告灭亡，革命即将在全国完全胜利，半封建半殖民地的中国，很快就要完全变成新民主主义的新中国，李大钊同志所企求的"青春中国之再生"已经实现，在这时来纪念大钊同志是有极大的意义的。

大钊同志是三十年前中国马克思主义及布尔塞维主义最早的倡导者，歌颂者，是中国人民及中国共产党最早的组织者和领导者。为着中国之"回春再造"，就必须振起革命的精神与各种各色的黑暗势力进行残酷的战斗，他在"青春"上明白地，沉痛地告诉中国青年说：

> 青年之自觉，一在冲决过去历史之网罗，破坏陈腐学说之囹圄，勿令僵尸枯骨，束缚现在活泼泼地之我，进而纵现在青春之我，扑杀过去青春之我，保今日青春之我，禅让明日青春之我，……青年循蹈乎此，本其理性加以努力，进前而勿顾后，背黑暗而向光明，为世界进文化，为人类造幸福，以青春之我，创造青春之家庭，青春之国家，青春之民族，青春之人类，青春之地球，青春之宇宙……乘风破浪，沼沼乎远矣。

大钊同志这一号召推动了全国青年，特别是华北青年，尤其是北京大学青年学生受他的激励最深，因为他是北大教授兼图书馆主任，他介绍青年以许多马克思学说的书籍，及布尔塞维主义的胜利，使青年英勇地活跃起来，发生了轰轰烈烈的"五四"运动。这个运动之所以伟大，不仅在于它是澈底的，不妥协的反帝反封建，而尤在这一运动是在当时世界革命号召之下，是在俄国十月

---

[*] 新华周报，1949，2（1）：6.

革命号召之下，是在列宁号召之下发生的，"五四"运动是当时无产阶级世界革命的一部份。"五四"运动是中国革命由旧民主主义转向到新民主主义的划时代的标志。

"五四"时代，有些号称进步的思想家还在极力宣扬杜威、詹姆士实验主义及尼采、伯格森的唯心论时，大钊同志就更进一步在他的作品中间带着辩证唯物论倾向的思想；有些号称进步的历史家还仅仅有片断地疑古空气时，大钊同志就更进一步在"由经济上解释中国近代思想变动的原因"一文中，开始运用历史唯物论来作发现中国历史规律的尝试。

大钊同志当时所写的关于马克思主义的著作，在我们今天看来还不够成熟，或者如鲁迅先生所说尚有"未必精当的地方"，可是，"他的遗文却将永在，因为他是先驱者的遗产，革命史上的丰碑"（参照鲁迅给"守常全集"的题词）。这是什样意思呢？这就是说，一个革命者，一方面要看他思想发展的过程，大钊同志是一个大学教授，他是从小资产阶级的急进革命的民主主义者转复为具有初步共产主义思想的理论家，以后又从初步共产主义思想逐渐成熟，终于成了一个坚强的马克思主义信徒，他这一思想发展过程与中国无产阶级觉醒以及中国共产党思想底准备过程底经历是一致的。他是不断地改造自己的思想，使之随时代前进；另一方面还要看他实际的行动，大钊同志一贯为马克思主义而英勇奋斗的原则精神，坚决同帝国主义和封建军阀作不屈不挠的斗争，他的高度共产主义的气节和操守，是树立了共产党员最好的模范。如果我们是一个实事求是者，而不是一个空谈家，就必须老老实实考察自己和他人思想发展的过程，不虚伪，不夸张，而还他一个真实的，本来的面目，尤其重要的是要看他实践的过程，如果言行不符，甚至相反，则虽有美妙的言论，也不过是马克思主义的叛徒，如考茨基之流罢了。正因为如此，所以我们共产党人不怕自己还很幼稚，不怕自己还不够强大，只要我们不仅在言论上而且在行动中能够掌握着马列主义的普遍真理与中国革命实践相结合的毛泽东思想，我们就能够战胜一切。我们共产党人的思想和共产党的力量原是从无到有，从小到大，从弱到强。

大钊同志的功绩，不仅在于他反对一切反马克思主义的思想学说，而尤在于他赞扬和介绍列宁的布尔塞维主义使中国的共产主义者的思想及后来中国共产党的成立，一开始就走上布尔塞维的道路，不受第二国际等机会主义的毒害。他在全世界疯狂反苏的潮流中，坚决地站在无产阶级世界革命的战线上，来和帝国主义及封建军阀作不调和的战斗，正因为如此，他才被帝国主义者集团和军阀一同来绞杀他及他的许多同道者，帝国主义者随时都是勾结我们国内军阀，卖国贼来绞杀我们的革命。自张作霖以及蒋介石等毫无例外。现在帝国主义者仍在联合向革命进攻，前几天英国紫石英等四个军舰企图阻挡我人民解放军渡江，就是最好的证明。但这一次却被中国人民打败了。现在时代已经不同了，帝国主义统治世界的时期已成过去了，中国人民已经站起来了，已经掌握了马克思列宁主义，已经团结在中国共产党和毛泽东旗帜之下，成了强大无比的力量，任何帝国主义者，只要它敢于冒险来侵犯中国人民，干涉中国内政，它就必归于粉碎。

今天我们纪念大钊同志，我们不仅应当充分认识这一点，而且要学习大钊同志这种言行一致为追求真理改造社会的革命精神，同时不仅要表现在破坏旧社会的革命斗争中，而且要表现在建设新社会的艰巨工作里，使我们革命力量更雄厚，使我们的革命事业更前进。

# 中华全国自然科学工作者代表会议筹备会全体会议开幕词[*]
（1949年）

中国的经济，受了帝国主义、封建主义、官僚资本主义的压迫和束缚，不能发展。同时，科学工作者也受了同样的压迫和束缚不能发展。现在人民解放军已获得伟大胜利，很快即将在全国获得胜利，把半封建半殖民地的中国从重重压迫下解放出来，这就为我们科学工作者开辟了一个新环境，同时也为我们科学工作者提出了新任务。什么新任务呢？就是经济建设的新任务。

帝国主义的势力驱逐出中国，可以说中国是站起来了，得到独立了。但必须在中国的工业发展了，中国在经济上不倚赖外国了，才有全部的真正的独立，中国要实现经济上的真正的独立，还需要经过很长的时间和艰苦的奋斗，这个伟大的工作就落在我们科学工作者的身上了。

现在科学工作者最急迫地要做些什么呢？首先就要团结起来、组织起来。从前科学工作者是很不团结的，客观的原因是由于国民党反动政府贪污腐化、贿赂公行、排除异己。把一切利权送与美帝国主义，使民族资本受到致命的打击，主张正义的人几不能生存。在此环境之下，自然难于团结；主观的原因，则科学界的人有各种派系的斗争，个人利益的冲突等等。尤其是思想不能一致，没有奋斗的正确目标。因此不能团结。

现在客观的障碍已经去掉，政权已经是我们人民自己的民主政权，我们就可能在这个新环境下把我们科学工作者团结在共同目标之下，共同奋斗。

主观方面只有在思想统一、意志统一，有一个正确的目标，才能真正团

---

[*] 科学通讯，1949（2）：2-3。

结起来。思想如何才能统一呢？那就要了解事物和人类社会的生存和发展的规律，要做到这一点，就要学习马克思主义的世界观和人生观，就是说，要学习辩证唯物主义、历史唯物主义，才能把不正确的思想澄清，才能改造思想，才能成为一个新时代的人物，才能了解为人民服务的真理，才能有正确的立场。

共同的目标是什么呢？就是要建立一个新民主主义的人民共和国。"这种新民主主义共和国，一方面与旧形式的、欧美式的、资产阶级专政的、资本主义的共和国相区别，这是旧民主主义的共和国，这种共和国已经过时了。另一方面，也与最新式的、苏联式的、无产阶级专政的、社会主义的共和国相区别，这是最新民主主义的共和国，这种共和国已经在苏联兴盛起来，并且还要在各资本主义国家建立起来，无疑将成为一切先进国家的国家构成与政权构成的统治形式。但是这种共和国，在一定的历史时期中，还不适用于殖民地半殖民地国家之中。因此，在一切革命的殖民地半殖民地国家，在一定历史时期中的国家形式，唯一的只能是第三种形式，这就是所谓新民主主义共和国。这是一定历史时期的形式，因而是过渡的形式，但是不可移易的必要的形式。"（毛泽东：新民主主义论）

其所以和社会主义共和国有区别的原因，就在于经济上落后的半殖民地半封建的国家，取得了政治上的独立后，为了对付帝国主义的压迫，为了使落后的经济地位提高一步，中国必须利用一切于国计民生有利而不是有害的城乡资本主义因素，团结民族资产阶级，共同奋斗。我们现在的方针是节制资本主义，而不是消灭资本主义。但是我们发展的方向，是社会主义的而不是资本主义的。共同目标有了，团结就能巩固，就能组织起来。

其次就要加紧工作。现在摆在我们面前的，就是怎样来迅速恢复生产和发展生产。我们中国，资本主义未能大发展，经济是落后的，但不是没有好的条件。第一，我们有充足的天然富源，煤、铁很丰富，各种金属都有，粮食、棉花的出产很多，石油如开发出来也是不少的，这就保证了我们经济可大大发展。第二，我们有世界四分之一的——四万万七千五百万勤劳、聪敏、英勇奋斗的人民。他们能做出惊人的成绩，如修理松花江铁桥那种成就，使任何工程师都为之吃惊（见电影"桥"所表现）。解放区八年抗战，虽被蒋介石封锁，而自力更生，对于军工、医药有不少的发明，在在都表现了我幼年的科学家能发挥他们的天才，这是一个极其伟大的力量。第三，是我们的工业虽然很少，但是大工业都是国家的，而且很集中，有许多还是很新式的设备，这是发展社会主义经济的好基础。至于农业技术虽然落后，但是以解放区的经验证明，只要稍稍加以改良，就能大大提高生产。我们有了人民民主政权，更重要的是有我们共产党和毛主席的新思想、新理论、新政治观点、新政治制度，为人民大众所拥护，还有苏联社会主义和东欧新民主主义国家的经济建设可作我们的榜样，这些都是我们发展经济的好条件，如果我们科学工作者能在现有的工农业基础上有计划地迅速地把它们恢复和发展起来，我们的经济繁荣将是很快的。

我们在政治上既然有了好环境，经济上又有好条件，我们就要很快的有计划、有步骤、有重点的发展我们新的经济建设。从何着手呢？我认为：第一是调查统计。中国一切都缺乏确实的调查统计，没有这，则一切建设无从着手。调查分为两部分。一是调查现有的，这就由管理的人负责，限定一个时期，把所有的企业调查清楚；一是调查未开发的，即某些地方究竟蕴藏一些什么富源和什么地方宜于建设什么工业等。有了调查统计的确实材料，我们才能作出三年或五年的经济建设计划，否则一切都是空谈。所以我认为我们科学工作者第一个工作就是调查统计。

第二是培养人才，我们的科学人才太少了，必须大量地来培养。不只是在学校中培养，而且要在工厂中培养，并送到外国去学习。我们要多编译外国书籍，凡是各国关于中国经济调查的书，如日本和美国关于中国经济的书籍不少，以及他们新出的各种科学书报，都要翻译。要办几种专科刊物，以供学习的人和工作者的应用、研究，使他们的技术得以提高。

我们要掌握世界上最新式的科学技术，无论它是资本主义国家美国所发明的也好，社会主义国家苏联所发明的也好，只要它有益于国计民生，我们都要去学会来应用。但是要认清楚我们新民主主义经济发展的方向，是苏联社会主义的方向，却不是美国资本主义的方向。

我们要加深学习，每天要用一定的时间来学习，不仅要学习业务，而且要学习理论，使理论与实际联系，特别要学习马列主义和毛泽东思想来武装自己,来作行动的指南。

我们的会,不是一个小的狭隘的团体,而是全国科学工作者的大联合。它是适应新时代新环境而产生,它有新民主主义的经济纲领作指导,有中国共产党和毛主席各方面英明的领导,我们一定能够光荣地完成我们的任务。

# 中华全国自然科学工作者代表会议筹备会全体会议闭幕词[*]
（1949 年）

中华全国第一次自然科学工作者代表大会筹备会胜利闭幕了。我们已经开始把自然科学工作者团结起来，组织起来，这是新民主主义经济建设日程上一个大胜利。为了使我们的团结更加扩大和巩固，我再来讲一讲我们科学工作者今天应该清楚认识的几个问题：

## 一、站稳立场，加强团结

说到立场，我们通常都是讲阶级立场。为什么今天我要讲这一问题呢？因为有些自然科学工作者，常常认为科学是超阶级的。他们满足于学术的深造，业务的精通。为谁服务他们是不管的。只要谁用他，就替谁做做事。那些不承认社会有阶级存在的人姑且不去说他，就是承认社会有阶级，而常常以"自由主义"、"中间人士"自居，以为"自然科学与政治斗争、阶级斗争无关"。但实际上决不是这样。因为"在阶级社会中，人的阶级性，就是人的一种本能，一种本质"。谁也不能逃出社会之外去。现在无论从国内和国际的情形来说，政治斗争和阶级斗争都是非常尖锐的时代，你的工作直接的或间接的，不是为革命阶级一边服务，就是为反革命阶级一边服务。二者必居其一，绝无中间道路。一枝步枪，一颗炸弹，一尊大炮，操在帝国主义者或反动派手里，就是反革命的工具，可以杀死革命的人民，这就是罪恶。这种杀人的工具越精则罪恶越大。如果枪炮炸弹操在革命的人民手里，那就成了革命的武器，就救了广大

---

[*] 科学通讯，1949（2）：9-10.

的人民，这不是很明显的事情吗？难道你供献你的技能时，不应该想一想为谁服务吗？我认为是应该想一想的，应该认识自己是站在反革命立场呢？还是站在革命的立场呢？不能自居于超然的地位。

中国是半殖民地半封建的国家，现在中国革命的对象，是帝国主义、封建主义、官僚资本主义这三个敌人，他们互相勾结，互相利用来压迫和剥削中国人民，他们结成反革命反人民的营垒。革命的动力基本的是无产阶级、农民阶级与城市小资产阶级。而在一定的时期中，一定的程度上，还有民族资产阶级。这四个朋友在无产阶级的政党领导下，结成革命的统一战线，结成革命的营垒。二十多年来革命的经验证明，这一革命的统一战线如果进行得好，革命就能得到胜利，否则革命就要遭受挫折或失败。因此，我希望我们科学工作者，要有阶级意识，站稳革命阶级立场，只有站在正确的阶级立场上，意志才能统一，团结才能巩固。

## 二、自力更生，克服困难

现在国内公开的反动派武装力量，不久可以肃清，经济建设的任务已经提到日程上来了。但由于国外敌人——帝国主义者还存在，国内敌人虽然失败了，蒋介石反动集团还企图由台湾而菲律宾，不惜作流亡政府，与美帝国主义勾结，作垂死的挣扎。这些国内外敌人将千方百计地来企图破坏革命的成果。反动派集团已公开宣告要封锁我们海口，帝国主义者也威迫利诱，想要我们就他们的范，向他们屈服。他们以为中国不依赖帝国主义就不能生存，尤其是上海这个六百万人口的东方第一海港，如果一封锁就立刻无法生活下去。他们的算盘打上这一着，以为这是一个致命的打击。当然，封锁上海，使上海交通切断，我们自己的物资交流受阻，必然造成上海的一大困难。由于上海是帝国主义商品输入中国的最大海口，人口特别多，依靠外来的物资很多，但这种困难不是不能克服的，因为八年抗日战争和三年解放战争，蒋介石和帝国主义都曾经严密地封锁过我们，我们很胜利地克服了这个困难。从前那样小的边区我们还能克服困难，难道现在我们有全中国这样大的力量，还不能克服困难吗？今天的情势虽然有些不同，但人总是能改造环境的。

克服困难的方法，就在于要想种种办法来求得自力更生。这是我们有经验的，如果我们的政策正确，能动员广大的人民，依靠群众，就没有不能克服的困难。我们中国有很好的物质条件，有众多的人民，中国人民是英勇的，聪明的，过去有不少的事实可以证明，例如：当我大军要迅速渡河，河上无法架桥时，我们的战士可以架成"肉桥"；当我们攻城没有梯子时，我们的战士可以架成"肉梯子"；我们英勇的战士更可以无比的牺牲精神，抱着炸药去炸碉堡。这些非常的困难都能克服，难道还有什么困难我们不能克服呢？我们不要被那些阴谋家的谰言所吓倒，我们应当善于利用中国广大的人力物力，我们有信心来自力更生，建设新中国。正因为反动派和帝国主义对于上海的封锁，使上海来一个大转变，把半殖民地的上海变成一个独立而不依靠外国的上海。那末，敌人造成的困难，反而促成上海的幸福，所谓"艰难玉汝于成"将在这里得到证明。要做到这一伟大的转变，不是容易的，是一个战斗的任务。这就要靠我们科学工作者和英勇的人民，以战斗的精神表现自己的力量。

## 三、爱国主义与国际主义

这个问题我也想谈几句，过去的中国是反动派统治的国家，它虽然有极可爱的自然条件，但这个反动的统治者却极不可爱，反动统治者把国家弄得稀烂，把人民糟踏得如此穷困，还有什么可爱的地方呢？但是今天不同了，美丽的河山，丰富的资源已经掌握在人民自己的手中，我们有什么理由不爱它呢？因此我们必须成为一个真正的爱国主义者，当我们遭遇到外寇的侵略时，我们誓不投降，无论如何，我们要击败敌人，保存我们自己。中国过去若干历史事迹都证明了这一点，但当我们民族很强大时，我们也不去侵略别人，像美帝国主义者今天所做的那样，我们对于世界各个国家里的人民是尊重的，友好的，我们是视同手足弟兄，特别对于以平等待我的苏联社会主义国家及真正人民民主的新民主主义的国家，更是友好的，利害一致的。这种真正的国际主义精神是应当具备的，我们自然科学者与其他科学工作者一样，要认清这点。今天世界上分成两大营垒，斗争是尖锐的。美帝国主义者提倡"世界主义"来作为侵略的假面具，这是很明显的一个对照。我们的国际主义才是真正全世界人民的大团结，才是各民族真正平等的结合。国际主义与爱国主义是无丝毫矛盾之处的，两者是相成的，没有前者，后者必变成狭隘的民族主义；没有后者，则前者也无从实现。

自然科学工作同志们，组织起来，团结起来，更好的把我们的智慧供献给人民，造福于人民，全心全意为人民服务，这就是我们的志愿，这就是我们今后工作的出发点。我们要像人民解放军一样，继续不断地一个大胜利接着又一个大胜利来完成我们的任务。

# 纪念列宁*
（1950年1月21日）

今年（一九五〇年）在中国人民胜利的时候来纪念人类伟大的导师列宁，特别使我们兴奋。

列宁的革命理论武装了中国共产党和中国革命的人民，列宁的布尔什维克的组织原则和斗争经验，教育了中国共产党，尤其是列宁的一生对中国人民的爱护，对中国人民革命胜利的最大的希望和最大的信心，鼓励了我们中国共产党和中国革命的人民。

远在一九〇〇年欧洲所谓"文明"的八国联军屠杀中国人民的时候，举世都骂中国人为野蛮，只有列宁挺身出来为中国人民辩护。他在"火星报"第一期上，论述中国义和团起义的原因，揭露帝俄及其他帝国主义国家对中国战争的掠夺性质，并指明社会主义者对于这一战争的态度。

一九一二年中国辛亥革命胜利后，列宁在布尔什维克党的决议中，特别指出中国人民革命斗争的世界意义："这个革命斗争将使亚洲获得解放，而摧毁欧洲资产阶级的统治……"并表明俄国无产阶级以衷诚的兴奋和充分的同情，注视中国人民的成功。

一九一三年列宁写了一篇文章，题目是"落后的欧洲与先进的亚洲"。一般人都知道，欧洲是先进的，亚洲是落后的。列宁为什么用这样一个题目呢？他自己解释说："本文的标题实在含有苦味的真理。"因为："具有异常发展的技术，具有丰富的各方面的文化和宪法的文明而先进的欧洲，已经进到了这样一个历史关头，此时发号施令的资产阶级，因惧怕日益增长和日益强大的无产

---

\* 光明日报，1950-01-21（3）.

阶级，却维护一切落后的、衰亡的、中世纪的东西了。日益衰亡的资产阶级和一切已经衰亡及正在衰亡的势力联合起来，以图保存那正在动摇的雇佣奴隶制度。……在'先进'的欧洲，只有无产阶级才是先进的阶级。"因为："在亚洲，到处正在增长、扩大和巩固着强大的民主运动。在那里，资产阶级还与人民一同反对反动势力。几万万人民已经觉醒起来，争取生存，争取光明，争取自由了。"

列宁继续指出："为了财政巨头和资本家骗子们的私利而去帮助亚洲的反动势力，这是整个欧洲资产阶级的这种日趋腐化的一个最显著的例子。……一切公正的民主主义者都对于年青的亚洲充满着同情，而'先进'的欧洲呢？却在掠夺中国，却在帮助中国民主主义的敌人，却在帮助中国自由的敌人。"列宁把一九一三年四月五国银行团以极苛刻条件借予袁世凯所谓"善后借款"二千五百万镑，以镇压中国革命一事作为例子。"为什么它（指欧洲——笔者）要拥护袁世凯呢？"——列宁说——"是为了投机资本家的私利。……但如果中国人民不承认这笔借款，那又怎样呢？现在中国是共和国，而其国会中的多数，如果反对这笔借款，怎么办呢？啊！那时候，'先进'的欧洲就高呼什么'文明'、'秩序'、'文化'、'祖国'了！那时候，它就调去大炮，跟冒险家、卖国贼、反动势力的朋友——袁世凯联合起来，扑灭'落后'亚洲的这个共和国了。"

列宁着重指出："欧洲一切当权的势力，整个欧洲的资产阶级，与中国反动的和中世纪的一切势力结成联盟了。"列宁的结论说："整个青年的亚洲，就是说亚洲劳动者，却有以一切文明国家的无产阶级为首的可靠的同盟者。世界上任何力量都不能阻止无产阶级的胜利，而这胜利将把欧洲人民和亚洲人民一同解放出来。"

现在世界帝国主义者，与亚洲的反动的和中世纪的一切残余势力结成联盟，特别是美国帝国主义者与中国的反动势力结成联盟来反对中国人民，公开地以飞机、大炮、数十万万金钱来援助蒋介石，遭到了可耻的惨败，还不肯罢手，还想以台湾一小岛来扰乱全中国。这就更证明了垂死的资本主义日暮途穷，要想作最后的疯狂挣扎，不仅丧失了过去的"文明"，而且丧失了人类的理性。

现在的时代已和卅六年前的时代大不相同了。世界上已经有了以社会主义国家苏联为首的八万万人口的壤地相连的完整的一个和平民主阵营；现在的中国也和三十六年前的中国不同了。中国有了坚强的、马列主义的、布尔什维主义的以毛泽东为首的中国共产党，领导着工人阶级、农民阶级、小资产阶级、民族资产阶级，战胜了国内外的敌人，建立了崭新的新民主主义的中华人民共和国。

我们中国革命有了今天这样伟大的辉煌的胜利，完全是由于列宁的革命理论指导了我们，列宁的同情帮助了我们，我们每读到列宁的文章中称赞我们中国人民为伟大的人民，有伟大的前途，使人百倍地坚强了革命奋斗的决心和革命胜利的信心。

因为，列宁对于中国革命必然胜利这个天才的预言，不是从善良的愿望出发，不是从可怜中国人民受苦受难的慈悲心出发，而是从人类社会发展的历史规律出发，而是从辩证唯物主义的真理出发。辩证法认为：

> 最重要的不是现时似乎坚固，但已经开始衰亡的东西，而是正在产生，正在发展的东西，那怕它现时似乎还不坚固，因为在辩证法看来，只有正在产生，正在发展的东西，才是不可战胜的。（联共党史，一三五页）

因此：

> 不是要指靠社会里已经不再发展的阶层，那怕这些阶层在现时还是占优势的力量，而是要指靠社会里正在发展，具有远大前途的阶层，那怕这些阶层在现时还不是占优势的力量。（同上，一四〇页）

我们共产党人坚信这个真理，无论遇到何种困难，总是奋斗不懈的。

今天中国人民革命在全中国获得了胜利，我们必须加倍努力来建设我们新的国家，变我们农业国为工业国，变落后的国家为先进的国家。我们要掌握最进步的科学技术，迎头赶上并超过资本主义的国家，我们要和苏联社会主义国家及许多新民主主义国家共同奋斗，建设人类最幸福的共产主义社会，以这样的实际行动来纪念列宁！

# 在中国人民大学第一次学生大会上的讲话（提纲）*
（1950年3月）

（一）意义

a. 由于中国革命伟大的胜利，迫切需要各种建设人才，从事经济、政治、文化各种建设，所以中央人民政府决定成立中国人民大学，培养新型的知识分子，为新中国的建设服务。现在各地来参加学习的，有八年以上的干部，有三年以上的干部，有工厂里较先进的工人，也有经过改造或正在改造中的知识分子，其中绝大多数同学，对学习是有高度热情的，前途是很有希望的。他们将成为新中国建设的生力军。这种生力军生长得越快就越好，所以我们表示热烈的欢迎。

b. 我们同学来自各方，文化、政治、理论水平都不大一致，经验作风不同，有地方干部，有军队干部，有老干部，有新干部，有工农分子，有知识分子，需要大家亲密地团结起来，互相学习，取人之长，补己之短。尤其是老干部更要以身作则，带动大家努力前进，这就是我们学习的一种保证。因此我们热烈地欢迎同学们加紧团结，以达到学习之目的。

c. 我们学校，一切都是草创，缺乏经验，困难很多，特别是目前，由于战争破坏，经济创伤尚未恢复，物质设备比较简陋，一时尚难改善，需要我们大家有吃苦耐劳、艰苦奋斗的精神，来克服当前的困难。但更重要的是我们经验与人力不足，正在努力克服中。我们的有利条件，是中央人民政府和中国共产党中央的领导，苏联专家的直接帮助，政府各有关部门的积极支持，虽然我

---

\* 中共四川省委党史工作委员会. 吴玉章教育文集 [M]. 成都：四川教育出版社，1989：112-114.

们是有困难，但也有办法。但是要把这一学校办好，也绝不是少数几个人可以办好的，要依靠我们全体干部与全体同学之努力。希望每个同学关心学校之工作，如同关心自己之学习一样，不断地提出改进意见，这样我们的学校就可以办好。

以上就是我们今天开这个大会，欢迎同学们的重大意义。

（二）因为苏联教授大部分未到，所以我们教育计划的程序，不能不有改变，主要是业务课，往后推延了一下，等苏联教授一到，再加以改变。至于教育计划，有教务部的同志宣布。由今天起，就正式上课，希望大家根据学校规定按时上课，按时作息。大家一定要知道，学校秩序与制度的建立，对保障同学们学习，是有决定作用的，正像我们在工厂、在部队、在机关里一样，没有秩序与制度，工作是搞不好的。我们学校也是一样。因此，不允许有任何自由散漫、无组织无纪律的现象发生，那怕是少数人，因为少数人会妨碍大多数人的。也许有些人不习惯于学校生活，特别是我们这样的学校生活，但由于客观环境上的变动与主观上的控制，不是不可以养成的。这次因为我们招生仓促，缺乏充分的动员和准备工作，一方面是大家有许多情况，不大了解，另一方面，学校有许多应有的设备也未及时的赶上，这是我们的缺点，特地在大会上提出作为自我批评，请同学们原谅。我们现在就改正这个缺点。希望同学们用积极的革命行动，正确的学习态度，来支持学校，克服存在在少数人当中的一些不正确的思想倾向。例如：（1）对学校要求过高。（2）学习的信心与决心不足，文化低怕时间长。这山望到那山高。（3）单纯技术观点。（4）农村观点。我们要加强团结，为共同的目标而奋斗。

（三）我们学校分两部分，一为本科，一为专修班。因专修班现在还没有开办，加上苏联教授大批的未到，所以还不能正式地举行开学典礼。我们大家都做准备工作，本科同学更要以学习姿态来迎接开学典礼。

今天宣布正式开课，欢迎我们同学新的进步，祝大家健康。

# 《人民大学》校刊发刊词[*]
（1950年5月）

《人民大学》校刊的目的是帮助学校把工作做好。

中国人民大学的任务是培养新中国的各种建设干部。这些干部要学会能够建立新的经济制度，能够管理新的国家。

我们要建立的经济制度不是资本主义的经济制度，而是新民主主义的经济制度，是过渡到社会主义的经济制度。

我们要管理的国家已经不是半封建半殖民地的国家，也不是向资本主义前途发展的国家，而是新民主主义并向社会主义前途发展的国家。

我们革命的战争，由于人民解放军的英勇善战，广大劳动群众和一切觉悟人民的积极支援，已获得了伟大胜利。要巩固我们这个胜利，把我们农业国变为工业国，把落后的国家变为先进的国家，就要看我们解决我们面前组织任务的程度如何而定。

使我们当前首要的组织任务能够顺利解决的基本条件，就是要人民的政治领导者，即中国共产党党员们，其次是劳动群众及一切有觉悟的人民，能够完全理解以前资产阶级革命和现在新民主主义革命之间在这一方面的根本区别。

在旧式资产阶级革命中，劳动群众的主要任务，是在于实行消灭封建制度、专制政体和中世纪关系这种消极的和破坏的工作。组织新社会的积极的或建设的工作，则由少数的有产者或资产者来执行。他们的目的，不是要消灭产生阶级的经济基础，不是建立没有人剥削人，人压迫人的社会，而只是把封建

---

[*] 中共四川省委党史工作委员会. 吴玉章文集：上［M］. 重庆：重庆出版社，1987：410-413.

主义的统治换成资本主义的统治。反之，无产阶级和它所领导的劳动农民，及一切有觉悟的人民，在社会主义革命或新民主主义革命中的主要任务，除破坏旧制度外，就是积极从事建设工作，就是要把包括千百万万人生存必需品之有计划生产和分配的这一极繁杂而极精密的新组织系统办理就绪。这种经济组织的最终目的是要建立没有人剥削人、人压迫人的社会。现在中国新民主主义的经济建设，是为达到这目的的过渡阶段，以便有准备有步骤的过渡到社会主义，这是一种伟大的革命。这种革命，只有当人民大多数，首先是劳动群众大多数表现出有历史意义的独立创造精神之下，才能实现。只有在无产阶级和劳动农民及一切有觉悟的人民能够表现充分的自觉性、理智性、牺牲精神和坚定精神的情形之下，新民主主义的胜利然后才有保障。我们建立了被压迫的人民大众能够积极参加建设新社会事业的新形式，即中华人民共和国，这是人民民主专政的新形式的新国家。这是为新经济建设打下了很好的基础，但这还只解决了困难任务的一小部分。主要的困难在经济方面，如何克服经济的落后性，提高劳动生产率，使劳动生产向着伟大的目标前进。这是一个艰巨而伟大的任务。

由此就可以看出，我们学校所需要培养的干部，是要有以下各种品质和才干的干部。

第一，要把思想弄清楚，洗清不正确的腐旧的思想，以马列主义的知识武装起来。就是说，要懂得社会发展的规律，要建立辩证唯物主义和历史唯物主义的宇宙观和人生观，要认识新民主主义革命的新任务。

第二，要精通科学技术也就是要精通业务。当然这不是容易的事情，但又是我们学习的基本任务。而且精通专门的科学技术，使我们自己成为工作内行，并不是完全不能做到的事情。科学、技术经验、知识等等，这些东西都是可以求得的东西，今天没有，明天就会有的。主要的问题是要有布尔什维克的热烈志愿去精通技术，精通生产科学。只要有热烈志愿，就都能办到。

第三，是要有领导各种建设的志愿和技能，以便把现有的各种事业在新的工作方法上发展起来。我们不只在生产工作方面如工厂、矿山、财政经济、金融、贸易、合作等等的工作技能不够，就是在新的法律、外交各方面的工作技能也是不够的。因此，我们学校设有现时迫切需要的专门各系来学习。

第四，是要理论与实际联系。毛主席把马列主义的真理与中国革命实践相结合，使中国革命得到伟大的胜利，这个宝贵的经验，我们任何时候都不能忘记。我们要把人民政协共同纲领的经济、文化、外交等政策都能够正确的掌握。因此，本校各系都与政府有关各部门取得联系，并请他们帮助教学工作。

第五，是要有高尚的品质，有聪明的才干，有忠诚朴实为人民服务、不怕艰苦、不怕困难、不屈不挠、志愿献身于共产主义建设的精神。要建立健全的生活方式，模范工作，严守纪律，重视劳动和体育卫生，以及文化娱乐的活动。以爱祖国、爱人民、爱劳动、爱科学、爱护公共财产为公共的道德。要有生气勃勃，欣欣向荣的新作风，新气象。

第六，是要精诚团结，联系群众，与群众打成一片，党员与非党员间保持相互信任，相互帮助的空气，要利用批评和自我批评的武器，克服无组织无纪律的现象，使每个人都锻炼成创造新社会的人才。

中国人民大学是我们新中国中央人民政府首先创立的第一个新式的正规大学。特请苏联教授以苏联的建设经验教给我们，意义是很伟大的，期望是很高的，任务是很艰巨的，也是最光荣的。我们全校的工作人员及全体学员，必须拿出最高的热诚和勇气，大家多想办法，多提意见，努力学习，用群策群力来完成我们这一光荣的任务。

这个刊物能够忠实地报导教学情况，提出改进建议，使之成为教学上思想指导的武器，成为帮助我们完成任务的有力工具。

# 全国教育工作者代表大会的闭幕词[*]
（1950 年 8 月 11 日）

我们的大会开得很好，大家讨论研究了许多问题和提案，通过了章程，作出了一些决议和建议，有了不少的收获。我们的工会是新的组织，大家都是在摸索中，没有经验，可以说这还只是一个试办时期，必须我们共同努力，创造一些办法，在短时期内作出一些成绩来。使人感觉工会不是多余的、无用的。才会使大家热心来办工会。

要怎样才会有成绩呢？首先就是要团结，要走群众路线，要休戚相关，互相帮助，大家一致为帮助完成政府的教育计划而奋斗。

要特别注意知道过去我们教育工作者的弱点，就是不团结，不仅一个学校，一个教育单位的全体工作人员不能团结，就是教员与教员之间，职员与职员之间都不能团结一致，更说不上团结工、警等工作人员了。

我们要学习毛主席团结全国各革命阶层来完成中国革命的好例子。远的不必说，从新的人民政协以来处处都看出毛主席团结广大人民的英明作风。倾听群众的意见，采纳有益的言论，凡事都同大家协商，使得万众一心，我们的新国家才能有今天这样到处表现欣欣向荣的气象。

二、学习问题：我在开幕词中没有讲到学习问题，同志们提出意见是对的。这是表示同志们急于要求进步。

学习什么呢？

我以为首先要学习毛泽东思想。为什么要学习毛泽东思想呢？因为它指导中国革命得到了伟大的胜利。

---

[*] 光明日报，1950-08-17（1）.

毛泽东思想是以马列主义的理论与中国革命的实践之统一的思想。

当然，我们教育工作者来自社会各阶层，马上要求思想的一致是不可能的。因为我们的社会还存在有阶级和阶层。今天虽然人人要求进步，但还必须经过一定的时间，一定的社会的进步环境，才能自觉地、逐渐地把思想意识改造过来。

有些中小学进行查思想、查成份、查历史，把审干的一套办法拿来用，是不妥当的。但是我们已经认识了马列主义的真理而且它引导我们得到了胜利，我们就必须介绍给一切同胞走上人类发展的正确道路。因此教育工作者必须善于引导他们，共同来学习新的理论，才能认识新的时代，新的事物，把自己变成新的人物。必须照共同纲领第四十一条所说"应以提高人民文化水平，培养国家建设人才，肃清封建的，买办的，法西斯主义的思想，发展为人民服务的思想为主要任务"切实去作，提高业务学习自不待说。

三、实际工作问题：我们的工会如果没有实际工作，没有实际为会员谋利益并解决一些问题，就会使会员无兴趣，可有可无，也不能团结，也没有力量。因此工会的工作，必须从会员迫切须要解决的问题，得到合理的解决，尤其是中小学教员，特别是小学教员的生活太苦，致使很少人愿作小学教员，这是很大的社会问题，我们正需要健全而优秀的后代，不注意此事必招致极大的损失。我们大会向政府提出了优待小学教员的办法，这是很好的。

四、保卫世界和平签名运动问题：中国革命虽然胜利了，但帝国主义仍然存在，他们随时都想侵略我们，想把我们恢复到奴隶的地位。美帝国主义援助蒋匪侵略我们的台湾，就是一个实例，我们如果不和全世界爱好和平的人团结一致，就不能制止帝国主义的侵略，巩固我们革命的胜利。因此我们必须广泛发展和平签名运动，我们全国教育工作者有七十万人，小学教育工作者就有六十万，如果每人能发动一百人签名，就可有六七千万人。这一伟大的运动是可以使帝国主义发抖的！

签名运动不只是向帝国主义示威，而同时是宣传组织和教育群众的运动。要宣传热爱祖国，宣传爱国主义和国际主义的一致性与必要性，美帝国主义是纸老虎，并不可怕，朝鲜人民击败了美帝国主义就是明证，全世界爱好和平的人们团结起来，就能制止帝国主义的侵略，我们可用比赛的方法来动员乡村小学教员广泛深入到全国各个角落去推动这一伟大的运动。

最后我们高呼口号：

全国教育工作者团结起来；为培养教育新时代的青年干部而奋斗！

为巩固革命胜利；保卫世界和平而斗争！

中国教育工会万岁！

中华人民共和国万岁！

工人阶级导师中国人民伟大的领袖毛泽东万岁！

# 中华全国自然科学工作者代表会议开幕词*
（1950年8月18日）

各位代表，各位同志们：

经过了一年多筹备的全国自然科学工作者代表会议，今天开幕了。不难想象，今天在座的同志们一定带着万分愉快的心情来参加这个大会，同时全国科学界对这次会议也一定抱着很大的希望。因此我们必须把会开好，我们也确有自信会把这次会开好。现在让我们来预祝大会的胜利，预祝中国科学的繁荣，并祝代表同志们的健康。

中国革命的伟大胜利，为中国科学开辟了一个新时代。在这个新时代中，科学义不容辞地要负起巩固胜利和建设新国家的责任。在我们人民民主专政的国家里，科学工作不再依靠私人的提倡或所谓"慈善"性的援助，而是明确地成为国家的事务。共同纲领第四十三条说："努力发展自然科学，以服务于工业农业和国防的建设，奖励科学的发现和发明，普及科学知识。"我们必须取得资本主义社会所遗留下来的全部科学知识，及苏联新发展的各种科学成果，利用它们来建设新民主主义的国家。我们必须尽我们科学界现在所有的能力，来解决摆在我们面前的各项问题。大会收到的提案几百件，我们科学家怎样来答复这些问题，来计划和处理这些问题，对于我们科学工作者是一个有力的考验。我们需要一个全面性的、适合人民需要的国家经济建设计划，就必须要有计划性的科学。这个计划性的科学，它和国家经济建设有着密切的联系，它负责地解决政府与生产部门所提出的问题。这样它就把理论与实际联系起来。同

---

\* 中共四川省委党史工作委员会. 吴玉章教育文集［M］. 成都：四川教育出版社，1989：273-276.

时它也就必须以集体工作的新方法来解决问题，就是说不是由一个人，而是由一群科学家来解决问题，由有经验的专家来领导，这种工作方法使以前看起来不可能的复杂而费力的研究工作得以顺利进行。从前我们解放区被封锁的时候，用这种工作方法得到很大的效果，克服了许多困难，作出了惊人的成绩。现在要"把我们的国家，由一个农业国，变为一个能够以自己的力量生产自己需要的机器的工业国——这是我们的总路线的基础和要点"，我们就必须把科学计划性的理想当做一个自然而合乎习惯的概念，当做我们工作的一个重要品质。

我们新民主主义国家的科学工作计划，自然是必须和国家的经济建设相结合，但是我们也不能忘记科学的继续发展所开辟的前途，往往是相当的超过了经济计划所提出的期望。科学有它自己发展的逻辑，这是一种很需要加以重视的逻辑。科学必须永远站在前面工作着，为将来搜集准备应用的事物，只有这样，它才算是尽了它的天职。

科学要提高，还要普及，还要向地方扩展，使科学研究机关和实用场所遍及全国，有各种专门书籍、报纸、杂志、电影、广播等，使科学不只深入，而且广泛传达到群众中去。要大量培养科学干部，在大学、专门学校、中学，以至于小学，普及的发展学习科学的热潮。

现在新国家的建设工作，刚刚开始，真是"百废待举"，而人力财力是有限的，发展科学必须有计划、有步骤、有重点地稳步前进，才是从实际出发而不是空谈。

中国有近代科学研究也有了好几十年，其间也出了一些个别的杰出的科学家，也个别发表过一些有价值的科学著作。是不是可以说中国科学已经很进步了呢？不能这样说。中国的科学并没有在中国土地上生根，中国人过去从外国主要是英、美、德、日等国学来的一套科学知识，在中国觉得全用不上，中国的科学论文，一般只是替英、美杂志添一些枝叶。其所以没有生根，就因为中国的科学研究没有和中国人民建立起血肉相连的关系。半封建半殖民地的社会条件，决定了科学与人民无缘。人民觉得科学对他们没有用，因此也就不加以重视；科学家觉得人民不懂科学，因此也就抱着不愿对牛弹琴的态度。科学家不想替人民解决问题，人民也不向科学家提出问题。今天是不同了，这次会议所收到各方面的提案就有好几百件，这说明了今天中国人民是迫切需要科学家替他们解决问题，科学家也有义务替他们解决问题，也只有这样，今天科学家才能得到人民的爱戴和荣誉。中国科学研究一旦和中国人民实际需要结合起来，中国科学的繁荣，是指日可待的。过去中国科学界还存在严重的不团结现象，在一定的社会条件下，这也是必然的。解放后，整个社会变了，科学界在消除隔膜、团结合作方面有了显著的表现和成就，今后必须要更加团结，我相信一定会团结得更好。首先是由于许许多多科学工作者，今天都已经认识到大家都有一个共同的目标，共同的理想，都向着这个共同的目标和理想前进。

现在我想再谈一谈科学界的组织问题。今天科学界需要有组织，有组织才能更好地推进工作。但是在不同的历史条件之下有不同的组织原则。在和反动统治斗争的时候，首先是怎样才能动员更广大的群众来和反动统治斗争以争取科学发展的条件；在刚解放的时期，便是怎样完成团结争取教育的任务；而当人民自己掌握政权以后，进入和平建设的时候，要紧的便是怎样能做好科学的深入研究和广泛普及的工作。今天科学界组织既不同于政权机构，也不同于工会组织，它必须具有一定的学术性内容。去年7月开始筹备代表会议时，那时碰到的主要问题是科学界的团结教育问题，当时工会还没有普遍成立，因此所想象的组织形式是多少有点类似工会性质的。由于革命形势的迅速发展，全中国大陆除西藏外，已完全解放。在今天的条件下，这种组织形式是否合适，必须重新加以考虑。今天主要是怎样一种组织，能使科学工作者更有效地做好科学研究工作；更重要的是怎样把科学研究与实际结合，怎样把科学知识深入传播给广大人民，首先是工农群众。这一点，常委会筹备会已向大会提出意见请大家讨论。

最后我觉得今天在座每一位同志面前都会有一幅共同的远景，这个远景便是一个光明灿烂、民主、富强、康乐的新中国。只要我们大家能努力为争取这一远景的实现而不屈不挠的斗争，中国的社会就会较快地进入一个新的历史阶段。

# 培养新中国的各种建设干部*
## ——在中国人民大学开学典礼上的讲话
## （1950年10月3日）

我奉我党中央和中央人民政府之命，建立一个新式的中国人民大学，9月1日已正式行课了，今天特举行开学典礼。

我宣布，中国人民大学开学典礼开幕了。

各位首长，各位来宾、各位教职员、各位同学和同志们：

现在我简单地把建立中国人民大学的经过报告一下：

去年（1949年）七八月间，我党中央认为：人民解放战争基本获得胜利，新国家的建设工作即将开始，就计划建立一个培养建设新国家的干部的新式大学。12月16日中央人民政府政务院的决定说："为适应国家建设的需要，中央人民政府政务院决定设立中国人民大学，接受苏联先进的建设经验，并聘请苏联教授，有计划、有步骤地培养新国家的各种建设干部。"中央人民政府教育部随即作出关于中国人民大学实施计划的决定。我们本着这两个决定进行筹备工作。在苏联教授们帮助之下今年8月末筹备工作完成，9月1日正式开课。

中国人民大学所要培养的是怎样一种干部呢？

它是要培养精通先进科学与技术，为科学社会主义，即马列主义知识和毛泽东思想所武装，与各种具体业务相结合，并决心保卫人民民主主义祖国，忠诚于新民主主义建设而将来准备为共产主义事业奋斗的干部。

为要达到培养这种干部的目的，我们首先要建设我们的学校，而我们的学

---

\* 中共四川省委党史工作委员会. 吴玉章教育文集 [M]. 成都：四川教育出版社，1989：124-128. 原注：题为编者所拟。

校应该担负起下面的几个主要任务：

一、组织科学的教学方法，使能够保证培养各种科学技术的专家，而培养出来的这些专家都要能够掌握科学上的最新成就，能够正确应用，并能够联系理论与实际，使生产经验与科学相结合。

二、以马恩列斯的学说和毛泽东思想来进行学生的政治思想教育，并把他们培养成为有高度文化修养的专家。

三、创造具有现代科学水平与高度思想水平的教材与参考书。

四、进行能够解决新民主主义建设上重要问题的科学研究工作。

五、不断提高教员的政治思想水平与科学水平，并培养大批科学教育工作干部。

六、广泛传播科学与技术知识，及将要继续开展的劳模运动所将达到的科学与技术的最新成就。

根据这样的方针，我们已经进行了下面的工作：

一 建立了本科、专修科、研究生处与文化补习班

甲、为了以较长时期培养各种建设干部，设本科。本科分8个系：（一）经济计划系，（二）财政借贷系，（三）贸易系，（四）工管系，（五）合作社系，都三年毕业；（六）法律系，（七）外交系，以上都四年毕业；（八）俄文系，二年毕业。

乙、为了在短时期内培养当前迫切需要的各种建设干部，设专修科。专修科分11个班：（一）经济计划班，（二）财政借贷班，（三）对外贸易班，（四）国内贸易班，（五）合作社班，（六）工管班，（七）统计班，（八）法律班，（九）外交班，（十）教育班，（十一）史地班，都是八个月毕业。

我们招生是很严格的，主要的要三年到五年以上作过革命工作的干部。专修科要五年到八年的干部。现在本科学生1 600人，专修科学生1 200人。

丙、此外因招收的学生有些工农干部、产业工人，没有入过正式学校，文化水平低，特为设一个文化补习班，使他们学习一年或二年再入本科。

丁、为了培养教员，吸收了一批具有相当文化理论水平的干部与知识分子组织了250名研究生。暂时规定两年毕业。这是我校学生的情形。本校学生除了上课与自修外，我们十分重视各种形式的生产实习，学生将被派到各种企业

部门参观、见习或参加工作。

二　教学工作的组织

我们采用了苏联大学的教研室的组织，它是学校的基本教学组织，直接进行一门或有相当联系的数门课程的教学工作，担负讲课、实习与对学生的辅导。教研室同时还进行科学研究工作，并培养研究生。现在我们已经建立了35个教研室，在它里面组织了210多位中国的主讲教员与实习教员，他们在38位苏联教授帮助与指导下正在担负或准备担负110多门功课。本校学生除了上课与自修以外，我们十分重视各种形式的生产实习，学生将被派到各种企业部门参观、见习或参加工作。为了使讲授内容密切与中国实际结合，各教研室都与政府各有关部门取得了经常的联系，得到了一些帮助。

三　科学研究工作与提高教育干部的工作

为了在学校培养出达到先进科学水平的专家，并不断提高教育干部的科学水平，我们必须进行科学研究工作。因此，我们的各教研室已在苏联教授们指导之下，进行了这一工作，并已收到了一定的成绩。现在各教研室为了庆祝中华人民共和国成立一周年纪念正在写科学论文，准备在日内召开科学讨论会，会期3天。

为了提高教员和领导干部的马列主义水准，我们创办了"马列主义夜大学"，全校教员与科长以上的干部400余人在学习着。他们准备在两年内学完5门重要的政治课。

此外，我们正由工会发动工作人员的劳动竞赛，以改进工作，系与系之间教研室与教研室之间正在积极准备竞赛中。

以上一系列的工作，还有其他的许多建设学校的工作，我们首先要感谢我们党中央、毛主席和我们中央人民政府、中央教育部对我们的关怀与领导。

我们还应该特别感谢我们的苏联教授们。这些同志不远万里来帮助我们建设学校。我们的教育计划与许多工作，如果没有他们的帮助与指导，是决不可能在这样短的时间内做好的。我们全校师生都要很好学习他们的国际主义精神与优良的工作作风。

我们中央政府各院、委、部、会、行、全国总工会以及北京市委、市政府等都在我们的工作中给了我们很多的帮助。我们对于创办这样的大学是很少经验的，希望中央政府各部门今后与我们更加密切联系，给我们更多的帮助和指导，使我们能够在教学工作中避免不切合中国实际的错误。

## 附：新国家的新大学
### ——中国人民大学介绍

以马克思列宁主义为教学指导思想的中国人民大学，已经为新中国的人民高等教育事业指出了一个新的方向。

一九四九年十月一日中华人民共和国成立，新国家的伟大建设工作从此开端。为适应国家建设需要，中央人民政府政务院于一九四九年十二月十六日第十一次政务会议通过决定设立中国人民大学，接受苏联先进的建设经验，并聘请苏联教授，有计划有步骤地培养新国家的各种建设干部。接着中央人民政府教育部于十二月十九日作出了关于中国人民大学实施计划的决定；并由陆定一、吴玉章、钱俊瑞、成仿吾等人组成中国人民大学筹备委员会，在中央人民政府各有关部门及苏联专家费辛科、菲立波夫大力帮助之下，进行了几个月的筹备工作，拟定了学校组织、课程草案和教学组织办法。一九五〇年初，该校即开始在全国各地招收本科学生，三月一日本科各系即先行开课。到本年暑假中，该校所聘苏联教授大部到校，协助学校将本科各系和专修科各班全部教育计划拟定。专修科各班也在暑假中开始在全国招生。现该校本科各系已于九月一日上课，专修科各班也已于九月二十九日上课，全校并于十月三日举行了正式开学典礼。

中国人民大学招收学生的对象，首先是参加工作有一定年限，具有相当文化水平的工农革命干部和有一定工龄和文化水平的进步工人，其次是进步的青年知识分子。该校现有学生三千余人（包括本科、专修科、文化补习班），其中有工农革命干部一千八百二十七人（工作历史八年以上的有五百七十人），进步工人一百七十二人；全部学生中有中国共产党党员一千七百三十三人，新民主主义青年团团员六百五十一人。学生一般地具有高度的阶级觉悟，把在中国人民大学学习当作学好本领去更好地为人民服务的革命任务，能够自觉地积极地遵守学习组织与学习计划，全心全意地努力学习；尤其进步工人最多的本科工厂管理系学生，他们在本年三月到七月的学习过程中，表现了高度的刻苦钻研的精神，不但克服了文化水平较低的困难，而且成为全校成绩最好的一系。现在该校本科计有经济计划、财政、贸易、合作、工厂管理、法律、外交、俄文等八个系，各系修业年限除法律、外交两系为四年外，其余均为三年。专修科现有合作社、统计、国内贸易、对外贸易、经济计划、财政、工厂管理、史地、教育、法律、外交等十一个班，各班修业期限为八个月。

中国人民大学的教育方针是教学与实际联系、苏联经验与中国情况相结合。根据这一方针，该校的全体教育干部，必须环绕教学经常进行某些科学研究工作，以不断地提高科学水平、教学质量和教学效果。因此该校的组织特点之一，是在一般大学的教学行政领导机关教务部之外，另有研究部之设置。研究部负责全校科学研究工作的领导，其具体的工作是：组织各教研室的科学研究工作；检查各教研室每个人的科学研究工作计划；领导教员在思想水平和理论水平上的不断提高及研究生的培养；组织、领导教材和参考资料的编译与出版等。研究部下设有：科学研究处、研究生产处、出版处、编译室等机构。

中国人民大学的本科各系和专修科都直接由校长领导。系、班为教学行政组织，实际负责进行教学工作和科学研究工作的是教研室。现在该校本科每一系都有三个到五个教研室，另外还有共同课的教研室八个，由教务部直接领导。该校已经设立的教研室共有三十五个，组织了约二百五十个研究生，并吸收了二百一十余个教员从事教学工作。专修科各班课程，也都由各教研室负担。

教研室也是中国人民大学组织的特点，它是大学的基本教学组织，研究苏联经验并结合中国实际，每个教研室直接进行一门或有密切联系的数门课程的教学和研究工作。教研室由主任、副主任、苏联科学指导员、主讲教员、实习教员、研究生等共同组成，分别负担讲课、实习、辅导、科学研究等工作。教研室在开课之前，就根据教育计划拟定本学期应教课程的讲授提纲，交校长批准实行；提纲包括课程的基本目的和内容、课程份量与进行计划、重要参考书与参考资料目录、教学进行的方法与组织。另外教研室还要配合教学工作订出科学研究计划。参加教研室的每一教学工作干部和研究生也要订出个人的工作计划和研究计划，切实执行。教研室在教学工作和科学研究工作上，都要与有关的业务部门取得联系，经常调查各方面的实际工作情况，收集材料，充实教材；现在中央人民政府各有关部门，都已指定专人与中国人民大学各教研室联系，参加指导教学工作，各部门负责人并将在一定的时间到校作有关的讲授或报告。各系、班学生在进行了一定时间的课程学习之后，都要分别到各有关业务部门进行一般生产实习和专业实习。

中国人民大学教学方法的基本精神是强调教学的质量和效果，在教学工作干部高度负责的制度下，有领导有计划有准备地组织一系列的教学环节，使所教科目能彻底为学生所接受并能正确地运用。教学中的主要环节为讲授和实习。讲授由主讲教员担任，每次都有根据教育计划写好的讲授提纲，在讲授中要有系统有重点地说明问题，并向学生提出实习要点。实习课程有预先公布的实习题，学生在自修时写好发言提纲；实习课由实习教员担任，并事先对每个实习题准备好标准答案；其进行方法是：由教员根据每一实习题指定学生发言，申引其中问题，不足时再由其他学生发言，对问题加以讨论或补充，最后由教员本人或指定学生作总结发言，使学生能够更有系统地和全面地深入了解所学课程。在每次讲课或实习之前，教研室都要分别举行准备会，讨论决定讲授提纲和实习题及答案，并检讨上次讲授及实习课的情况。此外在学生学习过程中还有讲课以前的预习和以后的复习，教员在学生复习功课时还要进行辅导，解答学生所提出的问题。

中国人民大学的各种业务课教材都是参考苏联高等学校最新的教本而编定，而且各系课程都很丰富；在结合到中国实际时，苏联教授都特别着重研究中国的各种建设工作的方针政策，把这些内容都编进讲义里去。在中国人民大学的全部教学工作上，由于接受苏联经验和苏联教授的直接帮助，处处都表现了计划性和组织性。而学校领导干部和教学干部的艰苦奋斗精神，工农成份学生的自觉的积极的学习热情，建立了一种进步的学习作风。每一个学生都必须认真地完成学习计划，并力求独立思考、深入钻研，再在集体研究中接受考验或充实。中国人民大学以后每年将招收大批的工农成份的学生，并将根据国家建设发展的需要，逐步扩充、增设各种班、系。（新华社）

# 纪念十月革命三十三周年[*]
## ——在本校纪念大会上的报告提纲
## (1950年11月7日)

（一）十月革命是世界人类史中由资本主义旧世界进到社会主义新世界的根本转变，是世界无产阶级解放运动中的根本转变，是全世界被剥削群众斗争方法和组织形式、风俗和传统、文化和思想体系中的根本转变。十月革命是国际性世界性的革命，因此，世界各国被压迫阶级，被压迫民族对于十月革命都深深表示欢迎，把它看作是他们获得解放的保障，每年都来纪念它。

（二）十月革命冲破了世界帝国主义战线，在一个最大的资本主义国家里推翻了帝国主义资产阶级，并使社会主义无产阶级获得了政权，这就鼓舞了世界被雇佣阶级、被压迫被剥削阶级起来为夺取政权而斗争。十月革命打断了民族殖民地压迫的锁链，使被压迫的民族得到了解放，这就不仅在"宗主国"里动摇了帝国主义，而且打击了帝国主义后方，打击了帝国主义的外藩，震撼了帝国主义在各殖民地和依赖国里的统治，使世界各被压迫国人民与无产阶级联盟并在无产阶级领导下进行殖民地革命。

（三）十月革命在原则上是要消灭任何人剥削人，人压迫人，任何一个民族压迫另一个民族的现象，建立无产阶级专政，组织新的无阶级的社会主义社会，这就必然一方面引起全世界被压迫阶级和被压迫民族热忱欢迎，一方面又引起帝国主义的极端仇恨，因此十月革命胜利后不仅有德国帝国主义的进攻，而且有英、法、美、日等十四个国家的围攻，但都被英勇的红军把他们打败。德、意、日法西斯缔结反共同盟发动第二次世界大战，苏联伟大的红军也把这些帝国主义强盗都消灭了。这是证明人类社会发展的规律，新兴的合乎正义的

---

[*] 人民大学周报，1950-11-07（1）.

力量一定能够战胜腐朽的反动的力量，封建制度的灭亡如此，资本主义帝国主义的灭亡也必如此。

（四）十月革命为什么能够得到这样伟大胜利？为什么全世界帝国主义反动势力向苏联围攻，不仅不能打败她，而且三十三年来苏联社会主义的国家日趋强盛？为什么帝国主义天天造谣诬蔑苏联，而全世界的无产阶级劳动群众和广大人民都拥护苏联、信任苏联，而不相信帝国主义的挑拨离间呢？

因为苏联有列宁、斯大林的布尔什维克的共产党，能够掌握马克思列宁主义的理论，这个理论是自有人类历史以来最正确、最伟大的理论，它成了人类向前发展的南针，指明前途的灯塔。只要人们一领会了马列主义的真理，他就会站起来向正确的道路前进。

（五）中国是半殖民地半封建的国家，劳动人民受了重重压迫，中国人民为革命奋斗了几十年都没有得到胜利。自从十月革命的种子传到中国来，中国革命的面目就为之一新，中国共产党随即成立，提出了反帝反封建正确的革命纲领，经过了一九二五到一九二七年反帝反封建的革命，一九二七到一九三七的土地革命，一九三七到一九四五反日本帝国主义侵略的大战争，一九四七到一九四九反对美国帝国主义走狗蒋介石的解放战争，终于使日本投降了，把蒋介石打败了，把帝国主义势力驱逐出中国，使中国人民得到了解放，成立了统一的全中国人民的中华人民共和国。中国人民站起来了，成了自己国家的主人，这是人类史上被压迫被剥削阶级和民族继十月革命之后，又一个伟大的胜利。

（六）帝国主义特别是美帝国主义不甘心失败，千方百计要破坏我们新兴的人民民主专政的国家，不断以飞机、大炮、军火、金钱援助残余在台湾的蒋介石匪帮，使其轰炸扰乱我国土，美国在发动侵略朝鲜时，即公开侵略我台湾，并连续轰炸扫射我东北边境，不顾我国警告悍然侵越三八线，直趋中朝边境，美国侵略计划完全和日本一样，第一步侵略朝鲜、台湾，第二步侵略我东北，第三步侵略全中国，美国比日本更为狠毒，胁迫帝国主义各国，追随它在外交上与军事上共同压迫和包围我国，不让我国参加联合国和安全理事会及盟国对日委员会等，美国不断释放日寇屠杀我国人民的战争罪犯，扶植并武装日本反动派，积极准备对日单独讲和，以便利用日本野兽再来屠杀中国人民。我们牺牲了无数百万生命才赢得抗日战争的胜利,美国又企图利用日寇卷土重来,使我国人民重陷于奴隶地位,我全国人民必须和美帝国主义强盗坚决斗争,万不能任其为所欲为,置之不理。

(七)美国是继承德、意、日法西斯的传统,妄想独霸世界,其侵略及于五大洲,积极准备和鼓吹第三次世界大战,压迫和平运动,拒绝禁止原子武器,完全是世界人民的公敌。其国内已成为法西斯恐怖世界,特务横行,除大资本家及其走狗外,美国人民没有言论、出版、集会、结社自由。在其所控制的殖民地,美国都极力扶植蒋介石,李承晚一类血腥独裁者。在一切为美国所操纵的资本主义国家,美国都极力使其政治法西斯化,以金钱势力迫其作美国侵略的爪牙。美国统治者迫使科学,艺术,宗教为帝国主义者侵略服务,科学不用于建设,而用于战争,文学艺术不提倡进步而提倡堕落,宗教不参加和平活动,而参加间谍活动。美国统治阶级以威胁利诱摧残人民的道德观念,美国侵略者在朝鲜等地的野蛮残暴比之希特勒、东条有过之而无不及。

(八)美国虽然竭尽全力侵略年轻的小国朝鲜取得暂时的胜利,但这也只等于蒋介石占领延安,最后仍然要失败,美国是纸老虎,并不可怕,因为美国不但在政治上是反动的,孤立的,在军事上也有严重的弱点,战线太长,腹背受敌,战线由西欧到东亚,超过希特勒与日本;士气不高,实战经验不多,战斗力很弱;同盟者不强,西德,日本还未武装齐全,英、法、意等国现在已不是军事强国;在这样形势之下,美国资源的优势不能不受到限制和抵消;原子武器已非美国所独有,且不能决定战争胜负,国土愈广,人口愈不集中,原子武器的作用就愈小。

(九)美帝国主义经常叫嚣反对共产主义,企图消灭共产主义,把苏联和中华人民共和国及一切人民民主国家都看作它的仇敌,必欲消灭之而后安心,它向北朝鲜进攻,利用苏联未出席安理会的机会,威胁利诱安理会中的一些国家入其圈套供其驱使,假借联合国名义来进行侵略战争,欺侮年青的朝鲜民主主义人民共和国,以飞机、大炮、坦克、军舰疯狂屠杀和平人民,使有人心的人无不愤恨,而美帝国主义的真实目的,是要向共产主义的苏联和新民主主义的国家进攻,尤其要向我年青的中华人民共和国进攻,朝鲜的战争不过是美帝侵略战争的开始,因此,我们不仅为正义人道、唇齿相依,应该援助朝鲜,即为了我国的安全和生存也必须援助朝鲜。

（十）十月革命的胜利和苏联社会主义建设的伟大成功，以及它打败十四个国家的干涉和打败法西斯德、意、日的进攻并消灭它们，这都证明了新时代的革命力量是无敌的，苏联为人类建立幸福生活的模范是蒸蒸日上的，全世界各国无产阶级和被压迫民族看到并认识到这一铁的事实，都团结在苏联周围，结成全世界各国无产者和被压迫民族统一革命战线去反对帝国主义。现在全世界两个阵营的对立，比任何时代都更鲜明了，一个是以苏联为首的人民民主维护和平的阵营，一个是以美帝国主义为首的反人民，反民主，制造战争的阵营。美帝国主义又想发战争财，拼命挑起战争，企图挽救它垂死的命运，但是反革命，反人民的帝国主义的阵营是不巩固的，因为他们是由过时的、腐朽的人类渣滓，人类蟊贼所勉强结成，而且彼此矛盾很多并受到人民（连美国的人民也在内）的反对。全世界和平运动已有五万万以上的人签名就是证明。至于我们以苏联为首的和平民主阵营，则是在马列主义旗帜之下，在人类社会发展的规律性领导之下团结起来的，是在无产阶级和被压迫民族及广大群众自求解放的基础上团结起来的。因此我们的阵营是自觉自愿的结合，是十分坚强的。年轻而人口不多的朝鲜民主主义人民共和国竟能抵抗美帝这样强大的国家，打了不少辉煌的胜仗，出了不少战斗英雄，至今仍在不屈不挠地和美帝及其附从国家战斗着。这就是马列主义武装了的人民是不可战胜的最好证明，就是马克思说"理论一掌握了群众就立刻成为物质的力量"的证明。现在我们人民民主的国家，由东亚到东欧，有人口八万万，已结成广大坚实牢不可破的长城，我们是维护世界和平，反对战争的，但我们永远也不怕反侵略的战争。如果美帝国主义敢于进行第三次世界大战，它就是自掘坟墓与希特勒、日本一样必归于灭亡，最后的胜利一定是属于我们的。

伟大的十月社会主义革命万岁！

中苏友好万岁！

全世界和平民主阵营的堡垒——苏联万岁！

全世界劳动人民的导师斯大林大元帅万岁！

中华人民共和国万岁！

中国人民的英明伟大领袖毛主席万岁！

# 在中国人民大学专修科学生毕业大会上的讲话（摘要）*
（1951年6月10日）

中国人民大学专修科第一期，共分十一个班，总计有学生一〇八一名。他们多为具有三年至八年工作历史的革命干部，也有少数参加革命不久的先进产业工人及个别经过政治思想改造的知识分子和华侨子弟。其中大学程度者约占百分之十一，高中百分之十五，初中百分之五十六，小学百分之十八。自一九五〇年十月一日入学后，经过八个月的正规的紧张的学习，已于本月上旬举行了毕业考试，考试结果，优等生及优良生占百分之八十以上。并在十日下午三时隆重地举行了毕业典礼，除校长，专家，教员，干部及学生外，中共中央委员徐特立同志，教育部曾昭抡副部长亦莅会指导。此外司法部史良部长，科学院范文澜同志等首长来宾二十余人亦应邀参加。

大会由胡锡奎副校长任主席，他在开会词中说："此次专修科毕业的一〇八一名同学，百分之九十三为党团员老干部，通过八个月系统的学习，已经学得了不少的理论和业务知识，这是值得欢庆的。"接着指出："到新的工作岗位以后，千万不要骄傲，不要闹名誉地位，要更加虚心学习，密切联系群众，克服可能遇到的各种困难，在现有基础上，不断地提高自己，处处起模范骨干作用。"

继由吴玉章校长讲话，他教导毕业同学："应正确地认识我们是处在毛泽东的时代，中国人民正以无比的热情建设自己的国家的时代。必须不断学习马列主义和毛泽东思想；努力钻研业务，精通科学技术，随时随地展开批评与自我批评来武装自己的头脑；掌握建设祖国的本领，加强革命品质的锻炼。必须

---

\* 光明日报，1951-06-17（3）.

注意只有不断地提高政治思想水平，才能在工作上发挥更大的效能，做个好的领导干部。"他希望毕业同学离校后，要与学校保持密切联系，经常反映在校所学的知识在实际工作中应用的情况，供学校参考，以便更好的提高教学质量。吴校长特别强调指出："要时时刻刻警惕单纯业务观点，一切工作必须配合当前政治任务，积极参加抗美援朝，土地改革，镇压反革命三大运动，以及其他一定的社会活动。"接着专修科副主任谢飞同志报告了八个月的教学与学习情况。指出毕业同学所以获得显著成绩，胜利完成学习任务，这是和毛主席，中共中央，中央人民政府及校长的正确领导，苏联专家以崇高的国际主义精神的友谊帮助、教员的耐心教导、干部的热情工作及同学们的努力学习、坚持计划、克服困难分不开的。苏联顾问安德里扬诺夫同志讲话指出："新中国诞生还不到两年，就培养出来了一批新型的专业干部，这对国家建设来说，是具有很大意义的。"他叮嘱毕业同学"要把新学得的理论和业务知识很好的运用到实际工作中去"。他表示苏联专家都高兴能够帮助新中国培养更多的干部，并感觉这是光荣的任务。接着就是徐特立同志讲话，勉励同学们"要经常学习党纲和共同纲领，从而提高政策思想水平"。对一切问题，都要"多思考，多分析，并善于抓要点"。他以自己五十多岁还到苏联学习革命理论的亲身经验教导大家，"要安心于一个岗位，钻进去。一年不成，十年，廿年……五十年，只要意志不松懈，总有成功的一天。但有时因工作需要，政府决定你改行，那就毫无条件的服从组织。即使对自己是一件陌生的工作，也更要努力钻研，设法迅速掌握了它。任何工作对一个革命者来说，没有不可以学习的"。教育部曾昭抡副部长讲话指出："专修科创办以来取得的成就是很大的。这是由于人民大学一开始即明确提出并认真地贯彻了新的教育方针——苏联先进经验与中国实际情况来结合的教育方针的结果。通过一年来的实践，完全证实了新的教育方针是正确的。这主要表现在同学的所学得的知识都是今天国家和人民所正需要。"曾副部长以专修科同学在学习上取得惊人成绩的事实，具体地进一步地批驳了"工农不可能学好文化科学"的旧的资产阶级的荒言谰调。

司法部史良部长、财经委员会计划局狄超白同志、中国科学院范文澜同志都在会上相继讲话。一致指出这是新中国的一件伟大事情，并向人民大学及专修科毕业同学致以热烈祝贺。他们都勉励同学们在工作中要主动地克服困难，善于坚持学习，并把自己学得的东西，教给周围的同志们。最后毕业同学代表致答词，表示决遵循首长们的指示，为祖国的建设事业贡献出自己的一切力量，以实际行动来报答首长、来宾、校长、专家、教员及干部同志们对他们的教导和关怀。

在毕业典礼举行以后，为了进一步了解当前新中国建设的具体政策及实际情况，更便利于同学们即将担负的建设任务，中国人民大学于本月十二日至二十五日中间，又邀请了政府各有关业务部门的负责同志，计划对全体毕业同学及各班分别作二十二个系统的报告。

（人大通讯组）

## 在中国人民大学校代会上的讲话\*
（1951年9月20日）

本校第一学年的工作总结表现了有很好的成绩，为什么我们能获得这样的成绩？我们执行了中央人民政府的决定，即学习苏联先进经验，我们是"走俄国人之路"。

苏联的经验究竟是什么呢？是以马列主义为指导原则的经验，以马列主义的科学方法进行教学，我们不走资产阶级的道路，我们要学习苏联，毛主席教导我们：我们一切全向苏联学习，要一边倒，不会倒向资产阶级的道路，也不会走中间道路。马列主义指出了人类向前发展的规律，苏联是以马列主义建设起来的社会主义国家，现正走向共产主义社会，这一条道路是正确的，我们一定要学习苏联，以马列主义进行教育。

中央人民政府政务院特别聘请许多苏联同志教导我们指导我们。苏联顾问、专家把建设中国新型大学的任务作为自己的任务。他们非常热心地帮助我们，尽了很大的力量，我们计算我们的成绩必须要认识到这一点。

我们的学校是为新中国的建设培养干部，就要培养精通业务的人才，但一切业务必须建立在科学的社会主义知识所武装的基础上，因此必须进行政治的学习，马列主义理论的学习，过去的旧大学只搞业务不问政治是不对的，我们学校的一切科学部门政治课要占百分之二十到三十；政治经济学，马列主义，中国革命史时事教育等等，政治课是很重要的，我们的课业是围绕着先进科学与技术的。学习苏联首先就要认识，了解，掌握正确的世界观、人生观，即马克思的辩证唯物主义和历史唯物主义。这就是我们培养干

---

\* 人民大学周报，1951-10-07（3）.

部的基础。

我们学校是有计划，有组织，有严格的制度。实行民主集中制，与群众有密切联系，使学校成为整个教、学、工人员自觉自动的集体负责，有意见就可以提出来，展开批评与自我批评，使工作可以随时改进。我们的学校不仅要培养技术人才而且要培养建设新社会的忠实干部，有高贵的品质的干部，只有这样才能担任建设新中国的任务。

在这第一学年，每星期课堂学习三十六小时，同学们感到课程重，学习实很紧张，部份的同学休息少，有损健康，今年适当的减少了一些，每周不超过三十二小时。当然我们新成立的国家要用战斗的精神赶上先进的国家，所以，有些同学越是辛苦，精神越好，这是同学们努力学习的好现象，但是我们也要照顾到他们的身体。

现在有了苏联的经验，这种经验在以前是没有的，也不会有的，因为没有列宁的布尔什维克的党，也就不能有现在伟大的社会主义的苏联。斯大林同志在总结第一个五年计划时曾经引证了资本主义国家的新闻议论：他们认为苏联五年计划是幻想，乌托邦，三十年也完不成，但事实上苏联的五年计划四年就完成了，这不能不使各国的资产阶级大为吃惊，称奇迹，他们不知道这些实行五年计划的是一些什么样的人，斯大林说过：这些人是特种材料制成的布尔什维克党人。

中国现在涌现出很多劳动英雄，在中国共产党，毛主席领导下人民发展了劳动积极性，又有苏联专家给我们先进的技术和经验的帮助，使我们的工业和各方面的建设有飞跃的发展，就拿铁路的恢复和发展作例子，过去多年做不到的现在一、二年就把全国的铁路畅通并新修了许多条铁路，创造了许多奇迹，旧工程师人员不能不叹服。我们学校又是一个实际的例子，我校开办时我们毫无经验，教员不过五十多人只能提拔新的干部来补充。苏联顾问、专家以兄弟般的热情来帮助使我校欣欣向荣，教员也培养出四百多人来了。我们年青的教员，虽然自己非常感觉学力不够，但他们虚心，兢兢业业地边学边教，不怕困难，随时改进也就能得出成绩来。由此可见，只要我们肯努力学习，没有学不会的。我们的任务是重大的，党、政府全国人民都希望我们培养出很多新的，好的干部。现在北京各大学的校长和各地方大学的参观同志都来参加我们这次会议,我们非常欢迎,一方面可以提供许多宝贵的意见来帮助我们,一方面也可以把我们行之有效的经验推广到各学校去,把这一新的教学精神发扬光大,成为我们新中国的新教育制度。在旧大学中,正像马寅初校长所说的:有些大学至今还是教的资产阶级的那一套,他们教财政经济学就是资本主义骗人的投机的财政经济学,而不是为人民服务助社会发展的经济学,这话是很对的,那一套是不能用的,不是以科学的马列主义作基础而仅是以投机取巧,追求利润,敲诈和盘剥广大人民,以致发展为寄生的,腐化的,垄断的资本主义的政治经济学。他们就是研究如何能骗取人民一大笔钱。

我且讲一个故事,一八七〇年普、法战争,法国打败后,德军驻在巴黎,凡尔赛和约规定赔款四十万万法郎,撤兵时必须交二十万万,其余二十万万可以陆续交,但要付利息。法国经济学家们想了一个办法,准备了一个世界博览会,法国是一个奢侈品(漂亮的衣着,化妆品等)出产的国家,在德军要撤退的时候博览会正开,法国这时把四十万万赔款全交与德国,德国得此巨款当然要发更多的薪饷给这些胜利了的士兵,而这些士兵们就把领得的薪饷在博览会上买了许多东西去,德国得到赔款差不多就花了一大半,结果法赚回了二十万万法郎。这就是资本主义投机取巧的例子,他们的学说不是提高生产,而是骗人的金钱吸人的膏血。资本主义的教育越教越坏,我们是不要的。现在各大学非常虚心地和我们共同学习新的教学内容和方法,我们要很好的把我们取得的经验帮助他们,欢迎他们和我们一道前进。

我们要巩固和发展我们的成绩,我们还有很多困难,特别是教员还幼稚还不够,这就要求我们发扬战斗精神,很好的向苏联学习,不怕多大的困难都能克服。中国人民是勤劳,勇敢,聪明能干的。前几天在报上登载东北原计划增产节约五百万吨粮食,现在算来可超过一倍(约一千万吨)可以买战斗机四千五百架,这是多么大的一个力量!中国地大物博,人口约占世界四分之一,我们有这样伟大的资本,再加上我们有马列主义和毛泽东思想指导我们,又有苏联先进的榜样鼓舞我们,中国一定能够很快的发展起来,苏联五年计划四年完成,我相信我们有了五年计划也可以四年完成。

我们知道干部决定一切,我们学校已有了这样的基础就要把它巩固充实发展起来，要加倍努力，要积极的工作，要提高信心，我们所走的路是正确的，加上大家的努力，我们的事业是可以成功的。我们一方面是要肯定我们的成绩，但是也不能骄傲自满，要以这些成绩来鼓励我们再接再励更向前进。

# 《教学与研究》发刊词*
（1951年）

本刊主要地是把本校科学研究报告和科学研究工作的情况以及国内外的重要科学论著学术讲演等编印出来，以交流经验，从而提高科学研究工作。

我们应该怎样来进行科学研究呢？我认为：

第一、必须端正科学研究的态度。科学是最真实的东西，来不得丝毫虚伪。毛泽东同志说："知识的问题是一个科学问题，来不得半点的虚伪和骄傲，决定地需要的倒是其反面——诚实和谦虚的态度。"（《实践论》，《毛泽东选集》第1卷，276页）我们要建立脚踏实地的科学研究态度，有计划、有系统、切实的、经常的、专门的、精深的，如抽丝、如剥笋，力求深入的研究作风。必须克服旧知识分子浮夸虚伪，不切实际的恶习。

第二、必须用马克思的辩证唯物论来作科学研究工作。毛泽东同志说："这种基于实践的由浅入深的辩证唯物论的关于认识发展过程的理论，在马克思主义以前，是没有一个人这样解决过的。马克思主义的唯物论，第一次正确地解决了这个问题，唯物地而且辩证地指出了认识的深化的运动，指出了社会的人在他们的生产和阶级斗争的复杂的、经常反复的实践中，由感性认识到论理认识的推移的运动。列宁说过：'物质的抽象，自然规律的抽象，价值的抽象以及其他等等，一句话，一切科学的（正确的，郑重的，非瞎说的）抽象，都更深刻、更正确，更完全地反映着自然。'马克思列宁主义认为：认识过程中两个阶段的特性，在低级阶段，认识表现为感性的，在高级阶段，认识表现为论理的，但任何阶段，都是统一的认识过程中的阶段。感

---

\* 中共四川省委党史工作委员会. 吴玉章文集：上［M］. 重庆：重庆出版社，1987：422-425.

性和理性二者的性质不同，但又不是互相分离的，它们在实践的基础上统一起来了。我们的实践证明：感觉到了的东西，我们不能立刻理解它，只有理解了的东西才更深刻地感觉它。感觉只解决现象问题，理论才解决本质问题。这些问题的解决，一点也不能离开实践。无论何人要认识什么事物，除了同那个事物接触，即生活于（实践于）那个事物的环境中，是没有法子解决的。"（《毛泽东选集》第1卷，275页）我们必须深刻体会这个意义来作我们科学研究工作的方法。

第三、科学的研究必须敢于打破旧的东西，创造新的东西。斯大林同志说："科学的原理向来都是由实践，由经验来考验的。如果科学和实践断绝了关系，和经验断绝了关系，那它还算是什么科学呢？如果科学就是像我们某些保守主义同志所形容的那样的一种东西，那他对于人类岂不是早已没有什么作用了么。科学所以叫作科学，正是因为它不承认偶像，不怕推翻过时旧物，却很仔细倾听实践经验的呼声。"（斯大林著：《列宁主义问题》外文出版局版664页①）两年来我们全国大陆解放了，全国工农也得到了解放，因此，就出了不少劳动模范，劳动英雄，他们不仅提高了劳动生产率，而且有许多发明创造获得了惊人的成就。千百万劳动者，工人和农民是在劳动和奋斗中积蓄着很丰富的实践经验。我们科学研究工作者必须向他们学习，把科学知识与生产实践结合起来。这样来认真研究，科学才能有较大的收获。

第四、社会历史科学必须有指导和促进社会发展和前进的作用。斯大林同志说："社会历史科学，不管社会生活中的现象怎样复杂，都能成为例如生物学一样的准确科学，能利用社会发展规律来供实际的应用。""科学和实际活动间的联系，理论和实践间的联系，它们的一致，应当成为无产阶级党底南针。"（《联共（布）党史简明教程》外文出版局版②145至146页）马克思列宁主义的真理告诉我们，社会思想、社会理论、政治观点和政治制度是社会物质生活条件的反映。虽然，社会思想、理论、观点和政治制度的产生是起源于社会物质生活，但不能否认它们将转过来在社会生活和社会历史上有重大的作用和意

---

① 外文出版局版《列宁主义问题》正文部分仅85页；此处保留文章原貌并存疑。——编者注

② 外文出版局版《联共（布）党史简明教程》出版于1953年，本文写作于1951年，年份似不符；此处保留文章原貌并存疑。——编者注

义。有旧的思想和理论，它们是已经衰颓，并为社会上那些衰颓着的势力服务的东西，起着阻碍社会发展和前进的作用；同时有新的思想和理论，它们是先进的，并为社会上先进势力服务的东西，起着促进社会发展和前进的作用。科学工作者的任务就是在于能在新的社会物质生活发展过程中，掌握新的社会思想和理论来解决新的问题，并和当前的社会思想和理论作斗争，以促进社会的发展和前进。这种新的先进的社会思想和理论能发动广大人民，能动员他们、组织他们、改造他们成为一支伟大军队来打破反动势力，并为社会先进势力开辟道路。中国革命斗争和伟大胜利的过程证明了这个真理。

中国许多年来受了外国帝国主义和本国反动统治的联合压迫，使我们的科学不能发达，以致中国成为落后的国家。最近美国的战争贩子艾奇逊在联合国第六届大会上，还公然诬蔑我们为："比野蛮更低劣的人"。这是多么无耻，令人愤怒的狂吠。但这一无耻的事实，我们要从两方面来认识：一方面是由我国科学不发达成为落后的国家，帝国主义从来就不把中国人当成人来看待，任意侮辱和践踏；另一方面是美帝国主义以为他们有美元又有原子弹，世界一切反动势力都在其指挥豢养下，可以为所欲为。他们看不到、也不愿意看到新时代、新中国的产生和发展。但是他们大错而特错了。"在辩证法看来，只有正在产生，正在发展的东西，才是不可战胜的。"（斯大林）说他们不认识这个真理吧，而他们看到中国革命的胜利，就大嚷大叫共产主义的"威胁"，妄图动员一切反动力量来消灭它。说他们认识这个真理吧，而他们坚决不承认我中华人民共和国存在的事实，并横蛮地剥夺我国在联合国的权利。为什么他们有这样矛盾的行动呢？因为他们有没落阶级利益的限制和没落阶级意识的偏见，不敢正视现实，只迷信金钱武力，胡作非为，自欺欺人，这正是历史上一切没落阶级和狂妄的人所走的必然死亡的道路。他们的悖谬行为是反科学的，然而从整个社会发展的规律看来也正合乎科学。

现在我们中国革命已经获得了空前的伟大的胜利。一切帝国主义和反动统治的势力已被打倒了，中国人民作了国家的主人，中国的面貌已焕然一新。中华人民共和国成立不过两年，时间虽然很短，而我们各方面进步的速度却超过了旧时代的数十年。中国人民站起来了！不仅工农业生产和国家一切建设事业都在飞跃的前进，而且国防也有了极大的巩固和保障，我们抗美援朝的人民志愿军英勇善战，打败了美国帝国主义及其帮凶武装到牙齿的现代化的侵略军队，获得了辉煌的胜利就是一个证明。我们以清醒冷静的头脑，无产阶级的立场，辩证唯物论的方法，实践与经验的考验，诚实与谦虚的态度来努力研究科学，迅速的作出成绩来以供应我们新国家的经济建设和国防建设，是我们科学研究工作者今天的迫切任务。中国是地大物博，资源丰富的国家，又有我们勤劳、勇敢、聪明、智慧的五万万人民，在中国共产党毛泽东同志的英明领导下，在苏联先进经验帮助下，一定能够在短时期内，在科学和各种建设事业的发展上，不仅赶上而且要超过帝国主义国家。让那些将要死亡的战争贩子去盲目叫嚣吧！最后的胜利一定是我们的。

# 在中国人民大学学工人员大会上的讲话（摘要）\*
（1952年2月14日）

同志们：

我们学校坚决地执行了毛主席的指示，大张旗鼓、雷厉风行地开展了"三反"运动。这次运动的成绩是很大的，揭发与批评了我们学校领导及各方面工作上存在着的许多缺点，并提出了很多很好的建设性的意见，打击了贪污分子，清除了并继续清除着一切贪污与浪费现象，有的单位还进行了对资产阶级思想的检查。现在我们的运动虽然除了行政事务部与修建处还在激烈的集中火力进行反贪污的斗争以外，在大多数单位已告一段落，但整个运动还未结束，我们是有这种决心的，就是运动搞不澈底决不收兵，同时我们大家还应当有这样一个明确的认识，就是把反贪污、反浪费、反官僚主义的斗争也要看成是我们的经常任务之一，把警惕资产阶级思想对我们的侵蚀和对资产阶级腐化堕落思想的斗争贯澈到我们经常的教学过程当中去。

经过这次运动，我们大家在思想上、政治上都有很大的进步，对学校各方面的工作也提了一些合理化的建议，这无疑问的对于我们今后工作的开展奠定了更加良好的基础，我们领导上也有决心根据同志们所提的意见积极地、逐步地改进我们的工作。我们正在努力研究如何改进今后的工作，组织了三个小组来进行。我想，同志们也有把学校工作搞好的决心。因此，我相信我们学校在党中央及中央人民政府的直接领导下，在苏联专家的热诚帮助下，在同志们的自觉积极努力下，一定会把我们的工作从现有的基础上一步一步的提高，会把我们的学校办的更好。这次运动亦充分证明了这一点，从大家所提的意见来看

---

\* 人民大学周报，1952-02-17（1，2）.

也是这样，就是一方面说明在我们学校领导上及各方面的工作上存在着很多严重的缺点，同时，另一方面也证明了我们学校领导、我们的教学计划基本上还是正确的，工作上的成绩还是主要的，而且上述那些缺点，有的是在学校初创过程中很难免的，有的的确是由于领导上发扬民主不够存在着严重的官僚主义的作风所造成的。总之，不管上述缺点的产生是什么原因，我们都必须澈底纠正，因为我们布尔什维克不仅敢于揭露自己的缺点，而且也是善于克服缺点的人，这是我们共产党员所具有的特种性格和高贵品质。

同志们，我们学校新的学期即将开始，明日就要开课，我想，我们大家一定会和过去一样的，要更加百倍的满怀信心的投入到紧张的工作和学习中去。我们"三反"运动的目的也就在于纯洁组织、加强战斗力，改进工作和更加发扬艰苦朴素、克己奉公、全心全意为人民服务的作风。我们决不能懈怠，我们大家必须要严格地遵守劳动纪律，一分钟也不能耽误，要尊敬教师，要服从领导，共产党员、青年团员要起模范带头作用，我们全校学工人员要团结一致，同心协力做好党所交给我们的培养国家经济建设骨干的光荣而艰巨的任务。同志们，努力吧！我们相信不久我们学校将会呈现出一种新的气象，在我们的工作上将会收到更大的成绩。

最后我还想讲一下，今天是中苏友好同盟互助条约签订两周年纪念日，我国人民和全世界人民，今年将以更热烈、更兴奋的心情来庆祝这个大喜日。

毛主席在两年前就指出："人们可以看得见：业已经过条约固定下来的中苏两国人民的团结将是永久的，不可破坏的，没有人能够分离的。而这种团结，不但必然要影响到中苏两大国的繁荣，而且必然要影响到人类的将来，影响到全世界和平与正义的胜利。"两年来的事实完全证实了毛主席的英明论断；今后的事实还要更加显出这一论断的深刻意义。

两年来，中国人民在毛主席和共产党领导下大踏步地向着富强幸福的前途迈进，在国防建设、经济建设和其他各方面的建设上获得了巨大的成就。这些伟大胜利是直接与间接的和中苏两大国的结成伟大同盟这一事实分不开的。因为有了中苏两大国的坚强同盟和苏联的援助，便大大地保障并加快了我国建设事业的发展。我们学校的苏联同志对我们帮助很大，这是我们大家亲身看得见的。

另一方面，中苏两大国家团结一致，对于保卫东方和平与世界和平起了重大的作用，特别在我们今天纪念中苏友好互助同盟条约签订两周年的时候，更可以看出这个条约的重大的实际意义。这个条约规定："中苏两国保证共同防止日本帝国主义的复活，共同防止任何国家和日本帝国主义勾结起来进行侵略与破坏和平。"美帝国主义在侵略朝鲜的战争中遭到严重失败后，它准备扩大侵略亚洲的主要阴谋，便是加紧和日本反动派相勾结，企图利用日本做它的侵略工具，美帝国主义继去年九月非法制造旧金山"对日和约"以及和日本反动政府订立军事同盟条约（美日双边安全条约）以后，最近又指使日本反动派和盘据在台湾的蒋介石残余匪帮缔结什么"和约"，企图将他们连结起来，以造成对我国的军事威胁。但是，中国人民绝不怕敌人的阴谋，这不但是因为我们伟大的中国人民已经证明是不可战胜的力量，而且也因为我们有举世无敌的中苏同盟。和我们站在一起的，还有广大的日本人民，亚洲各国人民和全世界人民。美帝国主义的发疯，只有加速它的死亡。

同志们！我们完全能够理解到毛主席教导我们要"好好地和我们的苏联盟友团结一致"的重大意义。中苏两国的友谊，是革命的，是真正志同道合的友谊。我们要很好地学习苏联的先进经验。我们学校过去在学习苏联经验上是努力的，有成绩的，今后我们还要继续加倍地虚心学习苏联的先进经验，并将苏联的先进经验和中国的实际情况很密切地结合起来，这样就将会使我们的教学工作做得更好。

# 关于学生功课太重致毛泽东信[*]
（1952年3月18日）

主席：

去年十一月曾有学生向你报告本校功课太重，经你批示"必须减少学习时间，保护健康"，已慎重地加以研究，现已适当解决。特将经过情形报告如下：

本校本科、专修科与研究生的教育计划，前年制订时过于繁重，经过一再削减，终因学生基础较差，很难担负，特别是一年级生初次进入紧张的学习，更感困难。由于我们对这种情况估计不足，领导上存在着官僚主义，对群众的意见考虑与接受不够，以致未能迅速彻底解决。

十一月底奉读你的批示，我们即已责成各教学单位普遍深入检查，并作了局部的修改。三反中学生又提了许多意见，我们特组织一个教学小组负责解决教学上的各种问题。关于课程份量过重的问题，我们经过详细的研究，决定采取以下各种办法来纠正过重的现象：

一、教学内容方面：

个别的课减少或合并，某些课减少时数；

政治经济学一般学生只看讲义，不再看参考书，研究生严格规定参考书页数；

数学减少内容；

俄文对少数过分困难者可以准许免修（全校学生与研究生经过批准免修者，现达一百六十人）。

二、教学方法方面：

课堂讨论每周次数适当减少，题目亦减少，不记分；

---

[*] 程文，陈岳军．吴玉章往来书信集[M]．重庆：重庆大学出版社，1993：211-212．

加强平时领导（解答疑问）。

本学期实施这些办法后，至今一月，最近我们检查各教学单位的情形，本科与专修科学生已经确实感到不重了。指定的课业已能按时完成，休息时间一律休息，星期日很少人再埋头作业，文娱活动有了进展。一年级研究生本学期一般都添了一门新课，经过从多方面设法减轻后，大部份虽然还感觉不轻，但亦不觉太重，亦不愿更多削减，对健康尚无妨碍。二年级研究生一般不重。

功课太重的现象可以说已经克服，现在上述教学小组正研究进一步加强教学的组织工作，提高教学的质量，以加强教学的效果。因本校三反运动尚在激烈斗争中，课程份量问题未能早日报告。现在将解决经过略报如上，敬请审查指示。并致

敬礼！

吴玉章

1952年3月18日

（原注：此信根据吴玉章同志生前保存的底稿抄录。）

# 人民教师必须学习马克思列宁主义、毛泽东思想*
## ——纪念中国共产党诞生的三十一周年
### (1952年7月1日)

　　马克思列宁主义在一个占世界人口四分之一的大国中，已经得到了巩固的胜利。这一胜利的获得，是由于中国共产党最英明的领袖毛泽东同志，正确地和生动地把马克思列宁主义的普遍真理与中国革命的具体实践相结合，解决了中国革命中一系列的问题。在过去三十一年的每一历史阶段，毛泽东同志都以马克思列宁主义与中国革命相结合的正确理论适时而正确地规定了中国革命的路线与策略，粉碎了"左"右倾机会主义者反马克思列宁主义的谬论，因而战胜了国内外的强大敌人，成立了以工人阶级为领导、以工农联盟为基础的中华人民共和国。

　　中华人民共和国成立以来的两三年间，新中国是在日新月异的向前进步。经济上的恢复工作已经基本上完成，我们的国家已经巩固地建立起来。大规模的建设不久即将到来，在近代曾经是落伍的中国，将迅速地向着先进的工业化的道路前进。而且，"随着经济建设的高潮的到来，不可避免地将要出现一个文化建设的高潮"（毛泽东）。

　　两三年来，新中国能够获得从前绝对不能获得的在建设方面的这些辉煌成就，就是因为有了马克思列宁主义和马克思列宁主义与中国革命实践相结合的毛泽东思想的领导；历史的事实证明，新中国要胜利地经过新民主主义，进而走向社会主义和共产主义的社会，只有在马克思列宁主义和马克思列宁主义与中国革命实践相结合的毛泽东思想的领导下才能成功。我们教育工作者的任务是要为我们新的国家培养出千千万万具有工人阶级先进思想的新的建设人材。

---

　　* 人民日报，1952-07-01（3）。

这个任务是光荣的、艰巨的，同时也是可以完成的。我们要完成这样一个艰巨的任务，首先自己就得努力学习马克思列宁主义，学习马克思列宁主义与中国革命实践相结合的毛泽东思想，下决心改造自己。因为我们要巩固中国革命的胜利，要通过新民主主义的建设达到社会主义的光明前途，离开了马克思列宁主义的指导，离开了毛泽东思想的指导，是根本不可能的。因此，我们只能以马克思列宁主义和马克思列宁主义与中国革命实践相结合的毛泽东思想来教育中国的青年一代。恰如列宁所说："一切男女青年都应该成为共产主义社会底建设者，而你们就应当是千百万青年中的第一批建设人。"（"青年团底任务"）亦如加里宁所说："要做到这点，非得教师本身至少在大体上通晓马克思列宁主义不可。""只有在我国教师不仅是学识很高而且是具有马克思主义学识的这种条件下，才能有效地解决这个任务。"（"在欢迎荣受勋章的乡村学校教师晚会上的演说词"）

学习马克思列宁主义，当然应该有系统地熟读有关马克思列宁主义的基本理论（首先读必要的）著作；如果我们没有掌握马克思列宁主义之"矢"，无疑就谈不到射中国革命之"的"。但马克思列宁主义有一条基本原则：理论与实际统一。即是说，系统的学习马克思列宁主义，并不仅仅是熟读这些革命导师的著作，最重要的是要能掌握马克思列宁主义的立场、观点和方法来发现问题、提出问题、分析问题、解决问题。我们学习马克思列宁主义的理论，主要是学习马克思列宁主义的思想方法；学习毛泽东思想，主要是学习毛主席怎样以马克思列宁主义的思想方法来解决中国革命中一系列的理论问题与实际问题。毛主席教导我们："马列主义是一切革命者都应该学习的科学。"（"在延安文艺座谈会上的讲话"）同时又谆谆告诫我们："马克思、恩格斯、列宁、斯大林的理论，是'放之四海而皆准'的理论，不应当把他们的理论当作教条看待，而应当看作行动的指南。不应当只是学习马克思列宁主义的词句，而应当把他当成革命的科学来学习。不但应当了解马克思、恩格斯、列宁、斯大林他们研究广泛的真实生活和革命经验所得出的关于一般规律的结论，而且应当学习他们观察问题和解决问题的立场和方法。""学习的敌人是自己的满足……对自己，'学而不厌'，对他人，'诲人不倦'……"。（"中国共产党在民族战争中的地位"）

新中国的人民教师学习马克思列宁主义，就应该把它当作武器来改造自己的思想。毛主席在中国人民政治协商会议第一届全国委员会第三次会议的开会词中说道："思想改造，首先是各种知识分子的思想改造，是我国在各方面彻底实现民主改革和逐步实行工业化的重要条件之一。"

我们所说的思想改造，是指在思想意识方面，逐渐排除一切反动的落后的非无产阶级思想，建立先进的革命的无产阶级思想；在思想方法方面，主要是克服危害最大的主观主义，使自己的思想合乎客观外界的规律性。毛主席教导我们："人们要想得到工作的胜利即得到预想的结果，一定要使自己的思想合于客观外界的规律性，如果不合，就会在实践中失败。人们经过失败之后，也就从失败取得教训，改正自己的思想使之适合于外界的规律性，人们就能变失败为胜利……。"（"实践论"）毛主席的思想是完全合于客观外界的规律性的，因而他在中国革命的各个关键时期，能够及时地、英明地规定出正确的路线和策略，把中国革命引导到胜利。而那些主观主义者，他们的思想与中国历史、社会、经济的发展规律不相切合，理论与实际分离，其结果就只有错误和失败。

我们的人民教师，在过去的两三年间，经过各种学习运动与实际斗争，特别是经过了去年的整风学习与最近的"三反"运动，思想是大大提高了一步，属于敌人的反动思想已肃清了很大一部分，资产阶级与小资产阶级的思想也得到了不少的改造。但不可讳言，在部分人民教师中，依然在各种程度上存在着早已应该消灭的封建思想、买办思想和亲美崇美、反苏反共、反人民的反动思想的残余。此外，资产阶级与小资产阶级的个人主义、自由主义、客观主义、宗派观点、轻视理论的经验主义、与实际脱节的教条主义、"超阶级""超政治"的纯技术观点、为学术而学术、得过且过和不愿根本改造的改良主义思想、保守性等等，在不少教师的头脑中，并没有完全被消除。

所有这些思想，都不合于正在前进中的新中国的客观外界的规律性，因而这些思想是错误的，不是客观真理。在中国共产党成立三十一周年的今天，历史发展的客观情况，是新中国在中国共产党和毛主席的领导下，在马克思列宁主义的领导下，不断地繁荣进步，中国人民已经摆脱了半殖民地半封建社会的悲惨境遇，落后的农业国业已开始向着先进工业国的方向发展。中国人民，特别是在劳动实践中富于创造性的工农大众，一日千里的飞跃地前进。这时，我们要紧的是"改造客观世界，也改造自己的主观世界——改造自己的认识能力，改造主观世界同客观世界的关系"（"实践论"）。不这样做，我们就不能使自己的思想适合于客观外界的发展的规律性，我们就会落伍。只有积极学习马克思列宁主义，学习毛泽东思想，下决心彻底改造自己，逐渐使自己成为马克思主义者，方不愧为一个好的人民教师。

# 希望青年学生参加人民教育工作<sup>*</sup>
(1952年7月12日)

今年暑假,将有大批的青年学生从各中等学校和高等学校里毕业出来,继续升学或是走上工作岗位。我想对这些毕业同学们说几句紧要的话。

生活在毛泽东时代的青年是幸福的。国家对他们给予极大的关怀和期望,使他们在学习和为人民服务的道路上有着远大的前程。当着全国大规模的经济建设高潮即将到来的时候,国家向所有的学生发出了响亮的号召,希望他们没有例外地全部成为能够担负起建设新社会的任务的干部,其中包括着教育工作这一个重要部门的干部。人民教师,乃是培养干部的干部,祖国在今后三五年内,需要增加各级师资一百多万人。我们今天所有的师资后备军的数量却远远赶不上这个需要。因此,今年高等学校招生以师范学院为重点之一,高等学校毕业生工作分配亦以教育工作为重点之一。作为一个教育工作者,我希望有大批中学毕业生升入师范学校,希望有大批大学文、史等科的毕业生参加人民教育工作。

在旧中国,教育浸透着为反动统治阶级的利益服务的精神,它被反动统治者用作欺骗与麻醉人民的工具,同时又被人们当作谋生之道或贩卖知识的商业。教育工作是被人们和教师自己所轻视的职业。但是,这种时代早已一去不返了。大家已经看见,在我们人民的新中国,教育是帮助新社会建设和消灭旧社会基础的"一种极大的积极力量"。为了建设事业,同时也正是在建设事业中间,需要培养大量的各种干部和人材,需要空前地、不断地提高人民的文化水平和普及教育。这正是教师以及其他教育工作者的任务。教师担负着这个光

---

\* 光明日报,1952-07-12(3).

荣任务。作为马克思列宁主义、毛泽东思想的宣传者和先进文化科学知识的传播者，作为"人类灵魂的工程师"，他们已经列入伟大光荣的工人阶级的队伍，他们的物质待遇已经逐步并将继续得到改善。

教育工作是一种需要有比较长期修养的、有创造性和建设性的工作。一个教师所担负的责任是十分重大的，他所应学习的东西也是十分丰富的。为了教育别人，教师自己首先应该是才德兼备的人，这就是说，他自己首先应该在各方面学习得很好，不但要有专门业务和教育科学的知识，而且要锻炼自己的思想品质，提高政治觉悟。有许多先进的青年们，由于他们有为人民服务的精神，热爱教育事业，学而不厌，诲人不倦，用自己的劳动创造了卓越的成绩，他们都成了优秀的人民教师。大家可以从现在社会生活中看到：越是这样在教育工作岗位上不负人民厚望的教师们，就越是受到政府和人民的爱戴与表扬。例如人民解放军的文化教员、"速成识字法"创造者祁建华，哈尔滨青年特等优秀教师吕敬先，苏南模范乡村女教师史瑞芬等青年同志，他们的盛名已经在广大人民中间流传，他们已经成为受到普遍敬爱的模范人物。我曾经在政协全国委员会会议上和政务院文教委员会授奖大会上先后会见过他们。我看到他们可佩的精神和事迹时，不能不把这些青年同志引为教育工作者的骄傲。我深深感到：他们是青年学生们的一种榜样，而从青年学生中间将有更多的优秀的人民教师源源涌现出来。

我们教育工作者的队伍是为建设祖国而斗争的伟大的工人阶级和人民阵容的一部分。我衷心地欢迎今年暑假将升入师范学校和走上教育工作岗位的青年同志们，他们将成为我们教育工作者队伍中的新鲜血液。（新华社）

# 对于新学年的希望\*
（1952年9月6日）

我们中国人民大学自从创办以来已经两年多了，学校工作在各方面都有了很大的收获和很快的进展，基本上渡过了创办初期最困难的阶段，一个新型正规大学已经粗具规模。我们在建校中这种创造性的工作是有重大意义的。现在，新的学年又要开始。

这一个新学年是在"三反"运动和整党运动胜利的基础上开始的。"三反"运动，一方面对于学校工作进行了一次适时的考验和整顿；一方面对于全校学工人员极其生动地进行了一次严肃的阶级斗争和自我检讨的深刻教育。紧接着"三反"以后的整党运动，又以反对自由主义为中心，大大地划清了无产阶级与一切非无产阶级的思想界限，提高了党员的质量，加强了党的战斗力，并且也使其他学工人员受到了共产主义与共产党的教育，密切了党与群众的联系，使思想改造的运动有了显著的成绩。这样，就有力地清除了我们前进道路上的障碍，巩固了无产阶级领导的人民教育事业的一个重要阵地，为今后学校的发展准备了良好的条件。现在大家都已经看得很清楚：乐观、进取的革命积极性正在蓬勃高涨，靠着这种积极性，我们深厚的潜力将源源不绝地发挥出来，因而就必然会使学校显露出更全面的、更鲜明的新气象。在这一方面，任何消极与怀疑的态度都是没有理由的。

"三反"和整党运动给我们提供了一个极其重要的经验，就是在学校工作中必须加强经常的、系统的思想和政治领导；具体地说，就是在学工人员中必须加强马列主义、毛泽东思想的学习。这是整个学校教育工作中最基本的东

---

\* 人民大学周报，1952-09-06（1）.

西,不可有半点松懈。正如斯大林所说:"在国家工作和党工作任何一个部门中,工作人员的政治水准和马列主义觉悟程度愈高,工作本身也愈高,愈有成效,工作底结果也愈有效力;反过来说,工作人员的政治水平和马列主义觉悟程度愈低,工作中的延误和失败也愈多,工作人员也愈会变成鼠目寸光的小人,堕落成为一些只图眼前利益的事务主义者,而他们也就愈易蜕化变节,——这要算是一个定理。"("列宁主义问题",莫斯科中文版第七八二页。)经过"三反"和整党运动,我们是更深刻地体会了这个定理。从我校目前状况来看,一般的政治理论水准与客观要求还是并不相称的,我们的马列主义觉悟程度也不是已经够高了,而是还很不够,还需要作深入、刻苦、坚持不懈的努力。所以,在新学年开始以后,应该在全校范围内继续加强政治理论的系统学习,如政治理论课程应该改进,教员水平与教学质量应该继续提高,在干部和学生中应该组织"毛泽东选集"的深入学习等,一一予以切实进行。这是一方面。另一方面,我们的政治理论学习又必须与实际斗争、与思想改造密切结合起来。不能使理论与实际脱离,必须以学习来改正我们的行动。今后应该更紧紧地掌握批评与自我批评的武器,将反对资产阶级思想以及一切非无产阶级思想的斗争,在日常生活中坚持下去,决不要因为"三反"和整党有了成果就错误地看作突击任务已经完成,可以一劳永逸。不是的,同志们!决不能对资产阶级思想的继续侵蚀和小资产阶级思想势力的深固根苗放松警惕,以致旧病复发。学工人员应该注意学习时事政策,时时关心国内外形势的发展,了解各种运动,并且加入到运动中去,广泛地参加社会政治活动,争取各种机会与劳动人民建立密切联系,以加强理论与实际、业务与政治的结合。

在我们的整个政治思想锻炼过程中,不但要否定旧思想的影响,而且要积极地培植新的思想品质,不但要肃清旧思想遗毒,而且要加紧新思想建设。全校学工人员,都应该努力加深自己的共产主义人生观与共产主义道德的修养;学校中的共产党员,更必须随时以共产党员标准的八项条件来策励自己。只有这样才能使我们的政治水准和马列主义觉悟程度不断地提高。

今年入学的新同学很多。国家对他们寄予着极大的期望,要求人人都成为改造社会、建设新国家新事业的人才,而不是仅仅如只有一技之长的旧工匠人员。这就需要大家努力加强德、才方面的修养和身体的锻炼;在今天学习开始的时候，我想强调地说，希望大家特别注意加强马列主义、毛泽东思想的学习。

从学校创办的时候起，政务院就曾正确地规定我们的教育方针为"教学与实际联系，苏联经验与中国情况相结合"。因此，我们的学校聘有许多苏联专家教授，两年来他们以国际主义的精神，忘我地劳动，热心努力工作，使我校得到很大的成绩，这是很可宝贵的条件。我们必须进一步学习苏联的先进经验，并要求我们自己和帮助苏联教授亲密合作来加强对于中国情况的了解和研究，使苏联经验与中国情况相结合的方针更完满地贯彻。

我们的学校现在已经是一个具有万人规模的大学校了。随着伟大的经济建设高潮的到来，国家急需要大批一般的和高深的建设干部。我们的学校也将要在三五年内完成初步建设，以便进一步扩大与提高；学校在国家文教事业中的重要性也将不断增长。这种形势，要求我们和鼓舞我们去担负起更重大的光荣任务。只要我们同心同德，不骄不躁，努力贯彻中央的指示，以战斗的精神来工作和学习，我们是有信心一定能把学校办得更好的。

## 和青年们谈谈学习问题*
（1952年9月30日）

现在我们面临着的国家建设事业，是伟大的历史任务。在这个任务中，我国的青年们应该站在什么岗位上呢？毫无疑问，应该积极地站在建设事业前列的岗位上；而且从某种意义上说来，正是要靠你们——国家年青一代的子弟们来担负起建设事业的责任。在过去革命斗争的长久岁月中，你们的父兄和年长的同志们奋斗牺牲，推翻了反动统治，开创了人民的新时代，因而也为你们开辟了无限宽广的学习与发展的光明道路。你们受着祖国的殷切期望和教养，作为人民劳动大军的后备力量，正在一年一年地生长起来，逐渐成为有为的人才。你们应该在旧社会制度已经被摧毁和重重障碍已经被扫除的基础上，满怀信心地勇敢上前去，担负起建设新社会、新生活的任务来。

要担负这个任务，当然不是一无所能或空谈的人所能办到的，为了要把理想变为现实，就必须要有积极的劳动热情，还要有为实现这种理想而斗争的知识本领；否则就是最美好的理想也永远只是空中楼阁。所以，正是为了人民的建设事业，青年们应该学习，并且应该自觉地把学习当作一种对祖国的义务。关于这一个问题，我们的革命导师向青年们曾经作过许多恳切的指示。大家知道：1920年，即在苏联开始过渡到恢复国民经济的和平工作时期，列宁在苏联共产主义青年团第三次全国代表大会上就说过："一般青年的任务，尤其是共产主义青年团及其他一切组织底任务，可以用一句话来表示，就是要学习。"1928年，即在苏联为社会主义国家工业化而斗争的时期，斯大林向苏联列宁

---

\* 中共四川省委党史工作委员会. 吴玉章教育文集［M］. 成都：四川教育出版社，1989：397-402. 原注：有删节，题为编者所拟。

共产主义青年团第八次代表大会说过:"要建设,就必须有知识,就必须掌握科学。而要有知识,就必须学习。顽强地、耐心地学习。"1949年春天,在全国解放战争的胜利高潮中,毛主席亲自为青年团第一次全国代表大会题字,指示青年团要"同各界青年一起,领导他们,加强学习,发展生产"。也正是在毛主席的亲切教导下,不久以前团的三中全会决议号召我国青年们"必须积极地参加祖国的建设,站在祖国建设的前列。而为着能够很好地工作,学习就成为中国青年更加特别突出的任务"。你们可从这些指示和号召中认识到:共产党和人民的国家是把青年的学习问题看得如此重要,以至再三嘱咐,反复教导。作为一个年长的同志,我深知青年们具有热情勇敢、乐于接受新鲜事物等可贵的优点;但也知道正因为你们都是年青的人,所以缺乏知识和经验,对于什么都是新鲜和生疏的。这样,你们就应该特别珍惜宝贵的青春时光,发挥长处,努力进步。说到这里,我记起了我自己过去学习的一些情形。我在51岁那年曾去莫斯科得到学习,当我进入到那么丰富的共产主义知识的宝库中时,不能不激起了像年青人一样强烈的求知热情,那时热心学习的结果,加强了我从事革命运动的马克思列宁主义理论武装,使我至今还常常回忆起来,深为庆幸。现在你们的学习条件是方便得多了,不必远到外国,国家正在尽各种努力,采取许多有效措施来使你们学习得好。国家像培养新生的幼苗一样,为你们准备着肥沃的土壤,只希望你们个个都快快地长成有用的大材,个个都是新社会建设中德才兼备的人。剩下的问题主要就是靠你们自己努力了。

那么,青年们应该学习什么呢?

你们应该学习文化科学知识,精通业务。这些知识和业务技能都是从事建设工作所不可缺少的基础。例如,要搞工业,就得懂得工业生产的组织与技术,要做资源勘察工作,就要懂得地质科学。青年们无论从事什么工作,都应该力求提高文化科学知识的素养,深入到具体的业务当中去,做到有真才实学,拿得出本领,成为工作中的高明的人,成为"内行"的专家。在国家的建设中间作一个忠诚为人民服务的专家是光荣的,他们是把建设事业推向前进的领导者和骨干。在同样的政治条件下,谁更精通业务,谁对工作的贡献就会更大;而"外行"则是起不了什么作用的,他们如果自暴自弃,就只好退落在飞速前进的建设大军之后。进一步说,我们的建设事业是日新月异地发展着的,新的建设,就要求有新的本领。因此,学习文化科学和业务也就不能停留在一点上,而应该不断地吸取新的东西,争取跑在工作需要的前面。曾经懂得一些东西的人,应该不断提高自己的水平;自己所熟习的东西快要闲起来的人,应该去学会不熟习的东西。我们革命工作的实际斗争过程也就是一个学习的过程,不断学习新的东西,不断开辟新知识的道路。

听说有些青年轻视这种学习。他们还不懂得国家建设中业务的重要性,不懂得在一定时期一定条件下科学技术的作用,也不懂得新式的、人民的专家和旧专家的区别。应该懂得:"从既无志愿也不善于掌握科学的人们当中,是造就不出新的换班人和新的科学工作人员的。"(斯大林:《给第一次全苏联无产阶级学生代表大会的信》)而如果没有这样的人员,那么,对于全部建设事业都不能不形成一种"直接的危险"。我们的国家正是由于专家人才太少了,所以如此迫切地期待着你们。为了回答这种期待,你们有责任把文化科学知识和各种专门业务这些建设的才能紧紧掌握在自己的手中。青年们也不要以政治上的进步来鄙弃业务技术,应该知道:马克思主义是为了指导实践活动的,空洞的所谓"进步"又有什么实际意义呢?你们如果愿意成为建设事业中的先进战士,就应该像斯大林所号召过的那样"向科学作群众性的进军",把科学的"堡垒"拿下来。

学习业务,应该是从国家的需要出发。在什么岗位上,就决心钻研什么。你们不要抱着一种个人名利的目的去"钻研"那些于人民没有什么用处的"冷门"和枝节的事情,那是一种脱离实际的、投机取巧的资产阶级旧学者的态度;同时,又不要为了个人发展而盲目地去赶浪头,无一定志向,甚至不安心当前的工作。国家当前需要大批青年学习工业,因为工业建设是国家建设中特别重要的部门,但是它并不是唯一的部门。你们不要狭隘地理解"业务"的意义,而要知道革命工作中"行行出状元"的道理。例如文书档案工作就是一项重要的业务,中国人民大学今年还要开办档案专修班来培养这方面的人才。小学教育也是关系着少年儿童一代和国家未来的重要职业,国家需要上百万的优秀的小学教师。这些工作都并不是像有的青年所设想的那样枯燥无味,而是有着丰富的业务内容的、创造性的工作。

当我们说到关于精通业务问题的时候,应该注意防止和反对一种"单纯业务观点"。从这种观点看来，无论在什么情况下，业务技术都是决定一切的东西，而当前摆在青年们面前的事，就是只要准备当一个有一技之长的专家，不必过问政治的事情，既不需要明确政治目标，也不需要进行思想修养。很明显的，这种观点对于国家是不利的，因为它使青年们迷失方向，并且也使业务这件事本身停滞、退步以至归于失败。实际上，这乃是一种资产阶级为培养它所需要的奴仆而设计出来的教育的特点。同时，有这种观点的人自己又常常都是根源于个人主义的目的，例如有了业务技术就可以"走遍天下"、"吃得开"、"薪金高"等等，其结果是脱离了国家的需要，影响了建设事业，也使自己一天一天地落伍。

你们应该学习政治，学习马克思列宁主义和马克思列宁主义与中国革命实际相结合的毛泽东思想。应该知道：建设国家、改造世界的大事业是不能从徘徊摸索中得到胜利的，必须要有能够正确反映出社会物质生活发展的需要的先进理论来指导。马克思有一句名言："理论一掌握了群众，便立刻成为物质的力量。"必须在正确的理论的指导下，人们才能为伟大的目标而斗争。马克思列宁主义、毛泽东思想就是这样的理论。马克思列宁主义、毛泽东思想指导中国人民革命取得了伟大的胜利，并且将要继续指导我们中国经过新民主主义建设，走向社会主义与共产主义。我们3年来国家建设事业的辉煌成就也正是证明了马克思列宁主义、毛泽东思想具有生气勃勃的、必胜的力量。

你们既然准备担负起祖国的建设任务来，为人民的事业服务，就要下定决心成为一个自觉的战士。那末，毫无疑问地，认真学习马克思列宁主义、毛泽东思想，努力提高政治觉悟，就是头等重要的事。人们在年青时候的思想政治修养，对于一生的生活行动都将有重大影响。你们在青年时代就能够在这样好的环境里自由地学习马克思列宁主义，这在我们这一代经历过反动统治的人看来，实在是一种莫大的幸福。注意学习政治，学习马克思列宁主义、毛泽东思想，就能够使你们很早期就形成和建立正确的世界观，使自己的思想和行动都符合于客观外界的规律性，符合于人民事业的需要，因而使自己成为具有高度思想自觉的新式的人；同时，也就可以使你们自己在进行业务工作当中，能够明确方向，掌握正确的观点与方法去研究各种实际问题，得出科学的结论，取得工作的胜利。

## 教育工会是推动国家教育事业的重要组织*
—— 中国教育工会全国委员会第四次全体会议开幕词
（1952 年 9 月）

今天在这个时期开我们的会议，我非常高兴。三年来我们新国家的进步是非常之快的，特别是经济的恢复得到了很大的成绩，使国家建设得到良好的基础。毛主席说过，三年要恢复经济，但事实上已经提前完成了。由于国家在各方面飞跃的发展，我国在国际上的地位也大大地提高了。这次亚洲及太平洋区域和平会议在中国召开，各国人民热烈派代表出席，使中国同苏联一样成了世界和平的堡垒。中国在保卫和平事业中任务是很重要的而且也是很光荣的。因此我个人感到非常兴奋。

在 50 年前，即 1902 年的时候，我看了梁启超办的《新小说报》，上面有一篇《新中国未来记》，描写 60 年后即 1962 年中国开万国太平会议，说各国都派代表来签订太平条约，轰轰烈烈，热闹非常。那时我还年轻，对于这种令人鼓舞的说法是非常兴奋的并热烈为之宣传。现在看来他的思想是错误的、腐旧的。但那时它引起了我的民族自尊心和爱国心，总想使中国成为独立、自由、民主、和平与富强的国家。在当时不过是一种幻想，有了马列主义之后，就由幻想变为理想；到今天更由理想变为现实。亚洲及太平洋区域和平会议，团结了 16 亿爱好和平的人民，在伟大的北京建立起坚强的和平堡垒，真正成了世界和平运动最大的力量，为今年 12 月即将召开的全世界和平会议打下了良好基础，这是值得我们大大地庆幸的。虽然 50 年前的思想与现在完全不同，但是在今天来回顾一下还是有用的。因为我们以后还有许多将实现的理想。我

---

\* 中共四川省委党史工作委员会. 吴玉章教育文集 [M]. 成都：四川教育出版社，1989：295-298. 原注：题为编者所拟。

们就要开始我们的五年计划，只要努力奋斗不断随时代前进，就可做出成绩。只要幻想不错，认识不错，路线不错，总会成功的。

教育工会是个新的组织，教育工作者光荣地被列入工人阶级的队伍。以前很多人不了解究竟是"英雄造时势"呢，还是"时势造英雄"？马列主义者认为是"时势造英雄"。梁启超在《中国历史研究法》中说是英雄造时势，这是唯心的，我曾驳斥过他的这种说法。但是英雄要能了解时代，掌握社会发展的规律，也能引导时代前进。我们教育工作者应该宣传教育人们，推动社会进步，不能坐而等待，要催促这个时代，领导这个时代前进。催促不是空谈，要实际工作。我们先进的要教育后进的，特别是教育全国青年，因此教育工作的任务不亚于其他产业工人。科学的进步离不开文化，有了文化才能更好地掌握科学。教育工作者有着伟大的任务，要提高文化，不仅自己、而且要使人们能加深学术研究。因此教育工会是帮助我们国家教育事业的重要机构。我们必须要认识教育工作者在这个时代的责任，只有这样我们才能够发挥作用，为社会服务。我们是人类灵魂的工程师，我们要掌握正确的思想理论，指出正确的方向，要有正确的世界观和人生观，才能作人民的教师。所以我们必须进行思想改造。现大学、中学已将完成思想改造工作，小学教师尚未展开，今后还要认真去做。要用什么来改造呢？必须以马列主义毛泽东思想来改造。人类发展的前途，只有马列主义所指出的前途，就是资本主义必然归于消灭，必然要以共产主义来代替。我们要认识到只有这条道路，不能三心二意。因此我们教育工作者必须要以马列主义思想为领导，要把非无产阶级思想洗刷干净，然后才能教育我们青年的后一代。我们要一日千里的进步才能赶上时代的发展。现在时代的发展像飞机一样快，飞机还有速度，我们的进步是无限度的。最近斯大林写了一本新的著作《苏联社会主义经济问题》，是发展了马列主义，同时批判了许多不正确的思想，反对了非无产阶级的思想，这是思想领域又前进了一步。马列主义是真理，但不可能把一切事物事先都具体地规定出来，要从实践中得出规律，不合规律就会失败，从失败中得到教训使之合乎规律，才能得到成功。我们一方面要改造思想；另一方面要时刻关心时事，了解国内和国际的发展形势，从实际工作中得出经验来。要理论与实际联系，不要成为"书呆子"。

教育工作者是先进的，是教育工作中最重要的力量。可是我们的工作不像其他产业工会工作那样显著，不容易看出成绩，因而教育工作者，尤其是小学教师就认为自己没出息，不如别人。其实不然。现在全国小学生有4 900万，占全国人口十分之一，小学教师负有培养教育后一代的伟大任务。有些小学教师因为工作苦，待遇低，工作不能安心。目前他们的工资虽有调整，但是不可能完全满足他们的要求，将来物质待遇和政治待遇还会逐步提高的。现在教育经费在国家总预算中占第二位，仅次于工业建设经费。在新的建设工作中，我们首先要勘测，就是要知道土地出产，矿产蕴藏，了解情况；其次才能订出计划；再其次就要有材料；最后的也是最重要的还需要有人才。但是我们的人才非常缺乏，必须大量地培养工程师和技术人员，才能使我们的国家走向工业化。培养国家建设人才是人民的需要，也是我们教育工作者应负的责任。因此我们必须树立专业思想，努力学习，做好工作，如果不安心工作，就不能进步，会影响到整个建设工作。

人民需要文化食粮，我们教育工作者可以供给他们的文化食粮，以满足他们的需要。要制订计划好好地去做，按照计划检查工作，将来列为考绩之一。我们要用科学的方法来做，要老老实实脚踏实地工作，只要有计划，有步骤，有恒心，就能把工作做好。

我们的前途是光明的，责任是重大的，我们要担负这个责任，勇敢地、一刻不断地前进。奋斗！前进！再奋斗！再前进！达到我们最终的目的。

# 学习苏联知识分子的榜样，积极参加祖国建设*
## ——在中央人民广播电台的广播词
（1952年11月7日）

正当伟大的十月社会主义革命三十五周年纪念的前夕，我们来回顾中苏两国人民始终不渝的友谊的历史，同时回顾一下我国的知识分子三十多年来追求进步的过程，是很有意义的事。

开辟了人类历史新纪元的十月革命，给中国人民送来了深厚的友谊。这种友谊，不仅在于苏维埃国家刚刚成立就废除了沙俄对中国的不平等条约及特权，给予中国人民解放事业以无限鼓舞与支持；而更重要的在于以马克思列宁主义的真理照亮了中国革命的道路。这种友谊曾经受到帝国主义者和国内的黑暗势力的重重封锁与阻碍；而为了冲破这种封锁与阻碍，中国先进的、革命的知识分子进行过勇敢的斗争，产生了划时代的"五四"运动，促使新民主主义革命在半封建、半殖民地社会的母体内孕育成熟。五四运动以后，马克思列宁主义革命理论更广泛地传播开来，与蓬勃兴起的中国工人运动相结合，产生了以布尔什维克为榜样的中国共产党。中国共产党领导着全国人民进行了三十年艰苦曲折的革命斗争，终于取得了历史性的伟大胜利。三十年来，中国革命始终都得到以苏联为首的世界反帝国主义革命力量的国际主义援助；特别是列宁、斯大林对于中国革命一系列问题的英明指示与科学预见，给了中国共产党与中国人民以难以估价的理论武器。在这整个革命过程中，我国广大的革命知识分子都是工人阶级的一个重要同盟军，尤其是站在党所领导的文化战线上与反动派作了坚决的斗争。革命的知识分子在接受与宣扬马克思列宁主义革命理论、传播苏联的革命经验和友谊、介绍苏联先进的文化知识等事业上，更起着

---

\* 光明日报，1952-11-07（3）.

突出的作用。即使在反动的"文化围剿"最疯狂的时候,这种工作仍然是不断深入发展和取得胜利。中国的革命知识分子从来就是马克思列宁主义理论与苏联新文化的积极宣传者;而这种理论与文化也给予了整个一代的革命知识分子自己和广大人民以深刻的教育和影响。正如毛主席所说的那样:革命知识分子"在现阶段的中国革命中常常起着先锋的和桥梁的作用","革命力量的组织和革命事业的建设,离开革命的知识分子的参加,是不能成功的"。

在苏联国际主义的援助下,三年来我国迅速地和胜利地渡过了经济恢复时期,为大规模的经济建设与文化建设高潮准备了条件。具体的事实教育了广大的知识分子和全国人民,使我们通过自己的切身经验而深深体会到:苏联乃是我们的良师益友。在国家建设事业当中,继续努力向这个良师益友学习是有着头等重要意义的事情。有了苏联的帮助,我国就不必像苏联自己建国初期那样在史无先例的困难条件下工作,我们在各方面都可以学习苏联这个光辉的榜样,而使建设事业大大加速前进。这种学习,对于知识分子有着特殊的重要性,因为在今天中国知识分子还很少的状况下,知识分子不但要自己学好,还担负着传播苏联先进经验的一份主要责任。如果说革命的知识分子过去在这种传播工作上曾经有着历史的功绩;那么现在就应该发扬这种光荣,继续创造更大的功绩。也就是说,应该认真地学习苏联知识分子的榜样,积极迎接和参加国家建设。

大家知道,苏联的知识分子是在列宁、斯大林的亲切教导下成长起来的社会主义的知识分子。早在一九三九年,斯大林就曾经指出过:"人数众多的,新的,人民的,社会主义的智识界,它无论按成份或社会政治面貌来说,都是根本和旧时资产阶级智识界不同的。"列宁、斯大林很早就驳斥了那些认为只有剥削阶级才有知识的反动观点,坚持从各民族的工农劳动群众中培养出自己的新型知识分子,在所有的知识部门中都锻炼出布尔什维克专家。苏联知识分子的队伍蓬勃增长的结果,到现在已经有了大约五百五十万从高等学校或中等专科学校毕业的专家,仅仅今年一年之中,就有二十二万一千名青年专家从高等学校毕业到国民经济的各部门去工作,同时有三十七万五千名青年进入高等学校学习。这些知识分子与工人、农民血肉相连,友爱合作,并肩地为争取共产主义的胜利而斗争。他们不倦地努力精通马克思列宁主义科学,力求成为积极参加国家政治领导工作的人。他们以马克思列宁主义作为工作的指针,坚持在一切知识部门中的党性原则,尽力发扬苏维埃爱国主义精神,与一切资产阶级的思想残余作不调和的斗争。在战后年代中,苏联知识界在斯大林的亲自关怀与教导下和联共中央关于思想工作的一系列决议的伟大指导下,进行了关于文艺、哲学、历史、生物学、教育学、语言学、经济学等许多问题的讨论,就是这种布尔什维克精神的明证。他们依据着马克思列宁主义的理论,吸收了人类在数千年来积累下来的优秀的知识遗产,同时在与群众生活和社会生产的不可分离的联系中,不断地钻研从新生活的建设中所发现的新问题,以革新精神勇敢地推翻陈腐过时的东西,把社会主义文化推向前推,因而在各方面都呈现出光辉的成就。在苏维埃国家工业化和农业集体化过程中,他们帮助国家使社会主义获得巩固的胜利。在伟大卫国战争时期,他们协助将国民经济转上战时轨道,增强国家军事威力,贡献自己的一切力量去消灭敌人。在战后年代中,他们运用战时所积累的丰富经验,和全体人民一道提前完成了斯大林战后五年计划,进行着伟大的共产主义建设工程和人民群众的共产主义教育,掀起了社会主义文化的新高涨。例如原子能生产方法的发现就是一个杰出例证,有八千四百七十位科学、工业、运输、农业工作者和二千三百三十九位文艺工作者荣获了斯大林奖金,也是杰出的例证。可以看到:苏联建设的所有伟大成就都是和知识分子的劳动功绩分不开的。他们自己则以这种不遗余力的创造性劳动作为神圣的爱国主义义务;并且以自己的卓越成绩来丰富人类进步文化的总宝库,使苏维埃社会主义文化成为今日世界文化的最高峰,为各国建设新生活的人民提供了宝贵的先进经验,无私地指导中国和人民民主国家,表现了高度的国际主义精神。因此,他们光荣地被斯大林同志称呼为"苏联土地上的盐"——不可缺少的宝贵财富,同时受到进步人类的敬佩与尊重。

所以,毫无疑问,苏联知识分子发展的方向正是我国知识分子的方向,从他们的精神品质到工作成果,都是值得我们学习的模范。向他们学习的结果,将保证我们知识分子的进步道路和工作成果都符合于国家发展的需要。由于这种学习乃是关系着整个国家前途的大事,因此,我们必须把它当作一种共同的政治任务,当作我们自己在加强中苏友好这件事情上最主要的内容;因此,我们决不能只是在口头上抽象地承认学习的重要性,也不能自满于一种浮光掠影的地步，而应该采取心悦诚服、严肃认真的态度，怀着高度的政治热情与革命毅力，切实地在行动上贯彻下去。否则，即使有了如此优秀的榜样，也不会学到什么东西。

学习苏联知识分子的榜样是与学习马克思列宁主义、改造思想分不开的。苏联知识分子是在马克思列宁主义培养下的社会主义知识分子，而我国许多知识分子从旧中国所带来的各种错误思想，不能不与社会主义思想体系发生对抗性的矛盾。所以在这个学习问题上不能抱着一种单纯技术观点的态度，否则就是忘记了带根本性的东西。我国的知识分子经过三年来的学习运动和实际锻炼，在自我教育和自我改造上面已经取得了很大的成绩，现在又掀起了速成学习俄文的热潮。证明大家决心学习苏联，这是很好的。现在的任务是要继续深入下去，向更高的水平前进。特别是有着一定造诣的专家们，更要经过在自己那一个科学部门所达到的成果，循着自己的途径来认识与接受共产主义思想。知识分子一般地是自食其力的人，如果从思想上得到了彻底改造，以马克思列宁主义武装自己，他们就可以成为工人阶级的知识分子。而如果真正实现了思想改造，他们就能够自觉地发挥更大力量为人民服务，促使民主改革和国家工业化的迅速进展。所以毛主席说："思想改造，首先是各种知识分子的思想改造，是我国在各方面彻底实现民主改革和逐步实行工业化的重要条件之一。"和这种改造工作的同时，我们国家还要在很大的规模上，学习苏联培养知识分子的经验，并且在现有知识分子参加帮助之下，从工农劳动人民及其子弟中培养出新型知识分子，使他们成为国家建设中的骨干，也以新鲜血液来注入知识分子的队伍。

知识分子还应该努力掌握和继续精通业务，向文化科学展开群众性的进军，使我们在一切知识部门中造就出出色的专家。过去，旧中国的反动统治者是只求把知识当作一种统治和奴役人民的工具，那时有大部分的知识分子都遭受到深重的灾难，许多知识领域也都是处于十分落后的状态，这种落后状态甚至仍然是压在我们头上的负担。现在，我们则要把一切有用的知识都利用来作为建设新社会的积极力量。在我们的时代，知识分子要真正实践马克思说过的"从来的哲学家只是各式各样地说明世界，但是重要的乃在于改造世界"这一句名言，充分发挥自己的聪明才智与理想，以爱国主义精神把建设事业推向前推，坚持努力地赶上先进的水平，在祖国的土地上开放出灿烂的文化科学的花朵。缺乏业务基础的人，固然要下定决心攻克科学堡垒；有了一定基础的人，也应该在原有基础和新的方向上继续钻研。现在已经可以明显预见到：通过培养和改造的途径，整批整批的具有马克思列宁主义思想武装和掌握着先进的文化科学知识的新型知识分子将不断涌现出来，成为文化建设高潮到来的一个显著标志。

　　伟大的建设高潮正在等待着我们。无限广阔的为人民服务的道路和一切创造新文化财富的道路，现在是越来越清楚地展现在我们面前，一切脑力劳动者的所有聪明才智的潜力都将能在伟大建设的基地上充分地发挥出来。在这样的形势面前，又有了苏联知识分子和苏联人民的榜样，我国的知识分子将和全国人民一道顺利地进行工作，走上国家工业化的道路，并准备走向社会主义与共产主义的前途。到了将来实现了社会主义制度的时候，脑力劳动和体力劳动之间的对立将会消灭，就像现在在苏联的情况一样；而到了向共产主义过渡的时候，社会文化将达到高度发展，脑力劳动与体力劳动的本质差别也将会逐渐归于消灭。人类最伟大先进的理想就要实现了。世界上再没有什么东西比这个理想更有无限的鼓舞力量的了。让我们大家满怀胜利信心勇敢前进。

## 为了国家建设,教育工作者必须加强学习,提高工作质量!*
(1953年1月11日)

我们的国家已经胜利地完成了经济恢复的工作,从今年开始就要进行大规模的经济建设。从恢复进到大规模的建设,这是一个伟大的转变。为了适应经济建设的需要,并且在和经济建设同时,我们的国家也将要从今年开始在广阔的规模上进行有计划的教育建设,以提高人民的文化水平,培养建设人材。国家的教育建设事业是整个国家建设中一个十分重要的部份,它与国家的经济建设事业是密切配合的,如果教育建设的任务不能准确地完成,将必然对经济建设发生严重的影响。

在教育建设事业当中,我们教育工作者们,各级学校的教师们占着一个特别重要的地位,因为我们正是这个建设任务的直接担当者,正是国家教育政策的具体实行者。因此,国家将要继续进行系统的工作来提高我们的精神和物质生活,尽力发展一支强大的人民教育工作者的队伍,使之成为在马克思列宁主义、毛泽东思想的旗帜下的一支强大的国家建设的方面军。毫无疑问,我们的国家是一定要这样做的。但是,这还只是问题的一方面。问题还有重要的另一方面,就是广大教育工作者们自觉的积极精神方面。建设事业越是规模广阔和发展迅速,就越是要求我们自觉地对国家担当起重大的责任,要求我们积极行动起来,发挥潜在能力,提高教育。

三年以来,教育工作者在共产党与人民政府的领导下,曾经在教育事业的改造与建设工作上做了不少事情,在自我教育和自我改造工作中也获得了很大的成绩。我们对于这些应该有足够的估计;但是同时又应该看得出自

---

\* 光明日报,1953-01-11(1)。

己的弱点，只要我们向前来看，就可以发现：一般地说，现在各级学校教育工作者们的思想政治水平和业务知识水平都还是赶不上客观形势飞速发展的需要。这就是困难，很显然，我们教育工作者们要是想真正成为建设事业中的一支没有愧色的方面军的话，就必须自觉地努力提高自己，克服这个困难。

教育工作者本身的质量问题乃是直接关系着整个教育质量的问题，我们应该把提高自己当作一个爱国主义的责任。无论什么时候我们都不要以为自己为国家所做的已经够了。大家知道，我们的革命导师马克思就是始终认为自己最好的东西对于劳动者也不会是够好的，他认为如果我们贡献给劳动者的东西有一点不够尽善尽美的话，那就要算是一种罪恶。马克思是我们伟大的模范。我们应该拿这种精神来严格地要求自己和提高自己，尽善尽美地贡献出自己所有的本领。如果自己的本领不够，就要决心去取得本领。这里问题的关键是在于学习，不疲倦地再三学习。我们一方面要继续努力学习马克思列宁主义、毛泽东思想，巩固与扩大思想改造运动的成果以及在有些地方继续展开思想改造工作，逐步地、坚决地以共产主义思想来武装自己；一方面要继续努力钻研和力求精深地通晓专门科学，总结自己教育工作中的经验教训，提高教育技能，尤其重要的是切实地学习与推广苏联先进经验，这样把学习坚持不懈地进行下去。在我们教育工作者的队伍中间，尤其是在中、小学教师中间，有着许多新来的同志们，他们当然要下定决心，不畏困难地逐步熟习自己不懂的东西，使自己成为教育工作者中的优秀能手；已经有些经验的同志们，也同样要学习，决不能抱着保守自满的态度把自己束缚在固定的、落后的水平上，而应该把教育当作一种不断前进，不断创造的劳动，努力加深修养，并且用自己的有用经验给新人们以诚恳的帮助。至于曾经受过错误影响的同志们，尤其是高级教育工作者们，在已经初步抛弃了那些错误的累赘以后，还须要愉快地在新的方向上努力加深与扩大自己那个科学部门的成果，并且也经过这条道路来认识与坚信共产主义。事实上，现在各地教育工作者们已经进行了不少的在职进修和教学研究，而且有了可喜的显著成效，这些方面的经验对于推动我们提高工作质量是很有好处的，应该得到交流和推广。现在已经可以看得出来：如果我们学习的更好，就可以给国家带来更可贵的贡献，为建设事业造就出源源不绝的、质量优秀的人材。

  一九五三年是国家伟大的建设时期开端的一年。在这个有历史意义的一年开始的时候,让我们大家预祝全国教育工作者们共同获得新的光辉成就。

# 在中共中国人民大学第二届党代表大会上的开幕词*
（1953年3月19日）

同志们：

我们学校党的第二届代表大会开幕了。

这次代表大会，在学校成立三年后的今天召开，在祖国大规模经济建设业已开始的今天召开，就给这次代表大会以更加严重的任务。

三年来，在中央的领导下，在苏联同志的帮助下，由于全体同志的积极努力，我们已经取得了相当大的成绩。我们基本上已经掌握了苏联的教学制度和方法；大部分教员也已经比较系统地掌握了一二门专业的科学知识了。

但，这并不是说我们的工作进行得十分顺利；相反，我们曾经遇到过重重困难。三年来，经过几次运动，特别是经过三反和整党，开展了批评与自我批评，尤其是开展了自下而上的批评，曾发现了工作中的不少问题；从而才使某些问题得到了初步解决，并摸到了尚待解决的重要问题的基本环节。

今天看来，我们学校虽说已有一定基础，但这基础还不能说十分巩固。我们的学工人员对苏联先进经验的教学制度和方法运用得还是很不纯熟的。教员们对所教课程的科学知识还只能说具有了初步基础，思想性、政治性与科学性都还不够高，还有待于大力提高。

我们怎样巩固既得成绩，又怎样在现有基础上继续提高呢？党在这方面又怎样保证呢？我想这些应当成为这次党代表大会的中心课题。

如果我们看看目前祖国建设的情况，就会使我们感觉责任的更加重大。祖国的经济和文化的建设，事事都在学习苏联的先进经验，都是突飞猛进地发

---

\* 人民大学周报，1953-03-19（2）。

展。三年前，中央就给了我们学习苏联先进建设经验的任务，为我们请了大批苏联专家。二三年来各地区和各机关不仅送了大批干部来校学习，且急切需要我们教材用以吸取苏联的经验。各地的高等学校经常来校参观、访问，以便从我们这里取得建设新型大学的经验。但我们对苏联的先进经验消化得怎样？目前所学得的一些先进的教学办法和科学知识怎样结合祖国建设的实际？怎样在祖国的经济和文化建设里起更大的作用呢？如果认真检查起来，我们做得还是远远落后于国家对我们要求的。

为了不辜负中央对我们的期望，为了在祖国建设中发挥应有的作用，就应当：一、系统地总结经验，巩固和发展既得的成绩；二、深入钻研先进科学和建设中的实际问题，以提高科学水平。

因此，从学校的发展和祖国建设的需要看，巩固和提高，应当是我们迫切的任务。

要想巩固成绩，要想在政治上思想上以及科学上继续提高，就必须认真总结工作，认真组织学习。在工作和学习中必须展开批评与自我批评，尤其是自下而上的批评。不然就不能使工作和学习得到进一步的发展。

同志们：党是推动工作的动力，由于过去我们学校的党在工作中起了一定的保护作用，在工作中团结了广大群众，所以能够取得一定成绩；这次大会，希望展开讨论，在大会上开展批评和自我批评，把关键问题弄得十分明确，达到思想一致意志一致，使党在我们学校中能起更大的推动作用。在这次代表大会之后，相信同志们更会在统一的思想领导之下，积极前进，团结一切力量，把巩固和提高工作做得更好。相信我们的代表大会一定能取得胜利。

预祝大会的成功！

# 在中国工会第七次全国代表大会上的发言\*
（1953年5月5日）

主席、各位代表、各位来宾、各位同志：

我完全拥护刘少奇同志代表中共中央庆贺大会的祝词中英明的指示，完全同意刘宁一同志的开幕词、赖若愚同志关于中国工会工作的报告、许之桢同志关于修改中国工会章程的报告和栗再温同志关于财务工作的报告，并坚决为实现大会所规定的方针任务而努力。

我们人民的教育事业是服务于新社会经济基础的一种极大的积极力量。三年半以来，在毛主席、中国共产党和中央人民政府的领导下，按照"共同纲领"所规定的国家教育政策，全国的教育工作者以爱国主义精神积极工作的结果，使教育事业和其他各种事业一样有了很大的发展和成就。目前全国有小学校学生五千万人，中等学校学生三百零九万五千余人，高等学校学生二十万二千余人。若以国民党统治时期学生人数最高年份的数字为一百，则现有小学学生为百分之二百一十一点三，中学学生为百分之一百六十四点八，高等学校学生为百分之一百五十六点三。现在所有高等学校、中等技术学校、师范学校、工农速成中学全部学生都享受人民助学金，中学生中得到助学金的人数也已扩大。中央人民政府进行了系统的工作来改革旧的教育制度、内容和教学方法，坚持地在各级学校贯彻向工农开门的方针。从学生的社会成份来说，工农干部和工农子女的比重正在逐年增加，例如在全国初等学校学生中，工农子女达百分之八十以上。工农群众的业余教育也有很大的发展，职工业余学校的学生已达二百三十四万余人，农民业余学校的学生已达二千七百余万人，参加农村冬

---

\* 光明日报，1953-05-07（2）.

学的人数则有四千八百万人，扫除文盲运动在人民解放军中已经有了很大的成绩，在城乡人民群众也已开始有重点地进行。对于少数民族的教育，国家给予了极大的关怀。新创办了九所培养少数民族干部的民族学院，并在各地开办了各种民族干部训练班和民族干部学校，少数民族的儿童已大量入学，如内蒙古自治区学龄儿童入学者已达百分之七十以上，东北地区朝鲜民族的学龄儿童入学者则达百分之九十二。三年多来人民教育事业的发展和成就，是过去中国历史上所没有过也不可能有过的，这就生动地用事实证明了我们工人阶级领导的新民主主义社会制度的优越性和以毛泽东思想为基础的国家教育方针政策的正确性。毫无疑问，只要我们继续努力正确贯彻国家教育的方针政策，有计划地工作，我们人民的教育事业必将更宏大地发展起来，正如毛泽东主席所英明预见的一样："随着经济建设的高潮的到来，不可避免地将要出现一个文化建设的高潮。"

教育工作者是我国工人阶级的一部分。在一九五〇年六月中华人民共和国工会法公布之后，我们即在同年八月召开了中国教育工会第一次全国代表大会，建立了中国教育工会，作为在中华全国总工会的直接领导下的产业工会之一。从此，我国的教育工作者就更加巩固地团结在工人阶级的队伍之中，改造自己，以便更好地为人民服务。教育工作者都以参加工会为光荣，现在全国教育工会已有会员七十六万七千八百余人，基层工会组织二万一千九百九十九个。

教育工会的各级组织，在各地党委、各地人民政府和各地方总工会的领导下，推动了广大的教育工作者进行政治、文化与业务的学习，以改造和提高自己。教育工作者积极地参加了伟大的抗美援朝、土地改革、"三反"、"五反"等政治运动，特别是响应毛主席在中国人民政治协商会议第一届全国委员会第三次全体会议上的号召，参加了思想改造运动。通过这些实际运动和初步的系统的马克思列宁主义、毛泽东思想的学习，大大地提高了自己的觉悟程度。同时，教育工作者响应毛主席的号召，认真学习苏联。事实证明：苏联教育工作的先进经验，对于发展我们年青的人民教育事业有着极大的指导作用。在苏联专家直接指导和大力帮助下，我国已经创办了像中国人民大学一类的新型的高专学校。全国高等学校教师为了学习苏联的先进经验，都在普遍地学习俄文。

教育工会还特别以农村小学教师为重点，帮助他们提高政治和业务水平。各地大量地建立了各种形式的业余学习组织，现在已有四百三十一个县、市建立了业余进修班和星期学校，参加学习的人数达二十余万人。由于教育工作者们不断地学习和提高，明确了为人民教育事业服务的思想，大大地发挥了自己在教育工作上的积极性和创造性，因而不断地涌现出大批模范教师，现在全国已有模范教师四千一百五十二名。

教育工作者的生活福利经常地受到人民政府深切的关怀。解放以来，由于国家生产的恢复和发展，财政经济情况的根本好转，我们的物质生活和文化生活都有了显著的改善。例如全国学校教师们的实际工资，以一九五二年和一九五一年比较，高等学校增加了百分之十八点六，中等学校增加了百分之二十五点五，初等学校增加了百分之三十七点四。从一九五二年秋季开始，全国教师已经普遍享受疾病公费医疗和预防待遇，在患病期间照发工资，此外，政府还在逐步推行福利费补助、年老退休金、女教师的婴儿补助等各方面的措施。在生活福利这一方面，教育工会也予以很大的注意，例如协同教育行政部门，在全国各大、中城市里举办了四百九十多个小型托儿所，各地教育工会组织采取友爱互助的方式，帮助教师们成立了四千九百七十多个互助会，为了满足教师们文化娱乐的要求，成立了许多教师俱乐部，照顾了教师的假期休息，经常组织和选派了教师到有名的风景区去休养等。

新中国人民教育工作者的社会地位也大大提高了，受到了人民政府的尊重和人民的敬爱。人民教师，这是我们新社会中的一个光荣称号。许多教育工作者参加了全国人民政治协商会议和各级地方人民代表会议，并且有不少人参加了中央和各级地方政权的工作。仅在一九五一年，就有二十二位教育成绩卓著的教师被邀请列席中国人民政治协商会议第一届全国委员会第三次全体会议。

教育工作者和全国人民一样，都以保卫世界和平事业为自己的神圣职责。以教育工作为保卫和平的岗位，以作为和平运动的宣传战士为光荣。我们教育工作者全体都在"斯德哥尔摩和平宣言书"和"要求五大国缔结和平公约宣言书"上签了名。并且通过自己直接联系的数千万学生以及他们的家长，向广大群众进行宣传动员工作。这种宣传动员工作发生了极大的作用和力量。

教育工作者三年来曾作了不少的工作，但我们还有很多的缺点。我们还有许多非工人阶级的思想和作风，严重地阻碍着人民教育事业的建设，损害着年青一代的成长。同时，在教育工会的工作方面，也还存在着：方针任务不明确，不实事求是等主观主义和形式主义的倾向和作风。

现在，国家有计划建设的新时期已经到来。整个国家的建设事业以经济建设为基础，而同时又包括着各个互相密切关联的部门，其中教育建设占着重要的地位。我们国家的教育事业首先要为经济建设服务，为工农劳动人民服务。国家建设向教育工作者提出了重大的任务：必须继续提高人民群众的文化水平和政治觉悟，大量地培养各方面的建设人才，而着重地要培养合乎规格的高级和中级的生产建设人才，其中要特别注意的是从工人阶级和劳动人民中间培养出自己的新式人才，自己的生产技术和科学的知识分子，使他们成为建设社会和管理国家的坚强骨干。毛主席曾经教导我们：培养干部，首先是技术干部，是国家的根本之图。形势的发展使我们越来越深刻地体会到毛主席的指示的伟大意义，越来越深刻地体会到培养干部和教育人民的工作在国家建设时期的重要性。

我们中国的工人阶级是国家的领导阶级，以英雄的姿态站在国家建设的最前列。这次全国工会代表大会的中心任务，就是要动员全国的工人阶级，为保证完成和超额完成国家建设计划而奋斗。我们教育工作者，作为伟大的工人阶级的一部分，作为国家教育建设任务的主要的、直接的担当者，深深知道自己对工人阶级和对人民国家所担负的责任的重大。我们在这全国工会代表大会上兴奋地表示：我们一定要把教育建设这个政治任务自觉地担当起来。全国教育工作者一定要更加紧密地团结起来，开展批评与自我批评，坚决克服自己的缺点，努力学习马克思列宁主义、毛泽东思想，学习苏联教育工作的先进经验，发挥劳动热情和创造精神，提高教育质量，准确地完成教育建设计划。伟大的理想在鼓舞着我们前进。在毛主席、中国共产党、中央人民政府和中华全国总工会的领导下，我们全国教育工作者和在经济战线上的工人阶级弟兄们一道，和全国人民一道：坚决地为完成国家建设时间的伟大历史任务而奋斗。为争取朝鲜问题的和平解决，为保卫远东和世界持久和平而奋斗。

# 在中国人民大学学生毕业典礼上的讲话\*
（1953年7月）

我们中国人民大学今年有本科第一届毕业，有专修科第三期毕业，同时研究生、马列主义研究班、预科和工农速成中学也有一部分同学毕业。今天我们举行毕业典礼，来祝贺3 300多位同学胜利完成了自己的学习任务。这一批同学的毕业是我们学校生活中一件重大事情，对于我们国家的经济建设也是一种重大贡献；同时也是对于我们学校工作的一个实际考验。

今天参加毕业典礼的学生，都已经经过了严格认真的毕业考试。从考试的结果看来，各科、各系、各班的成绩一般都是良好的。因此，我们可以说，这一批毕业生是可以成为国家建设中起积极作用的人才的，无疑地对国家建设是一支巨大的生力军。

应该强调提出的是，在毕业学生中间，不仅有青年学生，还有大部分是经过不同年限的实际工作锻炼的革命干部和相当数量的产业工人。就本科的这第一届毕业生来说，其中干部占百分之六十，产业工人占百分之十二。这是我们培养干部的基本特点之一。我们学校过去两年来和今年的毕业生，都用事实证明了党和国家所规定的培养工农知识分子的方针是完全正确的。革命干部和产业工人，不仅应该培养而且可以成功地培养，他们进步很快，成绩一般是优良的。问题的关键是在于领导上要坚定不移地坚持这个方针，采取各种有效措施热诚地帮助他们。今后我们还应该继续努力坚持这个方针。

同志们，今年我们学校三千多人一同毕业，这是我国高等教育史上空前的

---

\* 中共四川省委党史工作委员会. 吴玉章教育文集［M］. 成都：四川教育出版社，1989：164-171.

事情。我们三千多毕业学生的学习任务之所以能够胜利完成，我们在培养干部上所以能够对国家作出如此的贡献，有着下列的主要原因。首先，是由于毛主席和党中央对我们的亲切关怀和教导，其次是由于中央人民政府教育部的直接领导以及各业务部门的积极帮助的结果。大家知道，从我们学校筹备和创办的时候起，毛主席和党中央就经常关心着我们学校的发展和学工人员的学习和教学生活。这是我们一切成绩的泉源，是我们前进的伟大的领导力量。我们怀着无限的敬意，来感谢毛主席和党中央的领导。我们感谢高等教育部和中央各部门的领导与帮助。不该忘记，我们的成就，也是由于苏联专家同志们热诚帮助的结果。我们的成就也是由于我们的全体教员、翻译人员和为教学服务的各级工作人员努力的结果。他们为了同学们的学习和进步，以高度的劳动热情进行了辛苦的工作。我们也应该感谢他们。最后，这也是由于同学们自己顽强不倦地努力学习的结果。应该说明，我们学校中的学习是并不容易的，这也是一种艰苦的持久的劳动。而我们的同学们的学习情绪始终是饱满的，他们是在"为了祖国，必须学好"的口号下，克服了极大的困难，才得到了现有的成绩。对于原来文化基础差的同学尤其是这样。所以，当我们现在回顾学习过程的时候，也应该感谢同学们自己为了国家所作的努力。

从明天起，除了预科和速成中学的毕业生还将要继续升学深造以外，绝大多数的毕业生就要陆续走上光荣的工作岗位。大家可以兴奋地感觉得到：你们是正好赶上这样的时候走上工作岗位的，这就是我们国家国民经济的恢复时期已经基本结束，我们伟大的祖国已经开始进入国民经济的有计划建设的新时期。这个新的历史时期摆在全国人民面前的新的历史任务就是按照毛主席所指示的道路，逐步地实现国家的工业化，并在这个基础上使我们的祖国稳步地过渡到社会主义。这也就是我们的国家和我们的党当前的总路线和总任务。你们大家就要迎接这个光荣而伟大的任务走上自己的工作岗位。

大家已经学过关于国家工业化的理论，已经知道在为国家工业化和逐步地过渡到社会主义而斗争的时期，干部问题具有多么重大的意义；已经知道："人才、干部是世界上所有一切宝贵资本中最宝贵最有决定意义的资本。"现在我们国家建设的各个战线上的实际经验也在不断地表明，干部问题已经成为了一个头等重要的，迫切的现实性问题。如果没有大量的忠实于人民事业而又掌握着科学精通业务的人才，我们的建设事业就不能够完成任务。因此，毛主席和我们的党再三地强调要十分爱护干部、重视干部和培养干部，我们的国家对正在成长中的新干部寄予着极大的信任和期待。这就意味着你们所担负的任务是格外重大的。现在对于你们要紧的是不要限于抽象地了解这个干部的重要性，而要在现实生活中，在你们自己身上体现出干部的重要作用，努力发挥出最大的作用。国家的深厚期望是鼓舞你们前进的伟大动力，希望你们真正成为注入到建设事业中去的新鲜血液，成为精壮的、有战斗力的生力军。昨天我怀着喜悦的心情，读到了一篇文章，这是工厂管理系毕业的一位同学写给校刊的一篇文章。他说："我过去是一个普通的工人，而今天在党的直接教育下，经过三年多的学习，成为了一个有科学知识的，能够为人民服务的有用人才，今年暑假毕业后将要走向祖国经济建设的最前线，我将要贡献出自己的最大力量，为祖国的工业化而斗争，为祖国实现社会主义而斗争，以不辜负党和毛主席对我的教导和关心。"同志们！我认为这几句朴素的和充满信心的话是可以代表全体毕业生的共同心愿的。你们大家都要不辜负毛主席和党对自己的教育和关怀。

许多同志都要我讲讲怎样担负起自己的工作任务来。为了回答大家的意思，我想代表学校对全体毕业同学提出几点希望：

首先，毕业同学应该服从组织分配，安心工作，把工作作好，使自己成为自觉的建设者。这就是说，你们在工作中要有明确的目的性，把伟大的社会主义与共产主义的理想和自己的实际工作结合起来，懂得自己的作用，心甘情愿地去完成自己的任务。也就是说，你们要以一种忠于祖国、忠于人民、忠于党的事业的革命品质来进行工作。这种革命品质是新的专门人才区别于旧的专门人才的根本特点。如果你们希望成为我们新时代的新人才的话，首先就得要继续加强马克思列宁主义、毛泽东思想的武装，加强这种革命品质的锻炼。这是需要你们在今后工作中谨慎记住的。具有这样的革命品质的人，也就自然有良好的组织性和纪律性。在接受工作任务的时候，一定会毫无折扣地服从国家分配。我们国家在培养和分配干部上是适应着建设计划的需要而有计划和有重点地进行的，政府机关给你们分配工作的时候，当然会尽量考虑到照顾各人之所长，但是因为这是从国家建设的需要出发，所以也很可能和个人的愿望发生某种差异。在这个时候，毕业生当然是要自觉地放弃个人的利益来适应整体的利益。同时，建设工作的每一个地方、每一个岗位都是具有重要意义的，我们的有为的同志总是勇于接受最艰苦的任务的，他们无论在什么地方，都能够在自己的工作中放射出革命英雄主义的光芒。要成为具有革命品质的自觉的建设者，首先就要服从国家的分配，也就是学校对你们的第一个希望，也是学校教育对你们的第一个实际考验。

其次，要把你们自己所学的知识用到实际工作中去，并在实际工作中检验和丰富它们，继续来加深学习。你们现在所学到的系统的知识是十分宝贵的，是马克思列宁主义的基本原理和先进的专门科学，这是国家建设所迫切需要的。但是这些知识主要地还是抽象化了的理性方面的书本上的知识，如果不拿到实际工作中去运用，而只是摆摆样子，那就既不会有什么发展，也不会有什么用处。实际工作，特别是当前国家有计划建设时期的实际工作，有着无限生动丰富的内容，是供你们发展学识的最好的用武之地，如果能够把在学校所学得的知识和实际工作密切结合起来，那么，你们这些用辛勤的劳动得来的知识就将显现出极其巨大的、生气勃勃的指导力量，你们自己也就能日益进步。对于我们，理论与实际相结合的观点，无论何时都是一个基本的观点。必须用理论知识来指导实际工作，同时又在实际工作过程中不断开辟知识的道路。当然，也不能想像这种结合是一种轻而易举的简单事情，恰恰相反，过去毕业同学的经验证明，实行这种理论与实际的结合是一个长期的奋斗过程。我想，你们是不会害怕这个奋斗过程的。如果你们真正实行把所学的知识和实际工作结合起来的话，你们就一定能够做出成绩来的。这就是学校对你们的第二个希望。

当你们走上任何一个工作岗位的时候，那里的同志们将会热情地欢迎你们，你们也将要参加不同程度上的领导工作。但是，你们却千万不要因为自己将是领导干部了，而就骄傲起来脱离群众。你们现在当然是比较有些知识的，但是在伟大的国家建设任务面前，仅仅靠你们的知识还是不够的，还必须得到劳动群众方面的信任和赞助。知识分子的最大弱点就是总是把自己看成超乎劳动群众之上的特殊人物，既不重视群众的智慧，也不重视群众的赞助，所以他们就既得不到群众的信任，也得不到群众的赞助，所以他们也就总是做不出什么出色的群众的事业来。你们如果要想在工作中有所成就的话,就必须严格地、干脆地和这种旧思想旧作风绝缘,而且像防止病菌那样警惕其对自己的侵袭,坚持奉行毛主席所反复教导我们大家的走群众路线。这就是学校对你们的第三点希望。

你们还应该切实记住:要戒骄戒躁、谨慎谦虚、继续努力学习。你们在人民大学受到良好的教育,现在毕业了,这自然是一件令人兴奋的事情。你们完全应该对自己的学习收获抱有信心。但是同时也应该知道,"人民大学毕业生"这个称号,决不能表示什么知识都完备了。只有那种极端自高自大的狂妄的人,才这样夸大自满。从人民大学毕业,这一方面固然是一个学习阶段的结束,但另一方面却也是一个新的更长远得多的学习阶段,即实际工作与生活中的学习阶段的开始。开展在你们前面的是十分广阔的道路。我们的任何一个毕业生都不应该在走出人民大学的校门以后就或多或少地骄傲自大起来。这里,我想引用斯大林同志也是对一批毕业生所讲过的名言,他在1935年,在克里姆林宫举行的红军学院学生毕业典礼大会上曾经向毕业生这样说过:"同志们,你们已在最高学府毕了业,并在那里受到了初步的锻炼。可是,学校还只是一个预备阶段。干部的真正锻炼,是要在活的工作中,在学校以外,在和困难作斗争中,在克服困难的过程中取得的。同志们,请记着吧:只有那些不害怕困难,不躲避困难,反而前去迎接困难,以求克服和消灭困难的干部,才是优良的干部。真正的干部,只能在和困难作斗争中锻炼出来。"我想,把斯大林同志的这一段嘱咐当作给我们今天在场的毕业生的临别赠言,是再好不过的了。希望大家接受这几句赠言,希望大家做到象斯大林同志所称赞的那样的干部,那样永远不疲倦地学习的干部。这就是学校对你们的第四点希望。

最后,愿你们在离别我们学校以后,还经常地和母校保持密切联系。我愿意在这个大会上代表学校向大家表示:学校将继续给你们以一切可能的帮助。同时也要求你们在工作岗位上不断地向母校报告你们的消息,多多介绍你们实际工作的经验,使学校的教学与研究更密切地适应国家建设的需要,也使今后的同学们得到更好的帮助。我认为,学校和毕业生之间的这种联系乃是一种集体主义精神的体现,是理论和实际结合的一种重要方式,对于我们的事业来说是非常有益的。希望你们经常地和母校保持联系,这就是学校对你们的第五点希望。

同志们,大家满怀信心地勇敢地前进吧,发挥出你们的才能和智慧,发挥出你们不倦的劳动积极性和创造性,响应党和国家的伟大号召,站到为国家工业化而斗争的最前列,为人民建立光荣的功勋。

# 中国人民大学三年来工作的基本总结*
（1953年10月4日）

## （一）

中国人民大学是中华人民共和国成立后创办的新型正规大学。这个大学最早得到苏联专家直接的帮助，从制定教学计划、编写教学大纲与教材到规定教学组织、教学制度等，都认真地、系统地采取了苏联高等学校的先进经验和最新的科学成就。同时，我们还继承了老解放区为人民服务的和理论联系实际的革命教育的优良传统，我们的教学干部是以老干部为骨干带动和团结大批革命的进步的并经过思想改造的年青知识分子以及少数过去的旧大学的教学人员。这些老干部虽然有的文化水平较低，但是他们均有一定的实际斗争经验和马克思列宁主义的基础知识，比较容易了解党和国家的政策，他们和党与国家有着思想上、组织上、历史上长远的联系。我们培养的对象除了进步的青年学生以外，主要是培养产业工人和工农干部，他们曾经受过各种实际斗争的考验，有着实际斗争的经验。所有这些，都给我们接受苏联先进科学和先进工作经验以及将其与中国实际相结合上提供了极为有利的条件。我们的学员都是为完成党的任务而坚决地向科学进军，所以他们就不是为学习而学习，而是为国家建设而学习，这种学习很自然地就容易和实际联系起来。这就又为我们建校工作正确的和健全的发展提供了极为有利的条件。

---

\* 人民日报，1953-10-04（3）.

## （二）

中国人民大学三年来的教育工作是有成绩的。毕业学生四千五百八十七人，其中专修科三千九百九十六人，本科五百九十一人。今年在本科经济计划、统计、工厂管理、财政信用借贷、贸易、合作社等六系毕业学生四百四十三人，其中产业工人占百分之十二，革命干部占百分之六十，知识青年占百分之二十八；而其中党团员占百分之九十以上。这批毕业生成份及政治质量好，同时系统地学习了政治理论和各种专业知识，学有专长，从而就引起了各有关业务部门的重视。国家根据"学以致用"的原则将他们分配了工作，他们正在各工作岗位上为国家建设发挥了与发挥着重大的作用，许多人应用自己学到的知识和理论，提高和改进了工作。例如：我校专修科毕业学生，现任塘沽新港工程局第一修船厂厂长马金城、东北机械三厂副厂长车振国、中国人民银行西北区行划拨清算科科长萧煌等都曾经根据在校所学的"会计"、"统计"、"工业企业组织与计划"等专业课程结合中国具体情况，运用苏联先进经验改进了企业的组织管理，建立了新的会计制度，对工作起了决定性的良好的影响，受到各方面的赞许。这就基本上改变了旧中国高等教育数十年来"学非所用"，"用非所学"的教育脱离实际的传统毛病，并为新中国高等教育的建设树立了良好的榜样。

在全国高等学校改造的工作中，中国人民大学曾经给了有益的帮助。首先是帮助解决高等学校的教师，特别是政治理论课的教师问题。三年来从本校毕业的研究生有九百人，其中校外的五百四十八名，他们被分配到全国四十二个高等学校工作，在教学上一般地都受到学生的欢迎以及领导的重视；同时我们还抽调了教员和其他教学干部到其他高等学校工作，直接帮助建立教学组织，进行教学工作。其次，三年来我们不但陆续接待了全国各地高等学校来校参观者和他们交谈，赠送各种材料，利用文字较系统地向全国介绍了学习苏联的经验，而且还有计划地供给有关机关和学校的业务教材参考材料，以及较普遍地供给了政治理论教材和参考材料。据不完全统计：三年来供给各地业务教材、政治理论教材及参考材料一百余种，一百六十六万余册。最后，我们应京津部分高等学校及工业部门的邀请,曾经派不少政治理论教员和业务教员去讲课,据反映对各单位的政治理论学习和业务工作都有了不少的帮助。虽然如此,但是我们所进行的工作,对高等学校的需要说来,还是十分不够的,今后将尽一切可能继续加强这方面的工作。

中国人民大学经过三年的努力,现在已有相当的规模。现在在校学生约五千人,另为全国高等学校培养研究生约二千人,校外函授学生二千七百人。如果说教学力量开始是薄弱的,那么,现在业已培养能够掌握某一门专业的教员约七百人,培养俄文翻译一百四十人,他们无论口译或笔译均达到一定的质量。三年来我们翻译教材一千三百余种,印八十九万余册,编写教材五百多种,印七十万二千九百十一册,这就能够使我们学生获得较多的学习资料。但是,客观情况迅速的发展,国家建设工作迅速的进步,要求我们在今后一定时期内不是继续在数量上大量发展,而是要在原有的基础上提高工作的质量,首先是提高领导骨干和教员的质量。因此,本校在上学年提出了巩固和提高的方针,然后在此基础上逐渐转向更加健全的发展的道路。

## (三)

中国人民大学的这些成绩,就生动地证明了党中央和中央人民政府决定成立中国人民大学的方针是完全正确的。这些成绩的取得是由于党中央和中央人民政府的正确领导和经常关怀,由于中央各有关业务部门不断的指导和帮助,由于苏联专家热忱无私的援助和教诲以及全体干部的艰苦努力。

中央人民政府政务院曾经规定中国人民大学的教育方针是"教学与实际联系,苏联经验与中国情况相结合",三年来我们执行了这一正确的教育方针。我们在领导思想上不但是强调系统地学习苏联先进的经验,而且还强调系统地和密切地注意中国各方面的实际问题,并从实际出发规定我们的教学计划,教学内容以及各种教学制度等。我们第一届教学计划是在苏联专家的直接帮助下,依据苏联有关各系教学计划为蓝本,并考虑到中国恢复时期的特点、学生和教员水平低的特点等制定的。第一届教学计划较苏联有关各系的教学计划减少了不急需的课程和时数,增加了在中国急需的课程;专业化的课程也没有苏联分的仔细；在教学大纲上也进行了必要的精减。随着我们国家建设的发展，学生和教员条件逐渐的变化，今年的教学计划就是比较更为全面地反映了客观的需要。在专业化的课程中又分专门化；在教学大纲和教材中逐渐反映了中国的材料。所以我们的教学计划与其说是开始时和苏联教学计划更靠近，不如说是现在和苏联教学计划更靠近更为正确些（当然现在的教学计划和苏联的教学计划还是有很大距离）。虽然开始由于缺乏经验，第一届教学计划在执行中，曾经发生课程较重的现象，但由于基本上是正确的，就很快得到了合理的纠正。苏联高等学校中规定生产实习是异常优越的制度。本校进行了两次大规模的生产实习，师生一致认为在理论联系实际上得到了巨大的收获。

我们认为首先必须学习苏联的经验、学习理论，如果还不知道苏联的经验和理论是怎么一回事，就企图联系实际是不正确的，往往会弄出错误。但是随着教师对苏联经验和理论逐步的学得和掌握，就要系统地注意实际问题，对实际问题感到强烈的兴趣。因为不学习理论固不能对实际问题加以分析和说明，然而只学习理论不去研究实际问题，理论也是无法深入和无法学好的。我们为了在这一方面取得各部门的帮助，曾进行了一系列的工作，采取了有效的办法。还在一九五一年初，我们就请示中央批准由中央人民政府财政经济委员会通知所属各业务部门切实帮助解决这个问题，因此，我们与各业务部门直到厂矿的关系日益密切。起初是我们单纯要求帮助，主要是教学计划的修订、教学大纲与教材讲义的编写、科学研究等方面要求他们参与审阅，请他们作报告、供给材料与互相参加会议，这对于教学联系实际上是在经常起着作用的。以后逐渐发展由一般联系合同的形式进入科学合作：第一种是科学研究小组，即由教研室与业务部门指定一定负责人共同组织研究。第二种是企业管理训练班与生产实习相结合：例如我们在天津与市委工业部建立起极为广泛的联系，教员可以随时下厂搜集材料，同时给工厂解答问题，进行辅导。去年九月天津市委工业部组织企业管理训练班，主要是工厂厂长、车间主任、党委书记以上的在职干部一千六百余人进行业余学习，我们派教员王嘉谟讲课一学期，每周四小时，由于讲授内容切合他们的需要，提高和改进了他们的工作，因而受到他们的热烈欢迎。主要地是教员结合目前厂矿计划管理方面所存在的问题，运用苏联先进的经验进行系统的讲授，特别是讲授"技术组织措施计划"一课，更多地帮助了他们进行生产改革，加强计划管理。这样就把科学合作向前推进了一步。这是科学与生产结合的一种新形式，我们准备加以推广。第三种是派教员参加一定部门或厂矿一定时期的具体工作，或随同一定部门的负责人检查工作，进行专题的调查研究等。

随着教员实际知识的丰富，对于实际材料逐步的掌握，我们曾经强调指出教员要认真研究中国的实际材料，结合已学到的理论，把实际材料系统化，逐步提升到理论上面来，而不能够满足于表面的了解，停留在片面的联系实际上面。在这种情况下，我们的教员在讲课和讲义中，都逐渐增加中国的材料，分析国家建设中有关的实际问题，从而就提高了我们的教学水平。

三年来，我们坚持了政治理论与业务相结合的方针。斯大林同志说过，工业建设需要培养两种人材，即"工业指挥人材和工程技术人材"。中国人民大学主要是培养"工业指挥人材"及其他建设人材，这种工业指挥人材及其他建设人材"是能了解我国工人阶级底政策，能领会这个政策，并决意诚恳把它实现起来的那种人材"。因此，我们就必须把业务教学和政治理论教学很好地结合起来。我们在教学计划中规定"马克思列宁主义"、"政治经济学"和"中国革命史"为所有学生、研究生必修的科目，有的学生和研究生还有专门的"辩证唯物主义与历史唯物主义"课程。这些政治理论课程本科占百分之二十，专修科占百分之三十，事实证明这种比例是适当的。由于我们系统地进行了政治理论的教学，就有可能使大家对各种业务知识的了解提高到马克思列宁主义的理论和政策水平上，而不是停留在技术的水平上。同时，我们把这种政治理论教育，与党的日常思想工作，尤其是在课堂内外进行批判资产阶级思想教育以及政策教育相互结合起来进行。我们的政治理论教学是收到了巨大效果的。据专修科毕业生反映，他们不但搞通了业务，而且了解了基本理论和政策，提高了应付事变的能力。

三年来，我们坚持了以培养工农知识分子为主，尤其是产业工人的方针。现在我们学生中的干部与产业工人大体上占总人数百分之七十左右（知识青年占百分之三十左右），我们认为，要吸收产业工人、工农干部学习，不但要有坚定的为工农服务的思想，而且要为工农学习创造种种有利的条件。因为工农虽然政治觉悟高，有学习热情，但在目前情况下，一般说来文化程度较低，家庭生活困难，年纪较大，身体较弱。为此，我们曾经成立了预科，按其原有文化基础和专业所学情况决定补习文化期间的长短。指导工农学习，应该掌握他们本身的特点。他们理解力较强，有比较丰富的生产斗争的经验，我们应该充分利用他们这些有利的条件。在教学计划上加入一些国文及数学、理化等基础课程，教员要采取特殊的耐心的教学方法，帮助他们解决学习中的困难，这样他们是可以在大学学习的。我们今年毕业的工农干部学生是合于国家要求规格的，他们基本上已经实现了"工农分子知识化"的口号。我们必须与轻视工农的观点作斗争，既反对在吸收工农入学时过分降低入学的标准（这样其效果是适得其反的）；又要反对不为工农学习创造条件，不解决他们学习的困难（这样实际是拒绝工农入大学学习的），因此，对于工农学习中的实际困难，必须给予适当的解决。过去曾经有人要降低工农干部在学校内的生活待遇，把他们与知识分子拉平，所谓"一个学校内不能有两种待遇"的意见是错误的。此外，我们附设有工农速成中学，培养工农优秀分子升入大学。

三年来，我们建立起了一套新的教学组织、教学制度和教学方法，从而就保证了我们的教学质量日益提高。主要是有计划、有领导、有组织地进行教学和科学研究工作，这与旧式高等学校的自由主义的、无政府状态的、各自为政的教学是根本不同的。首先，我们实行全面计划管理，全校制定了统一的教学计划，然后教研室以及其他教学组织都要根据总计划定出具体的工作计划，使我们的工作能够有条不紊地按计划进行；其次，我们的教学从讲授到自习、辅导、课堂讨论或练习、生产实习、测验或考试等各个教学环节不但是紧密联系的，构成了严密的和系统的体系，而且在各个教学环节上教员都要负责任，实行教员负责制，这就大大地提高了教学的效果；再其次，我们有严格的检查制度，对于学生学习成绩的检查不但有学期和学年终结的测验或考试，而且还注重平时的检查，对于教员和教学行政工作的检查，我们不但有计划地听课和巡视，而且建立了一套科学的表报制度，准确简便易行；最后，建立了严格的劳动纪律，学生上课出勤率一般在百分之九十七以上，缺勤的多为病假事假，旷课的几乎绝迹。教员讲课迟到是很少的，早退是没有的，一般的事情是不允许请假的。这种严格的劳动纪律本校师生已经成为习惯。

## （四）

　　三年来中国人民大学是在逐步发展起来的，教育方针是逐步贯彻的。一九五〇年暑假大批苏联专家陆续到校后，我们于九月一日正式开学。但在一九四九年末苏联顾问和俄文教员即已来到，我们就在思想上和组织上积极进行准备工作。我们集中了党和国家的一批优秀干部，要他们虚心向专家学习，作为教学的骨干。成立俄文大队，俄文专修班，大批培养俄文翻译人材；同时组织翻译苏联有关教育理论和高等学校方面的材料，如"高等学校"等。我们号召干部向苏联学习，明确提出苏联高等学校的经验就是我们学校办学的指针。因此，我们在建校过程中发展是比较顺利的，没有发生混乱的现象。虽然由于我们没有经验，开始时课程分量较重，但是在苏联专家帮助下，经过积极研究改进，对课程作了适当的精简，很快就得到了纠正。由于教员质量和学生程度的逐步提高，我们现在又有条件向前发展一步。

　　我们教学力量的培养是与培养学生的过程同时并进的。在开始我们的教员只有五十多人，远远不能适应教学的需要。我们采取了两种办法解决这个困难问题，一种办法是"边学边教"，另一种办法是组织研究生学习——这两种办法在当时都是需要的。但是随着教学质量的提高，教员力量的生长，对于教员的培养就必须逐渐过渡到更为正规的办法，使他们得到全面的和系统的提高。在培养教员中，苏联专家热忱无私的帮助起了重要的作用。为了合理而有效地发挥专家力量，我们一开始就不是把他们当成普通的教授给学生讲课，而是把他们当成"工作的母机"给教员、研究生讲课。三年来苏联专家的主要力量是放在培养教员、研究生和编写讲义方面。我们今天之所以能够培养出大批教员和出版大量的教材参考资料，为建校打下基础，是和这种正确地发挥苏联专家的力量分不开的。

　　在我们学校的师生中，对于苏联的先进经验持着怀疑、犹豫、敌视的态度者是根本没有的。因此，我们学习苏联的先进经验从不曾发生过是否应该学习的问题，而是如何学习的问题。我们师生三年来和苏联专家相处无间，团结友好，虚心向他们学习，是和这种思想基础分不开的。我们的干部虽有为人民服务的思想,但是缺乏系统的理论知识和科学知识以及长期习惯于手工业的工作方法,缺乏正规的工作方法,所以学习苏联的先进经验就必须逐渐克服我们这方面的不足或缺点。这是一个斗争的过程。同时,学习苏联经验必须是老老实实的,首先要把它学懂,真正领会和掌握其精神实质,逐步去解决实际问题。在这里完全照搬苏联的经验是错误的,随意修改和歪曲苏联的经验也是错误的。为着有效地学习苏联的先进经验,我们必须与这两种错误的、有害的思想和倾向作斗争。学习苏联先进经验和精深的科学成就不是轻而易举的事。

三年来我们虽然有了一定的成绩,但是还只是初步地学得了一点门径,离掌握和精通的程度还很远,不仅不敢骄傲自满,而且应当诚恳、虚心、加倍努力学习,以不负党和政府给我们的任务。我们学校无论在教学方面和行政方面缺点还很多,赶不上形势发展的需要。希望党和政府的领导同志及各方面同志随时加以批评和指正。

## 学习和宣传总路线是教育工作者的重要政治任务*
（1953年12月25日）

毛主席指示我们："从中华人民共和国成立，到社会主义改造基本完成，这是一个过渡时期。在这个过渡时期的总路线和总任务，是要在一个相当长的时期内，逐步实现国家的社会主义工业化，并逐步实现国家对农业、对手工业和对私营工商业的社会主义改造。这条总路线是照耀我们各项工作的灯塔，各项工作离开它，就要犯右倾或'左'倾的错误。"我们的国家循着毛主席所指示的总路线的轨道前进，已经完成了经济恢复阶段而进入了有计划的经济建设和对非社会主义成分实行有系统的改造的阶段。正是在这个时候，中央号召党和国家的干部学习总路线，并在全国广大人民群众中大张旗鼓地展开宣传。不久以前，中华全国总工会也发出了关于学习、宣传与贯彻过渡时期总路线的指示。这是具有迫切的实践意义的。我们教育工作者应该把学习和宣传总路线当作一个重要的政治任务。

我们党和国家的政策是以马克思列宁主义为理论基础的。马克思列宁主义关于过渡时期的理论的正确性已经为苏联社会主义建设的光辉经验所充分地证实了。现在，我们国家过渡时期的总路线也正是根据马克思列宁主义关于过渡时期的理论结合中国的具体情况而规定的。这条总路线就是党领导全国人民在新民主主义革命完成以后在当前社会主义改造的历史阶段中奋斗的根本纲领。这是使我国从落后的农业国变为先进的工业国和逐步地过渡到社会主义的唯一正确的路线；是代表全国人民最高利益的路线，是对于提高广大人民群众的物质生活和文化生活的水平有决定作用的路线。动员一切力量来实现这条路线，

---

* 光明日报，1953-12-25（2）。

把我国建设成为伟大的社会主义国家,这就是摆在全国人民面前的伟大的、光荣的任务;而作为国家领导阶级的工人阶级,更担负着特殊重大的使命。

总路线像灯塔一样照耀着国家建设中各项工作的道路。在整个国家建设事业中,教育事业是一个不可忽视的重要环节。和各项工作一样,教育工作也必须切实地依据总路线来确定自己这一部门工作的具体路线和具体政策,规划发展的方针和办法;否则,我们的教育工作就会是盲目的和混乱的,就会像毛主席所警告我们的,"犯右倾或'左'倾的错误"。过去几年,教育事业的恢复和发展已经有了不小的成绩,但是也曾经发生过一种表现为盲目冒进倾向的主观主义的错误,违反了教育与经济的正确关系的规律。因此,中央曾经提出了"整顿巩固、重点发展、提高质量、稳步前进"这个改进文教工作的具体方针。可以说,这个方针就是保证教育工作贯彻总路线所必须遵循的基本原则。在总路线的光芒的照耀之下,我们的教育工作必须贯彻这个方针,密切结合国家经济建设,很好地为经济建设服务,随着经济建设而按比例地、有计划地发展,根据第一个五年建设计划,相应地培养建设人才和逐步提高人民文化水平。这就是教育工作的光荣任务。

总路线是马克思列宁主义在中国的具体化,是我们思想的指针。总路线的宣传教育也就是具体的、实际的马克思列宁主义教育。在过渡时期的头三年中,经过各种政治运动和学习,特别是思想改造运动,我们教育工作者的觉悟水平是已经无可置疑地大大提高了。但是,也应该看到:知识分子在思想上的进步以至工人阶级化不能不是一个相当长期的斗争过程;而总路线的形势又要求我们教育工作者不能不首先教育自己,继续提高思想政治水平。因此,就应该一方面重视已有的政治学习的成果,作为学习总路线的一种准备;一方面通过学习总路线进一步接受和掌握马克思列宁主义,这样使自己的思想政治水平不断提高到总路线的形势所要求的程度。

我们教育工作者是国家的干部和工作人员,是工人阶级的一部分,又是教育工作的直接的担当者。为了认识整个国家形势和革命发展的进程,为了自觉地在教育工作岗位上贯彻总路线,也为了不断地提高自己的社会主义觉悟,我们教育工作者都应该认真地学习总路线。各级教育工会组织必须提起高度的注意,把这一学习当作当前政治工作的中心任务和在过渡时期根本的思想建设;

要在各地党委的统一领导下，配合学校行政，积极地用过渡时期的总路线和总任务来团结和教育广大的教育工作者们。现在有不少地方的教育工作者已经开始进行了这一学习，例如首都各高等学校和中学的教职员已经在北京市委的统一领导下普遍展开了学习，情绪非常高涨，并已获得显著成效。但是，也还有一些人们还没有予以应有的重视，把总路线看做仅仅是经济工作的问题而与自己没有多少关系，把总路线的学习看做是可有可无的事情。这是不对的。必须首先把这一学习从思想上重视起来，然后在学习时间、步骤、方式等具体问题上作适当的安排。必须认识"总路线是照耀我们各项工作的灯塔"，它不仅照耀着经济工作，也照耀着教育工作。不学习是没有理由的。

　　学习总路线是一个长时期内的经常任务，而现在又有必要在短时期内进行集中的学习。在不妨碍经常教学工作的条件下，在最近用一定的时间集中地学习，以求得对总路线的基本内容、精神与实质有一个正确的了解，这样就可以为经常学习和改进工作打下一个基础，也可以准备参加向群众宣传的工作。学习总路线应该注意全面和有适当的重点。总路线是一个完整的体系，它的各个方面是互相联系而不可分离的。应该了解总路线的全面的内容以及各个组成部分之间的相互关系，特别是首先要对基本问题了解清楚，而不要简单地局限于某一个方面的内容或纠缠于个别细节和不必要的问题。在全面了解的基础上才可以和应该着重深入钻研与教育工作有特别密切的关系的问题。学习总路线还应该贯彻我们政治理论学习的一个基本的原则，即联系实际的原则，使之和我们的思想与工作结合起来。结合思想，就是要用总路线的光芒来检查自己的思想，继续进行经常的思想改造的学习，逐步划清社会主义与资本主义这两个对立的思想体系的界限，批判违反总路线的各种思想倾向，从而充分发挥我们的劳动积极性和潜在力量。结合工作，就是要以总路线的光芒来检查自己的工作，继续贯彻中央关于文教事业的具体方针，认真学习苏联，巩固教育工作者的团结，发扬艰苦奋斗、厉行精简节约和服从国家计划的精神，使教育工作在数量方面按比例、有计划地发展，把总路线的精神贯彻到教育内容中去，加强以建设社会主义为中心的爱国主义教育和逐步改进科学和技术的教育，以便为国家建设培养出合乎规格的人材。

　　教育工作者还要向广大的青年学生以及自己所联系的其他群众宣传总路

线。在学校中，要在课内外教育青年学生认识总路线和准备为国家建设服务，执行毛主席关于"身体好、学习好、工作好"的指示；要向学生传授苏联社会主义建设的先进经验和科学成就；小学教师要向学生更好地进行"五爱"教育，特别是要强调进行劳动生产的教育。此外，教育工作者还应该根据具体情况适当地参加一些社会宣传活动。尤其重要的是广大农村教育工作者要用明白易懂而为农民能够接受的道理和办法，用实际例子向农民宣传总路线，宣传经过合作化逐步实现农业的社会主义改造的道路，宣传个人利益与国家利益的正确关系，宣传把余粮卖给国家。教育工作者本身就担负着教育青年和人民群众的任务，文化水平比一般群众为高，在城乡各地散布甚广并与群众有较密切的联系，由于这些特点，所以我们有责任成为党和政府向广大人民群众宣传总路线的一支有力的队伍。当然，在具体布置和进行这一工作时，应该在党委的统一领导和教育行政部门的统一计划下进行，并切实注意不要妨碍经常的教学工作和教师们的健康。

　　大家知道，当正确的路线决定以后，就应该使它和广大人民群众相结合，即以它来教育群众和掌握群众，使群众接受为自己行动的指针，从下面来赞助和争取这个路线的实现。这样，就会发生生气勃勃的伟大的物质力量。所以，我们国家过渡时期的总路线愈是大张旗鼓地宣传，就会产生愈大的力量，社会主义工业化和社会主义改造任务的实现就愈有保证。完全可以相信，我们教育工作者认真学习和宣传总路线的结果，一定会使我们思想更加提高，方向明确起来，工作得以改进，使我们有把握地完成国家和人民所交付的任务。全国教育工作者在总路线的伟大旗帜下更密切地团结起来，和全国人民一道，为将我国建设成一个伟大的社会主义国家而斗争！

# 给全国教育工作者的一封信*
（1954年4月30日）

全国教育工作者同志们！

当着全世界劳动人民正在庆祝自己团结的节日——"五一"国际劳动节的时候，我代表中国教育工会全国委员会向大家表示热烈的祝贺。

我们教育工作者是社会主义建设中的一支劳动大军——脑力劳动者，是光荣的工人阶级的一个部分。国家极其重视我们的劳动的贡献，也殷切地期望我们不断取得更大的成绩。这种重视和期望在政协全国委员会庆祝"五一"的口号中充分地表达出来了。国家号召我们："提高教学工作的质量，用先进的科学知识、社会主义的思想、热爱劳动和遵守纪律的精神去教育青年和儿童，为培养社会主义社会的建设者而奋斗！"这是一个具有无限鼓舞力量的伟大号召。在这个光辉的节日里，让我们全国教育工作者们来一致地响应这个号召！

庆祝口号中提出的用热爱劳动的精神进行教育的要求对我们是十分重要的和适时的指示，我们全体教育工作者，尤其是中、小学的教育工作者，必须深刻体会和积极注意。我们从历史唯物主义的观点认识到，人类和一切动物不同的也是最宝贵的特点，就在于能劳动生产。人们为了生活，就要取得自己必需的物质生活资料；而为了这个目的，就要进行改变自然界的劳动生产活动，从而也改进了自己的体力和脑力。劳动是人类赖以生存和发展的永久的、必需的条件，人类生活中的一切财富、整个人类历史以至人类本身，都是劳动创造出来的。正如马克思所说："任何一个小孩都知道，假如一个国家中止了劳作，不用说一年，即令是几个星期，它也会因饥饿而死亡。"因此，物质资料的生

---

\* 光明日报，1954-05-03（2）.

产者，劳动者乃是文明的创造者和人类历史的创造者，而社会发展的历史则是劳动群众的历史。劳动应该成为世界上最受尊敬的事情，劳动者应该成为世界上最受尊敬的人们。可是，在以往各个阶级社会中，剥削阶级剥夺了劳动人民的劳动成果，使他们处在被压迫的痛苦地位，并用尽一切可耻的办法来诬蔑劳动人民，而为剥削制度作辩护。在阶级社会中，体力劳动与智力劳动的对立形成起来，把劳心者看作高贵的事业，而把劳力者看作卑贱的事业，有所谓"劳心者治人，劳力者治于人"以及"万般皆下品，惟有读书高"等谬论。因而养成了许多受过教育的人只想"不劳而获"，"升官发财"，成了社会上的寄生虫。这种对立在资本主义制度下发展到极其尖锐的程度。劳动人民是社会革命的担负者，只有在劳动人民用革命手段掌握了政权而使自己成为社会的主人以后，劳动才不再是可耻的和繁重的负担，而变成了"光荣的事情、荣耀的事情、豪迈和英勇的事情"。

由于中国共产党领导人民取得了人民民主革命的胜利，现在，我国劳动人民已经成了国家和社会的主人，并且正在为实现国家过渡时期的总任务而斗争。实现总任务，就是要逐步消灭剥削、消灭一切生产资料的私有制，建立一个生产资料为全体人民所公有、劳动人民友爱合作、实现"各尽所能、按劳取酬"的原则的社会主义社会。社会主义和劳动是分不开的，社会主义是依靠我国全体劳动人民的英勇劳动，努力提高劳动生产率的结果。

由此可见，从理论上说来和从现实生活方面说来，劳动教育都应该是我们工作中的一个带有根本性质的问题。我们的教育事业，既然是劳动人民为实现总任务而进行的斗争的一部分，就必须贯串着劳动教育的精神。我们的教育是为劳动生产服务和为劳动人民服务的。我们的工作任务，就是要教育学生，使他们在身体上、知识上和思想上都有一定的准备，以便成为社会主义的建设者，成为各个劳动战线上的各种后备力量；而决不是要把他们养成什么脱离劳动生产、脱离劳动人民的人。如果劳动观点不能在我们的教育中明确地、巩固地树立起来，我们的教育工作就会不能完成任务。列宁曾经反复教导我们说："我们的教育应该与劳动大众反对剥削者的斗争结合起来"，要使青年们"个个都是有知识的，同时又都是善于劳动的"，要使青年们"在劳动中与工人农民打成一片，才能成为真正的共产主义者"。所以，劳动教育应该是教育中不可缺少的、经常的重要内容之一；也是我们的人民教育与剥削阶级所垄断的旧教育的根本区别之一。

共产党和人民政府是一贯重视劳动教育的。在共同纲领上就规定着"爱劳动"为国民公德之一，对待劳动的社会主义思想已经在我国社会上树立了优势。但是同时，旧社会轻视劳动和轻视劳动人民的剥削阶级思想在我国社会上还遗留着很大的影响；资产阶级的思想也还在继续侵蚀到我们的学校中来。这些，都不会不对我们教育工作者自己和对学生们发生影响。这种情况，加以过去几年来我们的教育工作中存在着忽视劳动教育以及学校教育的性质和任务联系国家建设的实际情况不够等缺点，现在，加强劳动教育，主要是中、小学的劳动教育，就更应引起我们的深切重视。

中、小学的劳动教育应当贯串在全部教育工作过程之中。一方面要进行热爱劳动的思想品质的教育，一方面也要给予必要的生产劳动的知识教育，使学生们都是热爱劳动又善于劳动的。为此，就是要培养社会主义的劳动观点，使学生懂得劳动的伟大意义及其在社会主义建设中的作用；使学生认识劳动人民在历史上的作用和我国劳动人民的历史任务，培养尊敬劳动人民和爱护劳动成果的品质；培养劳动的自觉性、积极性和认真有恒地从事劳动的习惯；使他们熟悉应有的生产常识和基础知识；引导他们懂得学习是劳动的准备，立志参加建设伟大祖国的劳动事业。但对学生进行劳动教育决不能采取简单急躁的和生硬的方式，必须采取耐心地、长期地、细致地启发诱导的方式。学生的基本的劳动活动就是学习，要教育学生养成勤劳不倦的学习精神和习惯。要有意识地善于通过各科正课的教学来进行劳动教育，加强教学内容的思想性和政治性，说明各科知识和实际生产活动的联系，唤起学生成为劳动后备军的强烈愿望。此外，还要引导学生适当地参加各种课外活动、日常的家庭劳动以及各种社会劳动，使学生逐渐养成以自己的知识和力量为集体利益服务的精神，加强书本知识和实际生活的联系，促进体力劳动和智力劳动的结合。这些活动都要正确地组织，照顾学生年龄、性别、体质和知识能力上的特点，而不妨碍正课教学和学生健康，服从于学校教育的目的。

在进行劳动教育时，还要注意培养学生自觉遵守纪律的精神。这不仅是为了良好地进行教学的重要条件，更重要的是使学生养成严格要求自己、遵守纪律、服从集体的思想和习惯，而为未来参加劳动作好准备。这些教育应该都是和爱国主义教育密切地结合在一起的。

　　大家知道，随着国家经济建设和文化事业的恢复，人民群众的物质生活和文化水平的逐步提高，出现了我国高小和初中毕业生逐年增加的可喜现象。这是党和人民政府重视发展人民的教育事业的结果，也是我们教育工作者特别熟悉并且特别感到兴奋的事情。可是，国家的经济和文化建设是要有计划地、按比例地发展的，教育事业应该随着经济事业的发展而相应地发展，否则就会违反了文化与经济的关系的客观规律。目前国家还不能创办那么多的学校，使所有的高小和初中毕业学生都全部升学。我们的小学和中学本来就担负着向高一级的学校输送新生和为工、农业生产培养劳动后备力量的双重任务。国家建设事业的发展要求学校不断地供应大批具有一定的文化科学知识的毕业生参加工、农业建设，这种要求还将随着各种生产技术的改进与提高而日益突出地显示出来。许多事实说明，中、小学毕业生在国家的工业化和社会主义改造事业中是能够起巨大作用的，他们既能够成为生产上的积极力量，又能在实际工作中锻炼和提高自己。但是，动员那些不能升学的中、小学毕业生参加劳动生产是有困难的，主要的就是他们的思想上受着过去轻视劳动、轻视劳动人民、特别是轻视体力劳动和农业劳动的错误思想影响。所以，教育工作者要注意抓紧对高小和初中即将毕业的学生进行劳动教育和服从国家需要的教育，极为重视地进行深入的工作，按照总任务的精神，联系城乡各地的实际情况，针对对象的具体思想表现，用各种方法说明道理，循循善诱，以提高他们的认识，克服他们参加生产建设工作的思想障碍。要向学生讲清劳动与知识的关系，使他们懂得人的知识都是来源于社会实践，而劳动生产乃是最基本的实践活动。学生们在学校中所学得的普通基础知识只是参加劳动的一种必要的准备，更重要的是在劳动生产和阶级斗争的实践中学习，不断提高自己的知识。要讲清体力劳动和智力劳动都是同样地光荣和重要的事情，我们要逐渐消灭旧社会遗留下来的体力劳动与智力劳动相对立的现象，而使之很好地结合起来。要讲清农业生产、工业生产和各种劳动是同样光荣和重要的事情，同样是国家建设不可缺少的和有发展前途的。要讲清创造性的劳动的意义，在我们人民的国家里，从事任何有益于人民的工作，都能取得人民的尊敬和党与政府的重视，只要热爱劳动，肯用心思，任何方面的实际工作都有可能进行创造革新工作，获得卓越成绩，而对祖国作出重大贡献。在这一方面值得注意的是通过已经参加生产的中、小学毕业生获得显著成绩的实际范例进行宣传。例如山东掖县后吕村参加农业生产的优秀的青年团员、担任农业生产合作社社长的徐建春，吉林延吉县海兰村的农业生产合作社主任、青年团员吕根泽，当了东北区劳动模范、区人民代表的初中学生、某厂技工阎启明等，都是广大中、小学毕业生的榜样。除此以外，教育工作者还要加强对学生家长和社会各方面的宣传工作，帮助进行毕业和参加生产前后的组织工作，对那些不能升学而又一时难以参加生产的毕业学生给以可能的业余学习上的辅导，使他们有能够继续学习的机会。所有这些工作，都应该在党和人民政府的统一领导下，和各方面密切配合地来进行。

应该指出：在这种劳动教育中，我们教育工作者负有重大的责任，正因为如此，提高我们本身的社会主义觉悟，以身作则，就成为做好这一工作的关键所在。几年以来，在马克思列宁主义的教育下，尤其是经过近半年来的总任务学习，教育工作者的劳动观点和劳动积极性已经有了显著的提高和增长。但是，不可否认地，在一部分教育工作者中间，还残存着轻视劳动和劳动人民的错误思想，有意无意地给学生灌输了片面的"当专家"和"当干部"的思想，造成只有升学才有前途的错误观念，甚至散布了资产阶级追求名利的个人主义思想；对学校教育的培养目标，认识得不明确，对劳动教育缺乏应有的注意；在社会主义思想的宣传中也常常是偏重于宣传社会主义的美好远景和鼓励学生的远大理想，而严重地忽视了宣传艰苦奋斗和平凡劳动的不可忽视的重要意义。国家建设迅速发展的形势，我们人民教师的光荣职责，都要求我们把自己的思想水平提到更高的程度。所以，结合总路线的学习，继续提高我们的社会主义觉悟，改变对劳动生产的不正确观念，明确中、小学教育的目标，就是十分必要的。

亲爱的同志们！我们国家的社会主义建设事业需要从各级学校中源源不断地培养出各种程度的劳动后备人才，国家把这个教育任务放在我们教育工作者的身上，乃是使我们感到无上光荣的付托，也就是我们教育工作者在实现总任务中的具体政治任务。我们工作的好坏，不能不对实现国家过渡时期总任务发生重大的影响。在国家过渡时期的总任务的政治旗帜之下，在中国共产党和毛主席的领导之下,我们必须加强自己的马克思列宁主义教育,提高社会主义觉悟和业务水平,加强劳动积极性,提高教育工作质量,团结一致,为把我国建设成为一个伟大的社会主义国家而斗争!

在这光荣而伟大的节日里,我衷心地预祝同志们工作胜利,身体健康!

中国教育工会全国委员会主席　吴玉章
一九五四年四月三十日
(新华社)

# 在高等财经教育工作会议上的讲话*
（1954年4月）

我们这次会议是高等财经教育工作中的一个很重要的会议。在中央高教部的领导下，会议在讨论中明确了很多重要问题。在会议的过程中，我自己也有不少体会，现在作为个人的意见提出来供各位同志参考。

第一，是认识高等财经教育的重要性。这个问题必须根据国家过渡时期的总路线总任务来考虑，也即是说，要认识高等财经教育在国家经济建设事业中的作用。问题如果不是这样的提法，就会得不到正确的解决。

大家知道，斯大林在比较无产阶级革命和资产阶级革命的特点时说过一段话。他说："资产阶级革命通常是在较为现成的资本主义经济形式已经具备时开始发生的，这种形式在公开革命以前就已在封建社会内部生长并成熟了；无产阶级革命却是在现成的社会主义经济形式没有具备或几乎没有具备时开始发生的，资产阶级革命的基本任务是夺取政权，并使这个政权适合于已有的资产阶级的经济，无产阶级革命的基本任务却是在夺取政权以后建设新的社会主义的经济。"（《论列宁主义的几个问题》）

斯大林是根据列宁所指示的基本原理来阐述的。列宁说过，任何资产阶级革命只要完成了破坏旧社会一切桎梏的任务，就算完成了它所应作的一切。"社会主义革命却处在完全另外一种情况中。由于历史进程转折而不得不开始社会主义革命的那个国家越落后，则它由旧时资本主义关系过渡到社会主义关系也越困难。这里除破坏任务外，再加上一种空前困难的新任务，即组织任

---

\* 中共四川省委党史工作委员会. 吴玉章教育文集［M］. 成都：四川教育出版社，1989：178-189.

务。"他又说,"组织统计工作,监督各大企业,把全部国家经济机构变成一整架大机器,变成一个使几万万人都遵照一个计划工作的经济机体——这就是放在我们肩上的巨大组织任务。"

这个理论,对于我们目前的现实,具有特别重大的指导意义。我国现在的过渡时期,就是一个社会主义革命或社会主义改造的时期,我们要发展已有的社会主义经济,并要改变现有的资本主义经济、小商品经济和个体的农业经济为社会主义经济,使社会主义经济基本上成为我国唯一的经济基础。我们现在面临着的是一个在东方的大国内建设社会主义经济的历史任务。

为了进行社会主义经济建设,当然需要创设各种条件,而培养经济工作的人才,则是最重要的事情之一。资产阶级为了维护他们剥削发财的利益,善于组织管理资本主义经济,曾经注重训练他们的人。我们工人阶级和劳动人民必须培养自己的社会主义的经济人才。十月革命以后,列宁、斯大林曾经强调号召共产党人要"学会做生意",学会管理经济。斯大林同志在 1935 年给第一次全苏联无产阶级大学生代表大会的信中,把经济学家、合作社工作人员、统计学家等经济工作人员和其他建设人才一同看作是建设新社会,建设社会主义经济和文化的领导者,他说:"没有这样的领导者就不能建设新的社会,就像没有新的将领就不能建设新的军队是一样的。"毛主席也早就教导我们:"必须学会做经济工作。"他说:"我们不但应该会办军事,会办政治,会办党务,会办文化,我们也应该会办经济。如果我们样样都能干,唯独对经济无能,那我们就是一批无用之人,就要被敌人打倒,就要陷于灭亡。"1949 年,毛主席在《论人民民主专政》中写道:"严重的经济建设任务摆在我们面前……帝国主义者算定我们办不好经济,他们站在一旁看,等待我们的失败。我们必须克服困难,我们必须学会自己不懂的东西。"所有这些,都说明我们的革命领袖是十分重视管理和建设新国家的干部的重要性和在社会主义经济建设中经济工作人员的作用,十分重视培养、训练财经干部的工作的。1949 年,当我们中华人民共和国成立前后,毛主席和党中央就决定首先创办中国人民大学,在系科的设置上,强调以财经教育为主,在教育方针上强调学习苏联,在培养对象上强调以工农为主,这对于高等财经教育的改革和发展是起了一定推动作用的。

我们高等财经教育的任务,就是要培养国家建设所必需的高级经济理论人才和财经管理人才，包括训练财经方面的在职干部在内。这个工作任务显然是重要的。正如曾副部长的报告中所说："这就是高等财经教育直接为国家的社会主义工业化与社会主义的改造服务，直接为总路线服务的光荣而艰巨的任务。"

但是，并不能因为财经教育重要就随便发展起来，而不顾整个国家计划，那是一种片面的观点。现在，国家的建设事业迫切需要大量的工业技术人才，以及理科、医科、师范等方面的人才。因此高等教育事业的发展必需根据整个国家计划来安排，着重发展和改造高等工业院校和综合大学理科、工科。在这方面，招生名额也最多，但这并不是财经教育不重要。在经济战线上，如果仅仅有生产技术人才，而没有计划、统计、贸易、财政、合作以及管理经济和经济理论工作等各方面的人才，也是不可能获得胜利的。我们的各种事业都是国家事业的一部分，都要尽量纳入计划的轨道，要互相配合，相应的发展。就是在财经教育内部，也是有的专业现实需要比较迫切些，也不能平均地使用力量，我们的工作都是国家建设所需要的，因此，任何部门的工作都不是，也不应该是什么"冷门"。

正是为了培养国家所必需的财经工作人才，所以在过去几年内，国家一方面创办了一些院校；一方面把旧财经院系进行了大规模的调整，由旧有的全国设有财经院系的高等学校 70 余所调整为 18 所；进行教学改革，改变了那些旧摊子，使之适合于国家的需要。这种改革工作本身就是国家重视财经教育的一个实际说明，也是执行"整顿巩固、重点发展、提高质量、稳步前进"的方针所采取的一个必要步骤。这件事本身就是建设性的工作，应该认为是财经教育方面一个很大的成绩，为今后发展财经教育铺平了道路。当然，这是一种过去没有做过的工作，所以遇到了很多困难。例如师资缺乏，学生质量不高，不整齐，专业设置，以至校舍设备等各方面的困难很不少。但这是客观条件必然要产生的，这是发展中的困难，我们应该有信心，有勇气来克服一切困难，而不应向困难低头。在当前的情况下，这种克服困难的革命精神是特别需要强调的。因为，如果没有这种精神，我们就很难为自己的工作创造条件。所以我觉得有再三提出来大家互相勉励的必要。就拿中国人民大学来说，我们最初只有 50 多位教员，而且都是没有财经方面的学识，但我们采取边学边教的办法来克服，并大量培养研究生，到现在我们已培养出七八百教员。没有校舍我们租用民房，因此到现在我校还分住在50余处。为了节省经费让国家能进行急需的重点建设，我们学校去年和今年都没有进行修建，我们也没有建筑大礼堂，开会、演戏和电影等都在露天广场。西郊新建教室大楼，旁边的露台用草席围绕，虽然很不美观，但我们愿在国家草创期间，仍留些乡村朴素之气，留待将来经费充足时，盖雄壮的大礼堂。还有一件事，值得说一说，去年秋季开学时，各方面调来的专修科学生大部分是在职的科长或科长以上的干部。他们来时，有一部分住在海运仓校舍旁边的南小街民房中，这个房屋很坏，我们一检查觉得这样不好，就决定让他们搬到校舍内较好的房子去住。而我们的教职员和他们调换。当我们的教职员和他们说时，他们说，我们从前在解放区时在窑洞住还是学得很好，这里比窑洞好多了，还是让你们住较好的房子，好更好地准备功课教我们。我们教职员说，你们只有一年的学习时间，让你们住好点才能安心学习。再三相让后终于使专修科学生同意搬入校内去住了。这种互助互让的精神是值得表扬可为典范的。

有人说，人民大学有苏联专家，所以能办得较好，而我们没有，事情就难办。是的，人民大学得到苏联专家很大的帮助，这是一个优越的条件，但也是克服了许多困难才达到的。首先就是需要翻译，我们开始筹备时就注重这一点，所以才能进行工作。这是需要时间的。现在各院校虽然没有苏联专家或专家较少，但已经有苏联教学计划、教学大纲、教学方法和教材等。这是人民大学已经为各院校作了一番准备工作，也正是中央先办人民大学作为试验而推广到全国去的意义。因此，人民大学有把取得的经验推广到全国去的义务。至于师资缺乏，人民大学也要帮助培养。高教部已经调了许多优秀干部到人民大学为高等学校培养师资，去年和今年已陆续毕业，分配到了各校。

财经教育是有前途的，所谓"没有前途"的想法是只看到某些表面现象而产生的错觉，是不符合实际情况的，而其结果则是会损害我们的革命积极性的。我希望我们的财经工作的同志要热爱我们的工作，提高责任感，鼓舞起积极热情，努力按照国家的需要改进我们的财经教育，完成我们光荣的任务。

其次，是加强马克思列宁主义教育。

我国过渡时期的总路线是要在一个相当长的时期内，基本上实现国家的社会主义工业化和对农业，对手工业，对资本主义工商业的社会主义改造，要逐步消灭一切形式的生产资料私有制度，使生产资料的社会主义所有制成为我国国家和社会的唯一经济基础。这是极其复杂的工作，也是尖锐的阶级斗争。我们的财经教育工作就是这种复杂工作和阶级斗争的一部分。列宁说过："我们在学校方面的工作，也是推翻资产阶级的斗争；我们公开地声明，与生活无关，与政治无关的教育——就是撒谎、是虚伪。"财经教育也和其他文化教育事业一样，应该渗透阶级斗争精神。我们培养的学生应该是忠实于社会主义事业的人才，应该是反对资本主义，为社会主义而斗争的经济战线上的后备军。我们的财经院校应该成为过渡时期思想战线上的重要阵地，要不断努力扩大和巩固社会主义思想，反对资产阶级思想，培养出为科学的社会主义所武装的全心全意为人民服务的人才。

因此，加强马克思列宁主义的教育，在我们财经院校中具有头等重要的意义。"马克思主义是关于自然和社会发展规律的科学，是关于被压迫和被剥削群众革命的科学，是关于社会主义在一切国家中胜利的科学，是关于共产主义建设的科学。"（《马克思主义与语言学问题》）只有以马克思列宁主义教育学生，才能使他们获得对于自然和社会发展规律的客观的真正的知识，使他们站在代表工人阶级与劳动人民的利益的立场，自觉地为社会主义而斗争。我们高等财经院校的学生将来是要成为高级人才的。他们如果不具有一定的马克思列宁主义的水平，那么，在复杂的阶级斗争的环境中，他们是很难发挥什么积极作用的。苏联计划学院成立开学的时候，古比雪夫同志就特别向该校强调过学员必须掌握马克思列宁主义这一点。他说："只有在掌握马克思列宁主义的理论这一基础上，才能培养出大批的计划工作干部。""计划学院的学员不但要学会用计算器，而且要把自己锻炼成为能在计划部门中作为一个马克思列宁主义者来进行活动。"我想，不但对于计划工作干部应该这样要求，对于所有财经工作干部都应该这样要求。

对学生首先要进行系统的马克思列宁主义的基本理论知识的教育。这主要是通过马列主义基础、政治经济学、辩证唯物论与历史唯物论、中国革命史这四门理论课程的教学来进行。这几门课程在各财经院校都应该作为最重要的课程，不应该有丝毫忽视。

加强马克思列宁主义教育，还要把马克思列宁主义理论贯穿到各门财经科学知识中去。也就是说，要使各门财经业务都成为建立在马列主义理论基础上的真正的科学。财经科学是政治性、阶级性很强的科学。旧教育中的财经科学与我们的社会主义的财经科学是根本对立的。对于资产阶级遗留下来的东西，我们只能是批判地吸收某些有用的成分来供我们利用。

为了加强学校中的马列主义教育，加强教师本身的马克思列宁主义的学习是一个先决条件。现在我们高等财经院校的教师们学习政治理论的要求是普遍高涨的。教师们应该在已有的基础上参加和组织经常的系统的政治理论学习，除了必须学习中国革命史、马列主义基础、政治经济学、辩证唯物论与历史唯物论四门课程外，还要经常地学习时事政策。时事政策之所以重要，因为它是我们日常生活中的问题，尤其是国内国外的重大问题。它们不但都和我们自己的利害有关，而且也使我们的学识日加丰富。因为我们目前摆着许多复杂而困难的问题，我们还没有想到好的办法，一旦党和政府提出了及时的、恰当的办法来，事实证明是正确的、成功的，这就启发我们许多智慧，这也就是理论联系实际的最好方法。

第三，要加强党的领导，加强党与非党同志之间的团结。

党的领导是我们各个院校完成教育任务的根本保证。我们的任务是这样重要，没有在党领导下，党内外同志们团结一致的努力，是不可能实现的。

我们的党是工人阶级的先锋队。工人阶级是最进步的革命阶级，是我们国家的领导阶级，是实现总路线的领导力量。当阶级还仍然存在，工人阶级还不可能整个地升到先进部队水平的时候，先锋队与工人阶级其余群众的区别就是必然的。党就是工人阶级先进分子组成的战斗的部队，它代表工人阶级乃至全体劳动人民的利益。工人阶级对国家事务的领导就是经过自己的先锋队——党来实现的。党之所以是真正的先锋队，是因为它是用社会发展的规律的知识，用革命理论，用马克思列宁主义所武装起来的，它是统一的、有组织的整体，并且和群众保持密切的联系。为了实现过渡时期的总路线，我们人民民主专政的国家政权具有决定的意义。工会、合作社、青年团等群众组织也都是不可缺少的。但是，正如斯大林同志所说："谁来决定这一切组织进行工作时所应当依照的路线，即总方向呢？哪里有这样一个中心组织，它不仅是因为有必要的经验，能定出这条总路线，而且因为有充分的威信，可以激动这一切组织实行这条总路线，以达到领导方面的一致，而排除发生不协调现象的可能呢？这样的组织就是无产阶级的党。"斯大林在谈到从资本主义到社会主义过渡时期内无产阶级专政体系内的党和工人阶级时又说过："党是无产阶级专政的基本领导力量。……党的力量就在于它把无产阶级一切群众组织中所有无产阶级优秀分子都吸收到自身中来。党的使命就在于统一无产阶级所有一切而无例外的群众组织的工作，并把它们的行动指向于一个目标，指向于解放无产阶级的目标。把它们统一起来并指向于一个目标，是绝对必要的。否则无法保证无产阶级斗争的一致，否则无法领导无产阶级群众去为专政而斗争，为建设社会主义而斗争。可是，能统一并指导无产阶级所有一切群众组织的工作的，却只有无产阶级的先锋队即无产阶级的党。只有共产党才能执行无产阶级专政体系中这个基本领导者的作用。"

　　加强党的领导，这是一个重大的政治任务，需要从多方面来努力实现。各财经学院校内的党组织起着很大的作用，应该坚决地保证在学校内执行党的政策和各级党委的指示。其中的一个重要方面，就是我们学校内的党组织要进一步贯彻党对知识分子的团结、改造的政策，要向党员加强这个政策的教育。解放几年来，非党同志们在政治上、思想上、工作上一般地已有很大进步。在总路线照耀下，许多人都确实在积极努力工作，他们的缺点也是能够逐步克服的。我们的党员同志们，应该切实执行党的政策，尊重、关心非党同志，特别是要尊重关心老教师，虚心向他们学习，帮助他们进行思想改造，引导他们学习马克思列宁主义，帮助他们发挥积极性，克服困难，做好工作。有些同志感到学校里党员少，有困难。在这种情况下，更应该多做工作，发挥党的核心作用，团结非党同志一同前进。

　　我们也希望非党同志们主动和党员团结好，帮助党做好工作。大家知道，我们党的特点之一，就在于党与群众要保持亲密联系，倾听群众的呼声，为群众服务，并引导群众前进。不是说党有什么"特权"，只能说党有更多的责任和义务，要在群众中起模范带头作用，保证学校任务的完成。希望非党同志爱护党组织，响应党的号召，对于党组织和党员的缺点，也坦率地批评。批评和自我批评是锻炼我们的一个武器，无论党员和非党员都必须用来克服自己的缺点，提高自己的工作，以互相友爱和"与人为善"的精神，使它成为互相磨砺的工具而达到团结的目的。

总之，在我们各个财经院校内，党员与非党员都要互相努力加强团结。我们的团结是要团结在总路线的政治旗帜之下，团结在党的领导的周围。我们的目的是为实现总路线，为把我国建设成为一个伟大的社会主义国家而斗争。在这个共同一致的目标之下，都不要看作"外人"，"不要客气"，而要亲密团结，关心集体，密切合作，互相尊重，互相学习，大家都来提高社会主义觉悟和教育工作能力，展开同志式的批评与自我批评，共同努力进步。

最后，这次高教部召开全国高等财经教育会议，同时召开中国人民大学教学经验讨论会，各方面和各地方许多同志都抱着一股热烈情绪来这里参加讨论，参观我校，详细访问，给了我校同志以极大的鼓舞，使我们更加感到责任的重大。在高教部的指示下，我校初步总结了并且向大家报告了关于学习苏联的各方面的经验。大家都说我校是学得了一些东西。总之，苏联经验是先进的，是在我国行之有效的。通过大家的讨论，我们就可以学得更好。这两次会议又起了加强各财经院校的联系的作用，这也是很重要的。我们中国人民大学今后一定继续给各院校以一切可能的帮助，这是我们自己应尽的一份光荣责任。我们也希望各院校继续帮助我们，把我校看成你们自己的大学，人民的大学。大家互相帮助，互相配合，互相支持，像是财经教育战线上的兄弟部队。

这次财经教育会议是一个很好的学习会，又是一个很好的团结会、动员会。我们都是各院校、系、科的负责同志，在办好财经教育上起着骨干的作用。这就是说，国家和人民给了我们特殊重大的付托。我们一定不辜负这种付托。在共产党和毛主席的领导下，在高教部的具体领导下，有苏联经验和专家的指导，各业务部门的支持，各院校间的互相帮助，只要我们依靠群众，很好地努力工作，我们是一定能够胜利完成任务的。

# 中国人民大学第五次科学讨论会闭幕词＊
（1954年12月26日）

中国人民大学第五次科学讨论会开了九天，现在闭幕了。

这次科学讨论会从举行的规模、报告的内容和讨论的情况来看，可以说是比过去前进了一步。一般地说来，这次科学讨论会提出的报告都按照中央指示，根据国家过渡时期的总任务，研究有关当前经济建设，政权建设和文教建设以及国际关系方面的一些重要问题。全会上的《关于我国从新民主主义社会到社会主义社会的过渡时期中基础与上层建筑问题》《开展技术革新运动，把劳动竞赛提高一步》《半社会主义性质的农业生产合作社如何过渡到完全社会主义性质的农业生产合作社》等论文，关于《红楼梦》研究问题所引起的批判资产阶级唯心论学术观点和方法的论文，各分组会上的《我国社会主义建设时期的阶级斗争》《鲁迅的哲学观点》《国营工矿企业的一长制》等论文，都是具有现实意义的。论文的作者们对这些题目都作过一番努力，当然，论文中所提出的一些论点和所作的阐述，还不一定都是正确的和周密的；论文中有些意见在一定程度上还是有偏差的。但是，正是由于经过大家的讨论，就帮助了作者和我们大家发现问题，提高认识，因而可以推动我校科学研究工作的前进。这次科学讨论会的一个重要意义，就在于促使我们在科学研究方面进一步地关心现实生活中具有理论意义和实践意义的问题，继续坚决贯彻理论与实践联系的方针，随同各方面广大科学工作者一道作深入的钻研和刻苦的努力。

这次科学讨论会上展开了比较广泛的自由讨论和自由批评。为了认真地辨明真理，大家热烈地进行了学术上的争论，这种现象在马克思列宁主义组、工

﹡ 中共四川省委党史工作委员会. 吴玉章文集：上［M］. 重庆：重庆出版社，1987：473-477.

业经济组和贸易经济组等分组讨论时表现得尤其显著。在讨论中间，不但有教师们参加，而且有部分研究生和高年级学生主动参加；不但有校内的同志发言，而且有不少校外的理论工作和实际工作的同志们热烈地发表意见，作了许多中肯的批评指正，提供了丰富的实际材料。可以说，如果我们准备和组织得好一些，讨论将会更加活跃。这次讨论会又肯定了，这种校内的科学工作人员和校外的理论工作和实际工作的同志们共同进行讨论的方式是必要的和良好的；这种多方面参加的、广泛的、深入的自由批评和自由讨论，是推动我们科学研究工作前进的动力。

通过这次科学的讨论会，使我们许多教师看到了研究成果，明确了进行科学研究工作的努力方向，提高了科学研究和学术讨论的积极性。

但是，在这次讨论会上也发现了一些缺点：

首先，科学讨论会的论文准备工作还是太仓促的，提交讨论的论文确定得太晚，有些论文还没有来得及请校外的有关部门审阅和提供意见，同时，也没有在教研室内外组织反复修改科学报告的小型讨论会。这种情况说明我们的科学工作进行得还不经常。特别要指出的是，有些教研室由于平常的组织工作较差，研究计划完成得不好，以致没有提出参加这次科学讨论会的论文。例如，财政系的主要专业——财政教研室和货币流通与信用教研室都没有提出论文，经济计划系的主要专业——国民经济计划教研室也没有提出论文，在经济计划分组会上只讨论了经济地理方面的一篇论文，在统计系和其他教研室也有类似的情况。应该说，这些重要的教研室，在一年一度的科学讨论会上竟提不出科学报告的情况，是一个重大的缺点。

其次，我们的科学研究与当前学术界展开的批判资产阶级唯心论学术观点和方法的斗争，还结合得不够好。虽然在全会上有与《红楼梦》研究问题讨论有关的两篇报告，但是中国语言文学教研室却没有能够提出关于这方面的论文。并且在其他各专业方面，也缺乏批判腐朽的资产阶级学术观点和方法的战斗性的论文。

再次，校内有些同志在讨论中对待学术批评的态度是不够正确的。有些发言人的准备很不充分，有些发言含混不清，没有明确的意见，有些发言采取了过于简单的否定态度，分析得不充分，批评也缺乏说理的力量，这都不是学术自由批评和自由讨论的科学态度，应当引起我们今后的注意。

最后，学校在科学研究的思想指导方面是不够具体和深入的，因而上述缺点没有得到应有的纠正。

从这次科学讨论会来看，为了进一步改进和提高科学研究工作，我们还应当注意以下的问题：

第一、在提高科学研究工作的基础上进一步开展学术自由批评与自由讨论的工作。学术上的自由批评与自由讨论的空气的形成，是我们的科学研究工作正常开展的标志。不能设想，作为一种科学研究的集体的教研室或我们整个学校，在学术上竟可以是静寂无声，没有任何问题的争论的。反过来说，通过科学讨论会等各种方式来经常进行学术上的自由批评和自由讨论，就一定能够揭露研究工作中的缺点，克服主观片面性，促使大家关心学术问题和经常深入钻研科学。在开展学术自由批评和自由讨论时，要避免分散力量，要注意配合教学的需要并且密切结合当前国家建设的实际和学术界所讨论的中心问题。

第二、加强和校外有关部门的联系和合作。科学研究工作必须是集体性的工作。这次校外许多有关部门参加我们的科学讨论会，给了我们同志式的关怀和支持，我们应当十分重视这种关怀和支持。尤其是由于我们的科学工作还处在萌芽状态，更必须取得多方面的支持和帮助，才能不断提高。各系和各教研室都应当进一步同校外有关业务部门、科学机关团体和各兄弟高等学校等加强联系，并向他们学习。在分组会总结时，要着重检查一下过去在对外联系方面的缺点，切实加以改进。

第三、正确地确定研究课题也是很重要的。科学研究的选题应当密切结合国家建设实际、教学实际和思想斗争实际。还应当注意适当组织综合性的课题，以便系统地深入研究专业。例如农业经济教研室关于"中华人民共和国农业生产合作社的组织和经验"共提出九个问题的综合研究，就是很有意义的。过去计划中没有得到应有的解决的问题还要继续研究，不要"浅尝辄止"。有些较大的题目还可以进行长期钻研，写成专门著作。例如这次中国革命史分组会上提出的报告《中苏人民伟大友谊的历史》的原稿全文，就是经过了两年以上时间的研究而作成的。有些对于国家建设与科学研究意义重大而争论未决的问题，如我国过渡时期经济法则的作用问题，中国封建社会的产生及汉民族的形成的时期问题等，需要坚持长期艰苦的努力，从事深入的研究和讨论。在教学过程中存在的问题，有些是经过努力可以解决而没有解决的，各教研室应注意组织力量，必要时共同进行研究和讨论，以提高教学的科学水平。各个分组还应当根据这次讨论会的经验教训，适当修正和补充1954—1955学年的科学研究工作计划，特别是要注意增加当前学术界正在广泛开展的批判资产阶级唯心论的课题，引导教师们勇敢地、严肃地参加到这次思想斗争中来。

第四、在各分组讨论中，有不少同学表现了积极性，主动要求发言，这种对科学研究的兴趣应当受到重视和鼓励。我们学校的各教研室在科学研究方面的任务，不但是要把教师的研究工作组织好，而且还要善于引导研究生及高年级学生进行科学研究工作，培养他们独立工作的能力。所以，要注意这次科学讨论会在同学中所起的影响，适当地吸收研究生参加科学研究工作，抓紧学生科学小组的活动计划，把同学们的科学研究工作有力地推动起来。

在结束这次科学讨论会的时候，让我们感谢报告人和全体参加科学讨论会的同志们的努力，再一次地感谢来宾同志们给予我们的勉励和苏联专家们给予我们的指导。

# 庆祝莫斯科大学成立二百周年[*]
（1955 年 5 月 7 日）

今年五月七日是苏联国立莫斯科洛蒙诺索夫大学成立的二百周年。莫斯科大学一开始就接受了西欧进步的自然科学和社会科学并逐渐加以发展，在过去悠久的历史中，它对自己祖国的文化和世界文化作出了极有价值的贡献，它的名字是和赫尔岑、别林斯基、莱蒙托夫、乌申斯基、列别节夫、季米里亚切夫等许多伟大天才和卓越学者联系在一起的。在十月社会主义革命以后，由于苏联共产党和苏联政府的关怀，莫斯科大学走上了无限宽广的新的道路。数十年来，莫斯科大学在掌握马克思列宁主义理论的基础上，吸收了优秀的文化遗产，为发展苏维埃科学作出了巨大的成果，同时为国家培养了许多各族劳动人民的专家。现在，莫斯科大学已经光荣地成为苏联科学与教育的重要中心，成为社会主义文化繁荣的杰出标志。建筑在列宁山上的莫斯科大学新校舍，超过了人类文化史上任何时代任何学校建设的规模而被全世界称誉为一座壮丽的"科学宫"。

循着社会主义文化革命和建设的道路发展起来的莫斯科大学，是我们各兄弟国家的高等学校的榜样和挚友，它给予了中国和各人民民主国家以珍贵的同志的帮助，促进了社会主义国家之间的友谊和文化交流关系。可以说，作为苏联的最高学府的莫斯科大学是具有世界意义的大学。

因此，我们庆祝莫斯科大学的校庆，也就是庆祝世界科学的进步，庆祝苏维埃社会主义文化的胜利。

对于莫斯科大学的庆祝将更鼓励我们中国的高等学校教育界与科学界更好

---

[*] 光明日报，1955-05-07（2）.

的学习苏联。莫斯科大学本身就是值得我们学习的一个具体范例。

我们中国接受现代的自然科学和社会科学都落后于俄国一百多年。以马克思学说而论，如果以马克思对于资本论俄文初译本的评论，估价很高，那末，中国人接受马克思学说也落后于俄国不下五十年。十月革命给中国送来了马克思列宁主义，中国共产党成立后，马克思列宁主义有极大的发展，但还是不免幼稚。现在我们国家的社会主义建设迫切需要发展科学和培养人才，我们现有的水平又还十分落后，这种情况表明，学习苏联乃是我们一个迫切的、长时期的严重任务，在这个学习上必须勇敢前进，坚持不懈。

我们不但要向莫斯科大学以及整个苏联教育界与科学界吸取科学研究的成果，而且要吸取他们丰富的工作经验。关于掌握马克思列宁主义作为一切工作的指针，接受文化遗产，组织科学力量，树立健康的研究作风，开展学术上的讨论和批评，按照国家需要培养合乎规格的、德才兼备的青年干部等等，在所有这些方面，苏联的经验都是我们的宝贵借鉴。

应该着重指出的是，在苏维埃时代里，莫斯科大学和整个苏联的科学界一样，他们的科学工作是在马克思列宁主义的指导下，通过对资产阶级唯心主义思想的斗争而不断前进的。科学的任务在于研究客观世界的规律性，以指导人们的社会实践，指导我们的社会主义建设各方面的工作。而马克思列宁主义，特别是马克思列宁主义哲学，即辩证唯物主义和历史唯物主义，就是使科学工作者认识客观世界的规律性的唯一正确的指针，是科学事业得以健康地发展的基本保证；与此相反，学术领域中的资产阶级唯心主义，则是阻碍和戕害科学的大敌。只有在世界观这个根本问题上有了正确的解决，我们的科学工作和高等教育工作才能胜利的前进。现在我们党中央已经指出，要在知识分子中展开辩证唯物主义和历史唯物主义的学习和宣传，展开对于资产阶级唯心主义的批判和斗争，以取得社会主义在思想战线上的胜利。这个号召对于我们高等教育界和科学界具有特别重要的意义。在这个方面，莫斯科大学和苏联的经验尤其值得我们努力学习。

我们向莫斯科大学表示热烈的庆贺，并且衷心地预祝它和整个苏联科学界在伟大的共产主义建设中不断地作出卓越的新贡献。

# 《人民大学周报》复刊[*]
（1955年9月10日）

《人民大学周报》现在复刊了，这是必要的和适时的。

现在是正当我们学校成立五周年的时候。在过去五年当中，学校工作曾经取得了相当的成绩。今后随着社会主义建设事业的发展，国家对学校教育的要求将日益提高。根据今年五月全国文教工作会议的决议和高等教育部的指示，高等教育今后应以改进教学、提高与保证质量为中心任务。这一方针是完全符合我校当前的实际情况和今后继续发展的需要的。我们的学校是直接为国家培养建设人才的一个组织单位和阶级斗争在政治方面与思想方面的一个重要阵地，因此，学校工作质量的好坏问题就是一个密切关系到社会主义建设事业进度快慢的问题。我们必须加强党的领导和动员群众的积极性，提起高度的政治责任感，来保证贯澈提高质量的方针。

《人民大学周报》应该成为党在全校学工人员群众中进行宣传和组织工作的一个有力工具，帮助党为提高学校教育质量而斗争。在宣传马克思列宁主义思想与党的方针、政策、决议方面，在宣传党的生活与群众生活方面，在宣传提高教师的理论修养与业务水平方面，在推动改进教学与指导学习方面，以及在鼓励科学研究等方面，《人民大学周报》都应该表现出自己最大的积极作用。

大家知道，报刊是进行批评与自我批评的最尖锐的武器。《人民大学周报》应该充分发挥这个特性，根据党关于在报刊上展开批评与自我批评的决定，在党组织的领导和支持下，采取坚持原则、认真负责、实事求是的态度，经常开展正确的、健全的批评与自我批评，特别是自下而上的批评，以推动改进工

---

[*] 人民大学周报，1955-09-10（1）.

作，加强党的团结和全校的团结。它应该对学术领域中、实际工作中和群众意识中的资产阶级思想进行坚决的斗争；当前应该特别注意反对在科学的道路上故步自封、骄傲自满、庸俗自安的危险情绪，这种情绪是妨碍我们提高质量的主要阻力。

《人民大学周报》应该成为真正群众性的报纸。要做到《周报》关心群众，群众关心《周报》，把这两方面结合起来。首先是《周报》要面向群众，深入了解学工人员的教学生活与思想动态，生动地反映群众生活中的新气象，表扬群众的积极性和创造性，正如列宁所说的那样"用生活各方面的生动具体的例子和榜样来教育群众"；要努力做到立论正确，言之有物，文字清楚通顺；要做到一定按时出版；要逐步建立自己的积极分子网并给予各单位的黑板报以指导，这样来密切与群众的联系，并取得群众的喜爱与信任。同时，全校学工人员也要关心这个报纸，积极反映情况，多多写稿写信，提出意见。在这个方面，特别需要党的各支部、青年团支部以及工会、学生会等群众团体进行一定的组织工作。

我们相信，《人民大学周报》的复刊将受到全校同志的欢迎。希望《周报》每一期发行的千百份报纸像战斗的号角一样，又迅速、又广泛、又深入地把党的新近的战斗号召及时地传遍全校，成为推动各项工作的巨大力量。

## 在全国青年社会主义建设积极分子大会的讲话[*]
（1955年9月16日）

全国青年社会主义建设积极分子大会就要在北京举行，这是一件十分令人兴奋的事情。

人们平常都说，青年时期是宝贵的，一个人是从这个时期开始走上独立生活的道路。但是，有各种各样的青年时期。青年们未来的道路不能离开他们所处的社会环境，并且在很大程度上取决于他们在这个时期所受的教养和自己生气勃勃的努力。在国家的关怀和共产党的教育下，我们中国新的青年一代在成长起来。他们的前途是和国家的社会主义前途一致的，他们应该立志确定的毕生的任务就是为了实现社会主义而贡献出自己一切力量。

为了实现我们的伟大事业，国家希望青年们个个都成为社会主义建设的积极分子。社会主义建设积极分子这个光荣称号就是表示：要以自己对祖国的无限忠诚和全部的知识技能，积极参加劳动生产，积极参加阶级斗争，在劳动生产中和阶级斗争中都作出最大的贡献。

青年们应当了解：建成社会主义必须依靠广大人民群众的积极劳动。只有劳动能够创造出社会主义社会所需要的丰盛的物质财富和文化财富。不经过艰苦努力的劳动，就不能建立幸福的社会主义社会。我国人民现在的任务就是，要在几个五年计划之内，依靠自己的积极劳动来在我国基本上建成社会主义社会。所以，当青年们在决定自己生活的道路之时，首先就要立志做一个诚实的劳动者。做一个懂得劳动的真实意义、热爱工作的人，以自己的劳动对人民作出贡献的人，这才是有价值的人。好逸恶劳，自己不好好劳动而坐享他人的劳

---

[*] 光明日报，1955-09-16（2）。

动成果，那是最没有出息的，可耻的。

不久以前，国家正式公布了第一个五年计划，这个计划的胜利实现要取决于全体人民和青年的积极劳动。在各个岗位上的青年都应该以严肃的态度对待自己的工作，尽最大的努力，为完成和超额完成国家计划规定的任务而斗争。青年职工和各方面的工作人员，应当遵守劳动纪律，创造性地工作，努力提高劳动生产率或工作效率，并且在实际工作中用功掌握业务技术，使自己成为在劳动战线上的能手。广大的农村青年应该积极动员起来，迎接农业生产合作化运动大发展的形势，成为农业合作化运动中的突击队伍和农业技术改革中的活跃力量。为了把我们的劳动成果用来有效地增强社会主义建设的物质力量，青年们应该积极响应我们党厉行节约的号召，对浪费国家资财的现象作坚决斗争，成为社会主义财产的英勇保护者。

青年们应当了解：建设社会主义必须经过激烈的阶级斗争。在阶级社会中，人们的生产斗争总是和阶级斗争分不开的。在我国过渡时期中正在进行的社会主义革命是以最后消灭阶级和剥削为目的的，因此，现时的阶级斗争必然是异常复杂和日益尖锐。国内外的一切阶级敌人，一切仇恨社会主义的旧势力，不甘心于他们的失败，一定会肆行疯狂的破坏，直至妄想实现反革命的复辟；而一切拥护社会主义的力量，我们共产党领导的、建立了强大的国家政权的人民大众，则一定要把这一切敌人彻底打倒。过渡时期的这种阶级斗争经过各种复杂形式，在政治、经济和思想等各个领域内展开，而青年们的每一个具体岗位就都是阶级斗争总的战线中的一个阵地。现在，一个轰轰烈烈的肃清一切反革命分子的运动正在全国范围内展开。这种同一切公开的和暗藏的反革命分子的斗争，是今天阶级斗争的最尖锐的表现形式。依靠领导机关的正确指导和人民群众的高度觉悟相结合，这个运动正在取得伟大的胜利。只有在尖锐的阶级斗争中战胜敌人，才有社会主义建设的成功。这是青年们必须懂得的一条根本规律。

在阶级斗争方面，青年们有着一个很大的弱点，这就是缺乏阶级斗争的知识与经验。他们由于年纪尚轻，没有见过多少世面，没有经过多少斗争的风雨，对阶级斗争的历史教训与现实情况所知很浅，因而往往容易产生一种政治上的盲目性。他们常常是抱着一种天真幼稚的态度来观察复杂的社会现象，只注意生产和业务而不爱过问政治时事，喜爱个人狭小生活圈子中的安逸，容易被家庭、亲友等世俗关系模糊了对敌人的阶级界限。凡此种种，都造成了危险的空隙，于是敌人就乘虚而入，狡猾地利用青年的弱点，顽强地和我们革命力量争夺青年。大家知道，在苏联，托洛茨基反革命分子们就曾经用百般阿谀青年的手段，挑拨他们与老布尔什维克的关系，企图使青年们变成为他们反革命利用的工具。不久以前在我国被揭发出来的胡风反革命集团的一个重要反动策略，就是用各种阴险手法来拉拢青年，特别是利用那些有缺点的青年，使之离开革命立场而陷入他们的罪恶的圈套。这一类的教训值得我们深刻记取。

这里还应该特别指出剥削阶级思想，特别是资产阶级思想对青年的侵蚀。历来的剥削阶级在政治上和经济上压迫劳动人民的同时，总是伴以在思想上的毒害，以巩固他们的反动统治；即使反动统治被推翻，反动的思想还会相当长久地残存下来，发生破坏作用。在我国现在的情况下，除了已被消灭的阶级的思想余毒以外，还有资产阶级仍在采取各种手段向劳动人民和我们的青年散播他们的唯心主义、个人主义、损人利己、享乐至上等腐朽思想，同时宣扬他们那种腐化寄生的生活方式，以求达到从生活上腐化与思想上侵蚀劳动人民和青年进而至于从政治上俘虏他们。由于一般青年的幼稚，他们常常更容易受到毒害。这种侵蚀是对于社会主义建设的十分危险的敌人，它的蔓延就意味着社会主义思想的削弱。因此，抵制资产阶级思想的侵蚀，加强社会主义思想的教育，是阶级斗争的一个重要方面，是保护我们革命的青年一代的重要任务。

在目前阶级斗争的形势之下，国家需要英勇坚强而又善于进行斗争的青年人。我们的青年是伟大革命事业的继承人，应当坚定自己的阶级立场，力求懂得阶级斗争的道理，克服自己在政治上幼稚的弱点，划清与剥削阶级的界限。青年们应当加强自己的社会主义思想修养，学习共产主义的道德品质，抵制资产阶级思想的侵蚀，忠诚老实，明辨是非，严肃自己的行为。青年们更应当提高警惕性，学会辨别好人和坏人的本领，勇敢地参加到当前的阶级斗争中来，对一切反革命分子和一切危害社会主义利益的现象作不调和的斗争，这样来保卫社会主义建设，保卫青年的远大前途。

在劳动生产中和在阶级斗争中，都必然会遇到自然界和阶级敌人所给予我们的种种困难。从整个建设事业方面来说，我们现在的困难是一种国民经济在繁荣发展中的困难,是新生的社会力量为自己开辟道路中的困难,也就是前进中的困难。在这种前进的运动本身之中就包含着克服困难的因素。这种困难反可以坚定我们的斗志,增长我们的智慧,这也就是古语所说"困难玉汝以成"。青年们在实际工作中面临困难的时候,应该认识到我们是代表新生方面的社会力量,又有共产党教导的关于世界的客观规律性的认识为斗争的依据,因此,我们可以藐视大大小小的一切困难,把它们放在"不在话下"的位置;我们在进行对每一个具体的困难的斗争的时候,则要重视困难,以便努力把它们克服下去。在总的方面藐视困难和在具体的斗争中重视困难,这就是党教导我们的战胜一切困难的指导原则。

一般地说,现在的青年们容易产生两种对待困难的不正确态度。一种是把社会主义建设事业看作轻易的事情,不估计困难,盲目乐观,急于求成。另一种是缺乏克服困难的勇气与毅力,害怕困难,遇到挫折就灰心丧气。通常的现象往往是开始工作时对困难估计不足,遇到阻碍以后又过于害怕困难,畏缩不前。为了克服这种毛病,青年们应当按照党所教导的那样正确地对待困难,养成坚忍不拔,生气勃勃,不怕困难的品质,认识客观事物的规律和斗争的复杂性,勇敢地迎接困难并学会克服困难的本领。事实上,在这方面已经有很多青年表现了优秀的榜样。例如,他们能够在劳动战线上冲破保守主义的重重障碍,刻苦钻研而创造出出色的成绩,能够发起组织青年志愿垦荒队向荒地进军,能够勇敢地站在马克思主义立场上向学术领域内的资产阶级唯心主义发动胜利的进攻。这种在党的教育下成长起来的新的英雄气概应该大大地把它发扬起来。

为了建设社会主义,就必须掌握劳动生产和阶级斗争的知识,即文化科学技术和马克思列宁主义,否则就只有在复杂的斗争前面束手无策或者陷于盲动之中。取得知识的道路,只有刻苦学习。这对于任何实际参加建设而不是空谈的人,都是明显的道理。这个道理对于青年尤其重要,因为青年时期既是应该求知识的时期,又是最适于长知识的时期。我国有一句古话:"少壮不努力,老大徒伤悲。"这句总结了无数前人的生活经验的警语对于今天担负着建设重任的青年是更加恰当的。青年们都应该加紧努力学习,以便把自己造就成对国家有用的专门人才。我们所学习的应该是帮助我们从事劳动生产和阶级斗争的真实的知识，必须力戒虚浮的习气。在中国的历史上，传统的虚浮习气曾经为害不浅。我国过去在长时期内虽然出现了不少真正对民族文化有贡献的人，但是他们在当时常常得不到重视，充斥在社会上的反而是一辈一辈的空疏无用的所谓"读书人"和不学无术、求名求利的市侩，他们并不能给予社会以什么贡献。现在，在我们的青年们中间，应该坚决地把这种旧社会的虚浮习气清除干净而形成一种完全新的科学风气，使自己成长为有真才实学的人。

这里，我还想着重指出一种相当普遍的现象。有不少的青年似乎还只是在口头上谈论学习而不是老老实实地用功学习。他们总是借口工作太忙、条件不好、读书实在太苦以及来日方长等等来掩饰自己的懈怠。这种现象如果不克服，将会给建设事业带来不小的危害。他们应该明白：空谈学习是有害无益的。学习必须采取老老实实的态度，刻苦耐劳，顽强不倦，用功读书，仔细研究实际斗争，虚心向他人请教。已经参加了工作的青年们，应该把在实际工作中的学习和有计划有系统的业余学习结合起来，用这样的办法，持之有恒，循序渐进，不懈地坚持下去，是一定能够有效地提高自己的水平的。至于在各级学校内学习的青年学生，他们的基本任务就是学习，应该按照国家所定的规格，好好准备自己，以便将来有把握地走上工作岗位。

年长一辈的革命的人们有一种共同的宿愿，这就是希望把自己最好的经验都传授给后辈，希望他们能够超越前人的水平，把革命事业接替下来并且发扬光大。大家都愿意一遍又一遍地向他们传达众所周知的革命道理，这实在是一种有益的帮助。对于青年们自己，重要的问题还是用实际行动表明自己已经真正体会了这些众所周知的道理。我们现在是个英雄辈出的时代，青年积极分子不断地涌现出来，呈现一片繁盛兴旺的气象。我衷心地希望青年们个个都在劳动生产中和阶级斗争中锻炼成为社会主义建设的积极分子，为社会主义事业贡献出自己的一切力量。

## 开展群众性职工体育运动，是保证完成第一个五年计划的重要条件[*]
（1955 年 9 月 22 日）

为了培养社会主义建设的各种专业建设人才，为了提高人民的文化水平，中华人民共和国发展国民经济的第一个五年计划向全国教育工作者提出：在第一个五年计划时期内，不但要在数量上发展高等教育和普通教育，而且特别要提高教育质量。这样一个光荣而艰巨的任务，就不可避免地向全体中国教育工作者要求：除了提高自己的政治水平和业务水平之外，还要提高自己的健康水平，才能胜任愉快。全体中国教育工作者，对于党中央和毛主席关于开展职工体育运动是一项重要政治任务的指示，对于开展职工体育运动、改善职工健康状况、增强职工体质对推进社会主义建设和巩固国防的密切关系，都应该有进一步的更明确的体会。不能设想，一群文质彬彬、弱不禁风的教师，能够胜任愉快地担负起目前日益繁重的教育任务，把青年一代培养成为德才兼备、体魄健全的社会主义事业的建设者和保卫者。

全体中国教育工作者热烈拥护全国第一届工人体育运动大会，在第一个五年计划公布之后接着举行这样一个运动会，是非常适时的。这个体育运动大会可以在全国范围内，在各个产业中，进一步推动群众性的职工体育运动，达到增强职工体质、提高劳动效率，为保证第一个五年计划的完成，提供一个不可缺少的条件。中国教育工会为迎接这次大会，曾进行了自下而上的选拔工作，已经把教工群众体育运动向前推进了一步。

当着第一届工人体育运动大会球类竞赛揭幕之际，我们向教育工作者们提出几点希望：

---

[*] 光明日报，1955-09-22（2）.

第一，全体教育工作者要把体育运动提高到政治高度来认识，使大家了解：体育运动不仅关系个人的健康，更重要的在于它是完成五年计划、建设社会主义、保卫祖国不可缺少的一项重要工作。因此，应该自觉地、积极地参加体育运动，以增强自己的体质，提高工作效率，保证更好地完成第一个五年计划中自己所担负的工作。

第二，教育工会各级组织及领导干部要认真研究党中央、中央体委和全总关于开展职工体育运动的指示，把体育运动和工会的生产、生活、教育工作结合起来。不但要使体育运动为生产服务，把体育运动当作文化娱乐的一部分，尤其重要的是要把体育运动当作工会联系群众、向群众进行共产主义教育的一种重要方法。因而要很好地研究教育工作者劳动与生活的特点，适应不同年龄、不同性别、不同健康程度的人的需要，开展室内户外各种形式的体育运动，务使广大教工群众都有机会参加适当的体育运动；同时，为了利于体育活动的经常开展，也应该根据需要与可能的原则，把体育运动的团体和工作机构逐步建立起来，把体育运动的干部逐步培养和配备起来。

第三，参加这次运动大会的教工代表队的全体队员及职员，在运动中发扬社会主义的体育道德作风，坚决防止个人主义、锦标主义、不服从裁判、故意伤人等资产阶级思想作风；在胜利的时候不骄傲，在失利的时候不自馁；在任何情况下都要与本队的及别队的同志保持亲密团结，互相学习；要有高度的纪律性和组织性；要在高度的集体主义精神下表现顽强坚忍，百折不挠，有始有终的革命英雄主义。尤其重要的是在运动大会结束后，把大会的精神带回本单位，作为本单位的推动体育运动的骨干分子，并带动周围单位，把群众体育运动开展起来。

谨祝第一届工人体育运动大会成功，祝全体运动员健康。

## 发展中日两国教师间的友谊*
——在欢迎日本教职员工会教育考察团宴会上的讲话
（1955年10月25日）

日本教职员工会教育考察团来中国访问，我代表中国教育工会表示热烈欢迎。中日两国教育工作者这几年来已经有了一些联系，建立了友谊。但是，日本组织较大的代表团来中国访问这还是第一次。这次访问证明了中日两国教师友谊有了进一步发展。中日两国人民文化往来已有一二千年历史了，在往来中，彼此互相学习。二十世纪初，中国就有很多青年到日本学习，他们回国后把在日本学到的知识教育中国青年，这对我们帮助是很大的。从我个人经验来说，我是得到很大帮助的。1903年我在日本读到了一些对于中国情况描写的书籍，例如《中国与外国条约汇编》，使我了解到中国与帝国主义签订了很多不平等条约。那时中国被帝国主义划分成许多势力范围，而划分势力范围，在日本出版的《殖民政策》一书中就说明了是殖民地的一种类型。当时中国留学生读到了这些书后，使我们提高了革命思想和推动了革命热潮，从而促进了我们为中国求解放的斗争。日本的很大特点是翻译各国出版的新书籍快而多。当时日本有许多学说，有本著名的《社会主义神髓》（幸德秋水编），它痛切地叙述了人压迫人、人剥削人的罪恶事实，使我很倾向社会主义的愿望，这些新学说影响了中国革命运动和革命思想的发展。所以1905年孙中山先生在日本组织了革命同盟会，并提出三民主义，即民族主义、民权主义、民生主义。这些各位都很熟悉，我不为详细解释。特别是民生主义，孙中山先生讲，就是社会主义和共产主义。虽然他那时的民生主义不完全与现在的社会主义相同，但那

---

\* 中共四川省委党史工作委员会. 吴玉章教育文集［M］. 成都：四川教育出版社，1989：320-322.

时大家的要求和愿望是这样的。所以中国革命在第一时期得到广大人民拥护，并于1911年取得了辛亥革命的胜利。但是帝国主义列强不甘心中国人民取得的胜利，就先后把民族败类袁世凯、段祺瑞、蒋介石扶持起来，与我们作斗争，因此，使得革命一次又一次的失败。但是敌人压迫得越厉害，革命力量越发展，使我们认识到外国力量及国内反动势力结合的压迫不仅吓不倒我们，反而促使我们进步。我们每一次失败，革命就更前进一步，更进一步的理论也出来了。所以我认为应该感谢日本进步人士给我们的帮助。虽然日本那一时期的教育不完全是好的，但是他们好的地方我们把它吸收到了。我们所以能够取得革命胜利，一方面是我们理论的提高，另一方面是我们不屈不挠的斗争才取得的。现在使我们感到日本人民受到外国帝国主义压迫，有些地方像中国过去受的痛苦一样，所以，现在日本广大人民、进步人士、教育界都为和平独立斗争，我们认为这是很好的。我们相信日本人民会团结起来，特别是教育界先生们会领导人民解放自己、争得独立。根据我们的经验，只要广大人民和知识分子、进步人士团结起来，不屈不挠的斗争，是完全可以胜利的。中日两国人民过去是、现在是、将来也是永远作为好朋友的。如果在日本有任何外来因素阻止日本人民要求独立和平的斗争，日本人民会起来消灭这种因素。中国人民由于自己深受过这种痛苦，非常同情日本人民反对外国侵占和压迫的斗争。中国教育工作者为培养建设人才和建设自己的国家，需要一个和平环境，因此对日本教师们为和平进行的英勇斗争特别关怀和支持，愿我们两国教师永远团结起来争取持久的和平。你们可以相信，这次考察将会得到中国教师的广泛帮助和支持。请允许我提议，为和平民主与友谊及代表团朋友们的健康干杯。

# 在中国人民大学马列主义夜大学第二届学员毕业典礼上的讲话*
（1955年10月30日）

夜大学第二届学员毕业典礼于十月三十日在海运仓礼堂举行。

大会宣布开会后，首由夜大学校长、党委书记崔耀先同志作报告（全文另发），继由吴玉章校长讲话。他首先从理论上和实际需要上指出了学习马克思列宁主义理论的重要性。他说，我们的广大干部，过去一直坚持革命斗争，现在仍然要进行繁重的工作，没有机会来很好的学习，我们的理论是很不够的。目前，我国正处在伟大的社会主义建设时期，如果没有马克思列宁主义的理论，就不能适应形势发展的需要。我们的党是一向很重视我们的理论学习的，党和政府决定今后大力举办业余教育来提高在职干部的理论水平，我们的夜大学就是本着这个方针创办的。接着，他以许多生动的实际事例强调地说明了学习必须联系实际，必须用马克思列宁主义的理论来观察和处理我们生活中的实际问题。我们夜大学的四门课程，都是马克思列宁主义的基础课程，同学们虽然毕业了，并且成绩很好，但仅仅是学习马克思列宁主义理论的开始，今后还应继续努力学习，并把学到的理论运用到实际工作中去。最后，他指出，我们的夜大学办得是有成绩的，同学们的学习成绩就可以证明，但缺点是免不了的，他要求大家多提意见，并号召大家把办好夜大学的工作看成是自己的事情，以便改进夜大学的工作和提高教学质量。

---

* 人民大学周报，1955-11-19（1）。

# 为贯彻执行提高教育质量的方针而斗争[*]
（1955年11月18日）

在过去五年中，中国人民大学在中央的领导和深切关怀下，由于苏联专家的热诚帮助和全体师生员工的团结努力，已经取得了相当成绩。历年来本科各系毕业学生将近二千人；各届专修班毕业学生达五千九百人；研究生，包括马克思列宁主义研究班的同学在内，毕业人数也有二千人。这样，中国人民大学一共为各个部门训练和输送了将近万名干部。中国人民大学函授教育在北京、天津、太原三个大城市试办了两期，第一期学生一千四百多人已经毕业。在校学生成绩逐年地有所提高。中国人民大学大力地进行了师资的培养工作，几年来教员力量生长很快，不但大体上保证了本校的需要，而且支援了其他高等院校。教学工作不断地有了改进，科学研究工作也已普遍展开，几年来完成的科学论文，包括五次科学讨论会宣读的论文在内，共计七百五十篇；有些科学成绩受到了学术界和业务部门的注意。教材的编写翻译工作有很大进展，几年来共出版教材二千零八十七种，七百六十五万册。图书的积累已达二百零二万多册，校舍建设亦在陆续进行。五年来，中国人民大学和各院校建立了日益密切的联系，同北京大学及北京师范大学制订了互助合同，从而把三校之间的这种联系更加巩固了下来。在1954年高等教育部召开的中国人民大学教学经验讨论会上，系统地总结和介绍了工作经验。

可以看到，我们过去所做的工作，在一定程度上适应了国家在经济恢复时期和五年计划的头两三年中的迫切需要，并且为学校本身的进一步发展准备了条件。但是，大体上说来，过去五年只是一个打基础的时期，只是实现中央创

---

[*] 光明日报，1955-11-18（2）。

办中国人民大学的指示的初步，为满足当时的实际需要所采取的各种过渡性办法。今后则需要随着国家建设事业的推进而逐渐加以改变。我们工作中的许多缺点还有待大力加以克服。我们决不能满足现状或停留在现有的水平上，必须按照国家的社会主义建设的需要，按照党和政府的政策，毫不松懈地迎接新的任务。党要求我们一定要把学校办好。一个社会主义性质的、具有高度学术水平和完善组织体系的高等学校的建设，是一个长时期的艰巨事业。我们将以过去五年为起点，努力向着这个目标前进。

现在中国人民大学面临的中心问题是教育质量问题。还在1952年底，当着经济恢复阶段结束的时候，我们学校在上级的指示下曾经提出了提高教育质量的方针。国家建设的形势越是发展，提高质量的问题就越是显得突出，并且越是为全校师生所普遍感觉到了。不久以前，我国发展国民经济的第一个五年计划已经正式公布。关于五年计划的报告中指出：培养大量忠实于祖国、忠实于社会主义事业、身体健康和具有现代科学知识的专门人才，是在五年计划中必须完成的重大政治任务之一。又指出：在高等学校中培养建设干部，今后应该着重提高质量，同时兼顾数量。今年全国文化教育工作会议的决议也指出了高等学校应以提高质量为重点。社会主义建设事业本身的高度科学性及其斗争的复杂性，要求高等学校培养出来的干部在政治上和业务上都是质量合格的。高等学校的科学研究也要努力提高水平，才能对实际工作发生指导作用。以中国人民大学的情况来说，我们过去所培养的学生一般地都还缺乏熟练的业务能力，少数学生质量相当低下；我们的师资条件和科学水平都还很差，教学的程度实际上一般还较粗浅。关于提高高等教育的质量这项十分重要的方针指示，对于我校是完全合宜而适时的。应该说，现在如果不去努力提高质量，那末，我们培养的学生就将难以满足五年计划建设工作日益增长的要求，而造成建设事业的损失；学校本身的进步也将会停顿不前。因此，我们学校的迫切任务就是为贯彻执行提高教育质量的方针而斗争。

为提高教育质量而斗争，这就要遵循党的方针政策，认真深入地学习苏联并结合中国具体情况，在现有的基础上，动员一切力量，积极工作，努力前进。为了贯彻执行提高教育质量的方针，中国人民大学领导上曾经传达了全国文化教育工作会议的决议，又在今年暑假总结了上学年的工作和部署了本学年的工作重点。今年招收的新生，在大力培养工农知识分子的基本原则下，文化水平、政治条件和健康情况都已比以前更好。本科各系学制将先后改为五年制，专修科修业期限则延长为一年半，教学计划也做了一些调整，并且设法改变了一年级理论课程负担较重的现象。中国人民大学将继续组织编写和按专业检查教学大纲和讲义，继续改进教学方法和对学生学习的指导。我们将从各方面进一步地贯彻执行理论联系实际的教育方针，注意在教学和科学研究工作中反映五年计划的内容和国家建设的实际，批判资产阶级思想。要加强对学生的政治思想教育，使课内系统的政治理论教育和课外经常的思想工作更好地结合。肃清一切反革命分子的斗争已经取得了很大的胜利，并将继续深入进行。体育健康工作要更加重视，群众性的"劳卫制"锻炼要更广泛地推行。逐步加强这些工作，就将在提高教育质量方面收到显著的成绩。

但是，提高教育质量的中心关键还在于提高教员质量。在学校里，教员直接把知识传授给学生，并对学生的思想品德给予影响。"师高弟子强"，如果没有德才兼备的教员，就难以培养出德才兼备的学生。中国人民大学在过去几年中已经形成了一支具有相当力量的教员的队伍，其中包括少数老教授和大部分年青的新教员。教员同志们进步很快，方向也是正确的，他们对于革命的教育事业和科学事业怀着高度热情，对党的号召总是积极响应。但是，我们的青年教员们普遍地存在着科学水平不高、知识领域狭小的缺点，很多人是采用"边学边教"的办法走上教学岗位的，在科学上和教学上都是缺乏根柢和经验的新手，马克思主义的理论修养和政治斗争的锻炼也很不足。因此，学校正在采取各种步骤大力提高教员的水平。除了陆续选派教员在国内外进修以外，主要地将是帮助教员按照不同情况在职提高，即聘请专家作短期讲学，发挥教学骨干和老教授的指导作用，组织按照副博士必读参考书目进行学习，加强科学研究工作，组织参加实际工作的调查研究，更好地安排教员的时间以及加强督促检查和具体的业务指导等。对于教员自己来说，则应当把提高科学水平当作自己的严重的政治任务来看待，下定决心来补习自己不足的知识，刻苦钻研科学，丝毫也不要松懈自己在科学的道路上前进的意志。高等学校的教员岗位就是科学岗位，我们的每一个教员都必须毫无例外地努力争取成为科学干部。务必切实努力，不要满足于一知半解的粗浅境地，不使提高的呼声流于空谈。在旧中国的知识分子中间，包括为人师表者在内，存在过一种极其有害的传统的虚浮习气，一般读书人总是不去深研真正的学问，而是清谈论道，空疏无用。这种习气遗留下很坏的影响。我们站在社会主义岗位上的教员同志们，一定要坚决排斥这种习气，而形成新的科学风气。在提高科学水平的同时，教员们还必须努力提高自己的政治水平。社会主义革命时期，阶级斗争比以往是更加尖锐和复杂。像谢韬这样阴险的反革命分子能够暗藏在我校教员中间，窃取马克思列宁主义宣传员的名义，暗中散布反动影响，这不能不是一个严重的教训。现实的事实证明了，我们这样的高等学校是一个显得很突出的阶级斗争的重要阵地。必须使我们的学校充分地发挥宣传马克思主义和先进科学的作用，胜利地向资产阶级思想作斗争。因此，我们的教员应当不断地提高马克思列宁主义的水平，提高政治觉悟和思想修养，提高政治警惕性，坚持各门科学中的马克思主义原则。这样，我们教员的负担当然是很重的，但是这种负担是不可免的，我们有理由说，只要善于努力，在我们的教员身上实现政治修养和业务修养的统一是完全可能的。教员的科学水平和政治水平提高了，教育质量的提高就有了基本的保证。

  提高教育质量的直接效果表现在学生身上。学习成绩的好坏是和学生自己的努力分不开的。我们学校过去几年的毕业生一般地都得到各业务部门的重视，但是普遍感到业务能力还不能满足工作的需要，少数学生政治质量低和思想作风不良的情况也是存在的。现在在校的各年级学生都必须十分注意在教员的指导下提高学习质量。首先，我们的学生必须牢固地树立起在学习上对国家负责的观点，认识到在校的学习质量直接关系到将来的工作质量，学习成绩的问题不只是个人问题，而首先是影响到国家建设事业的问题。必须严格地要求自己，使自己符合国家需要的规格，不要有一个人虚度时光而成为使自己和学校都不光彩的废品。为了符合国家需要的规格，一定要贯彻执行全面发展的方针。这就是说，既要用功学习专门业务，又要注意提高政治觉悟和增强体质。我们所说的提高质量正是指这种全面的意义上的质量。每一个学生在校的时候，都要注意这样全面地提高自己的修养。只是埋头读书，不问政治是错误的；自以为政治水平高而在学习上马马虎虎也是错误的；不注意健康也是错误的。为了提高学习质量，就必须坚持学习上紧张而持久的劳动。所说紧张，就是要刻苦顽强，孜孜不倦；所说持久，就是要持之有恒，循序渐进。希望我们学校的课堂里没有一个害怕艰苦的人的座位。不但要不怕物质生活上的艰苦，尤其要不怕掌握知识的过程中的艰苦。在校学习的过程整个说来是一个循序渐进、由浅入深的过程。低年级的学生，特别是新生，由于缺乏必要的学习习惯，常常容易发生忙乱现象，应当注意一开始就养成在学习上克服困难的意志和能力。为了使学习上的努力正确地进行，学校着重强调要培养学生独立工作的能力。学生不能够抄录和背诵笔记，而应该懂得思维的规律，掌握汲取知识和研究问题的方法，开动脑筋，加强独立思考。学生要在课堂上精神贯注地着重领会讲授的内容，用功读书，在课堂讨论上作创造性的、有见解的讨论，注重研究问题，牢固地掌握知识。高年级的学生要积极参加科学小组和专题作业，以便进一步培养研究能力和深入钻研专门知识。学生中的党、团支部和学生会组织也应该经常注意提高同学的学习质量方面的事情。

为了提高教育质量，必须深入贯彻执行理论联系实际的方针。中国人民大学成立后的初期，曾经针对一些不愿意学习理论和轻视苏联经验的情绪而着重反对经验主义的倾向，同时也反对教条主义。以后，当学校由初期的"边学边教"进入逐步巩固和提高的时候，则提出应当着重反对教条主义的倾向。自从去年七月科学代表会议（从本学年起改称学术委员会会议）以来，理论联系实际的工作。除编写教材外，已从多方面逐步展开。但是，现在教学和科学研究工作中，仍然有着理论脱离实际的表现。由于领导上注意检查不够，部分教员的水平低和缺乏教学经验，在教学过程中，有时是只注意讲授和考查书本上和讲稿上的条文；在科学研究中，常常是复述某些现成的结论，形成理论概念的堆砌，调查研究生产斗争和阶级斗争中的实际问题和群众经验的工作十分不够；在学习苏联经验方面和中国的实际联系不够；在学生学习中，对启发学生独立地运用理论知识解决实际问题的能力注意不够，学生的政治理论学习也缺乏与思想改造的密切结合。所有这些缺点，都应该努力加以克服。社会主义革命中的任务，对于我们是新的又是现实的问题。因此，在理论联系实际方面，就应当更加着重把学习苏联社会主义建设经验和研究当前我国各方面的革命斗争的实际情况结合起来。

为提高教育质量而斗争，同样也是除教员以外的其他工作人员的任务。所有行政工作人员都应该努力提高工作效率，用创造性的态度钻研业务和改进工作，更好地为教学服务。例如同教学有密切关系的资料工作人员，就应该不止停留在资料技术工作的水平上，而应该丰富自己的业务知识，使资料工作真正成为教学和科学研究上的有力助手。行政事务工作人员则应该深切关心学工人员的生活和教学环境的条件，为学工人员的福利服务也就是为教学服务。

为了提高教育质量，完成国家的任务，我们有必要重温一下党和毛主席的教导：要老老实实，勤勤恳恳，互勉互助，力戒任何的虚夸和骄傲。特别是领导骨干，都必须十分注意克服和防止骄傲自满的情绪及所谓"差不多"的思想，严格地要求自己。大家知道，马克思总是认为自己最好的东西对于劳动者也不会是够好的，他认为贡献给劳动者的东西有一点不够尽善尽美都要算是一种罪恶。我们是马克思主义的学生，伟大的革命导师的这种共产主义精神永远是我们的崇高典范。我们不但要在政治生活和教学工作中养成勤恳朴实的作风，而且也要在科学研究和学习方面养成勤恳朴实的作风。自满情绪是一种违背客观世界的发展规律、违背社会主义建设的要求的东西，只要我们一旦滋长了自满情绪，自以为"差不多"了，就会马上堵塞了前进的道路，发生落伍的危险，而使工作遭受损失。这对于每一个人员和整个学校说来都是如此。同时，我们也不要缺乏信心，不要有任何动摇畏难的心理。我们有党的正确领导，我们始终相信在全校以共产党员为骨干的广大群众中间蕴藏着巨大的革命潜力。只要我们团结一致地努力，就能够很好地实现提高教育质量的任务，能够在一定时期以后成长出很多达到先进水平的青年科学干部，能够培养出大量的合乎国家要求的专门建设人才，把我们的学校的教育质量提高到更高的水平。

# 中国文字改革的道路\*
（1956年3月1日）

## （一）

中国的文字改革工作，是在中共中央和毛主席关于文字改革的下述方针的指导之下进行的，即汉字必须改革，汉字改革要走世界文字共同的拼音方向，而在实现拼音化以前，必须简化汉字，以利目前的应用，同时积极进行拼音化的各项准备工作。

遵照这一个方针，一年来我们进行了以下几项工作：

第一，汉字的简化和整理工作。一九五四年底，中国文字改革委员会根据几年来的调查和研究，拟订了"汉字简化方案草案"，于一九五五年一月间印发全国，组织讨论，广泛征求意见。在全国各地，有组织地参加这个讨论的各方面人士，在二十万人以上。根据各方面提出的意见，对草案作了修改，于九月间提交国务院汉字简化方案审订委员会审订。经过审订委员会审订修正以后，作成"汉字简化方案修正草案"。十月间召开全国文字改革会议，到会代表对汉字简化一致热烈拥护。这个修正草案经过会议的讨论和修正以后，得到全体代表的一致通过。这个第一次的汉字简化方案，不久将提请国务院公布施行。

这个第一次的汉字简化方案修正草案，包含五百一十五个简化汉字和五十四个简化偏旁。一般通用的汉字里头，包含这五十四个偏旁的字在一千二

---

\* 教学与研究，1956，4（2）：3-6.

百个上下，因此实行这个修正草案，实际得到简化的汉字可以达到一千七百多个。修正草案比起一九五五年一月发表的"七百九十八个汉字简化表草案"，简化范围扩展了一倍多。这是适应广大群众希望简化更多汉字这个要求的。

一九五五年五月起，大部分报纸期刊开始试用了两批共一百四十一个简化汉字。简化汉字的出现，受到广大群众的热烈欢迎。一个小学教师在课堂上介绍简化汉字，举"豔"字为例，说这个字今后简化成为"艳"的时候，孩子们马上鼓掌欢呼。天津一个工人说，"盡邊辦"这三个字已经学了半年，可是再也记不住，这一回简化成"尽边办"，一下就记住了。据个别军事学校的实验，写五百个繁体字要五十二分钟，写简化汉字只要三十六分三十秒。这些事例，充分说明了汉字简化有必要，有好处，并且是符合国家和人民的迫切需要的。

关于异体字的整理，我们作出了"第一批异体字整理表草案"，已经全国文字改革会议通过。根据这个整理表，将有一千零五十五个异体字被淘汰，这对于汉字的教学和使用，特别对于报刊图书的编辑、校对、排字工作有很大好处。这个整理表已经由中华人民共和国文化部和中国文字改革委员会发布给新闻出版印刷单位实施。

第二，汉字根本改革的准备工作。首先是推广以北京语音为标准音的普通话。推广普通话是适应全国人民迫切要求和我国社会主义建设需要的政治任务，是加强汉民族政治、经济、文化的统一的必要步骤，同时也是进一步发展汉语和准备汉字根本改革的必要步骤。一九五五年六月，教育部向各省市、自治区教育厅局发出了关于举办小学语文教师普通话训练班的通知。山西、河北、内蒙、吉林、辽宁、江西、湖北、湖南、江苏、广东、河南、甘肃、广西、杭州、福建、安徽、四川等省市区都已经开始或者正在进行这一工作。推广普通话是去年全国文字改革会议的主要议程之一，在会议期间，到会代表经过讨论之后对推广普通话的重大意义取得了一致的认识；解决了甚么是普通话这一个语言学界长期争论的问题，一致同意"以北方话为基础方言，以北京语音为标准音的普通话——汉民族共通语"这一个提法；并交流了一些省市教育厅局推广普通话的工作经验，决定了"重点推行，逐步普及"这一个推广普通话的方针。全国文字改革会议以后，教育部发出了"关于在中小学和各级师范学校中大力推广普通话的指示"，具体规定了在中小学和各级师范学校中教学普通话的要求，训练师资办法和奖励办法。中国人民解放军总政治部也已经在一九五五年十一月间向全军发出了关于在军队中推行简化汉字和推广普通话的指示。推广普通话，当然首要的意义是在政治、经济、国防、文化各方面，并不只是为了文字改革，文字拼音化也并不需要等全国方言统一以后才能实现，但是我国方言分歧确实是拼音化的一重障碍，因此大力推广普通话事实上也就是减少文字根本改革的障碍，为文字拼音化作准备。

其次是拟订汉语拼音方案。三年多来，中国文字改革委员会作了不少关于汉语拼音方案的研究工作，并收到了全国各省市、自治区和海外寄来的拼音方案共计六百五十五种（截至一九五五年八月底为止）。一九五五年二月，中国文字改革委员会设置拼音方案委员会，专门从事拼音方案问题的讨论和拟订工作。经过了近十个月的工作，至一九五五年年底，汉语拼音方案已经拟出草案，不久就要提请社会各界讨论。

再次是提倡推广报纸期刊的横排。报纸期刊的横排是我国出版物形式的一项重大改革，也是汉字根本改革的准备步骤之一。一年来，报纸期刊采用横排的逐渐增多。全国性的报纸，自一九五六年元旦起已全部改为横排。国务院政府公报早已改为横排，光明日报、中国青年报以及省级报纸中河北日报等于一九五五年已改为横排，很受读者欢迎，一九五六年起大多数省报已经或者正在准备改为横排。根据一九五五年年底的统计，全国三百七十二种期刊中，横排的有二百九十八种，占百分之八十点一。一九五六年起，全国性的期刊，除了一两种仍用直排外，已经全部改用横排。一年来，图书采用横排的亦在逐渐增多。书报期刊的横排，无论对阅读和编辑都有方便，对将来推行拼音文字也有好处，今后应该继续提倡和推广。

以上是一年来文字改革工作的概况。

## （二）

中国的文字改革工作是个复杂、艰巨的任务。过去一年的工作仅仅是文字改革工作的开端。为了进一步推进汉字的改革，逐步实现文字的拼音化，今后必须依照文字改革的既定方针，有步骤地进行以下各方面的工作。

关于汉字简化和整理工作。

分批推行第一次的汉字简化方案，在一九五七年夏季以前将一千七百多个简化汉字全部推行完毕。在小学教科书和扫除文盲课本上，已决定简化的字应该尽先使用，以减轻儿童和初学文字的成年人的负担。

继续汉字的简化工作。在一般日常应用的六、七千个汉字中，第一次的汉字简化方案已经简化了一千七百多字，初步估计还有一千多字，应该加以简化而还没有简化。有一部分已在群众中流行的简字，因为各方面的意见不一致，因此第一次的汉字简化方案没有采用。此外，群众还将继续创造新的简字；在第一次的汉字简化方案公布施行以后，群众创造简字的过程还会加快。我们要尽量搜集并公开征求新的简字，准备在一、二年内提出第二次的汉字简化方案。要在今后三年内使得在日常应用的六、七千个汉字中，有一半得到简化，这才算是汉字字形简化工作的完成。

拟订通用汉字表。汉字的总数接近五万，日常使用的不过六、七千。把目前通用的字（包括常用字以及虽然不是常用，但是必要的字）同目前已经不通用的字划清界限，订出通用汉字表。然后在通用字的范围内淘汰异体字，使通用字尽量减少到一个合理的最低限度。这对于汉字的教学、使用和打字、排字都有很大好处。

刻制汉字标准铜模。目前我们使用的铅字，大小高低，笔划体势，规格都不一致，造成印刷工作上的很大混乱。我们应该研究汉字的印刷字体，拟定汉字印刷字体方案，来刻制标准铜模。这样才能使印刷体同手写体尽量一致，并且逐步统一铅字规格，以提高印刷质量。

研究改进汉字的检字法（查字的方法）。汉字原来的部首检字法，使用起来很不方便，对于初学文字的人，困难更大。汉字简化以后，有一部分字，因为字形改变，已经不能归入原来的部首。应该把现有的各种检字法加以研究改进，或者重新拟制一种简便合理的汉字检字法，逐步消除目前汉字检字法中的分歧混乱现象。

关于普通话的推广工作。

推广普通话，目前首先要做以下几件事情：

第一是建立机构。根据全国文字改革会议的决议，在中央和各省市，都要建立推广普通话工作委员会，作为推动这个工作的领导机构。

第二是训练师资。目前推广普通话的重点是学校，首先是小学、中学和各级师范学校。应该在一定时期内，使中小学校和师范学校的语文教师受到普通话的训练。

第三是编印教材。应该大量编印教学普通话的各种教材、读物、词典和参考用书。编印指导各方言区人民学习普通话的小册子。灌制教学普通话的留声机片，和摄制教学普通话的电影片。

第四是加强普通话的语音、词汇、语法方面的研究工作。各省市设有中文系的高等学校和师范学院应该成为当地这种研究工作的中心，他们应该协助当地教育行政部门编写教材，训练师资，并且进行调查当地方言的工作，争取在两年之内完成全国每一个县的方言的基本的、最初步的调查。因为只有根据当地方言的特点，同北京语音作对比，才能便利各方言区人民学习普通话。

此外，还应该充分运用各地广播电台在社会上大力宣传和教学普通话。在高等学校、政府机关和工人来自各地的新建工厂和工地，应该在可能条件下提倡学习和使用普通话。

关于拼音化的准备工作。

在中国实现文字拼音化，必须经历一个过渡时期。这是因为：（一）我们几千年来使用的汉字不是拼音文字，一般人民缺乏拼音的习惯。我们的文字改革，比原来使用拼音文字的国家用一种比较好的拼音方法来代替另一种比较不好的拼音方法，情况要复杂得多。（二）我们的方言十分复杂，普通话在今天还没有普及。（三）由于长期使用汉字的影响，汉语词汇中同音词比较多，有些词语用汉字写出来可以懂，说出来就不好懂。这三种情况决定了汉字的改革成为拼音文字，必然要有一个过渡时期，好让我们有时间来克服这些困难，为拼音化作好准备。

在这个过渡时期中，应该进行如下各项工作。

第一，汉语拼音方案拟定之后，应该首先用来给汉字注音，以帮助教学汉字。在小学教科书、扫除文盲用的课本、通俗读物、字典和词典上，都用这套拼音字母来给汉字注音。其次是在汉字中夹用。外国人名地名的译音，一部分科学名词，没有适当汉字可写的语词，可以就用拼音字母来拼写。儿童和工农作文，往往有些字写不出来，可以就写拼音，作为他们写作的辅助工具。再次是帮助推广普通话。拼音字母是教学普通话的最好的工具，必须运用这套字母来教学北京语音，大量出版用拼音字母编写的各种体裁的普通话读物（包括跟汉字对照的读物），以提高普通话的教学效率。

通过这些步骤，可以使得广大人民逐渐熟悉拼音字母，熟悉拼音方法，熟悉这套字母所依据的北京语音，为推行拼音文字作好准备。

第二，是拼音文字的试用和试验工作。现在必须应用这套拼音字母来作拼音文字的各项有系统的广泛的试用和试验工作。首先可以在电报上应用，以拼音代替数字电码（"四码"），这就可以适应各种现代化的机械设备，从而大大提高我国电报的效率。拼音电报可以做到跟汉字电报一样一字不错，这个技术问题已有适当的解决办法。其次，应该在图书、档案编目、人名索引、字典分部、电话簿和电报簿的编排等等方面，推广这套字母的应用。

我们还可以用拼音字母来编印少数民族和外国人用的汉语课本，以解除目前汉字在这方面所造成的困难。还应该为他们编印各种读物和报刊。我们要用拼音字母来翻译各种程度和各种体裁的著作，包括比较复杂的、大部头的中外文学著作和科学著作。在各级学校、农业生产合作社和各方言区进行拼音文字的实地试教，并且选择一定地区进行有系统的、全面的、长期的重点试验工作。

第三，结合以上这些应用和试验，进行对于拼音化的研究工作，逐步改进这个拼音方案，使它更加完善，并且逐步解决作为一种拼音文字所必须解决的若干困难复杂的问题，例如同音词问题，声调问题，一部分词语的写法问题，文言成分的处理问题，以及在方言区推行拼音文字应当作什么样的调整和适应的问题等等。

经历了上述一系列的考验，这个拼音方案就已经逐渐生长成为一种完善的文字，无论什么样的场合，它都可以适用，不致发生困难。这时候，它已具备足够的条件来代替现在的汉字，也只有到那个时候，过渡时期才算终了。

这就是我们今后工作的一个略图。

中国文字改革的方针是确定的，需要是急迫的，但是任务也是艰巨的。一切热心和关心文字改革和群众教育的人们，必须积极工作，不断努力，争取我国文字拼音化的早日完成！

# 为迅速赶上世界科学先进水平而奋斗*
（1956年5月）

全国先进生产者代表会议，是我国空前一次盛大的各个岗位上优秀人物的会师大会。在这次大会上，有我们教育工作者、科学工作者的250位先进工作者的代表参加，也是史无前例的。同志们在教育、科学这条战线上立下了巨大的功绩，给人民做了很多事情，为祖国争来了光荣。我在这里谨代表中国教育工会全国委员会向同志们致以热烈的祝贺！

在我们的代表中间，有从事教育事业一二十年以至四五十年的老教育家，也有走上教育工作岗位不久的青年教师。他们在改进教育、教学方法，在克服困难、依靠群众、办好学校等方面做出了优良的成绩，许多教师在培育第二代使之成为全面发展的社会主义新人这一伟大事业中，全心全意地为儿童服务，表现了工人阶级高贵的品质。在我们的代表中间，有在科学研究上和在技术上取得了光辉成就的老科学家、老专家，也有刻苦钻研、大胆创造，有突出贡献的青年科学工作者。他们的劳动成果直接或间接支援了国家工业化和农业合作化。这些说明同志们在我国社会主义建设中高度发挥了劳动积极性和创造精神。当然，正如我们好多代表同志在大会发言中指出的一样，大家的成绩和所以能够成为先进工作者，是和党的教育、培养，是和群众的帮助及支持分不开的。每一个先进工作者，都应该是从群众中产生，时时刻刻和群众在一起并带领群众前进的先进分子。否则，先进工作者就失掉了任何意义了。

---

\* 中共四川省委党史工作委员会. 吴玉章教育文集 [M]. 成都：四川教育出版社，1989：328-330. 原注：题为编者所拟。

我们应该承认自己的成绩和正确地估计这些成绩的意义和作用，但同时必须认识到：我们已有的成绩及现有的文化、科学、业务水平，和我国社会主义建设这一伟大事业的要求比起来，或者拿广大人民对我们的要求来衡量一下，那还是很不够的。我们丝毫也不能满足于我们现有的成绩，我们必须兢兢业业，继续努力和加倍努力，才能在建设社会主义事业中发挥更大的作用。

同志们！你们成了先进工作者，这就意味着你们肩上的担子更重了。首先要把自己的经验无保留地介绍给大家；其次自己在工作中必须继续钻研，在已有的基础上把工作质量不断地提高，创造更先进的经验；第三，还要经常注意吸收别人的好的经验，哪怕是点滴经验也应该重视，这样就会使我们已有的还不够全面、不够系统的经验更加充实和完整起来。

在学校的教学工作中，在科学研究工作中，虽然不能像厂矿那样开展竞赛，但总结和推广先进工作者的先进经验，特别是通过生产会议等有效形式传播先进经验，推动和组织群众以主动创造精神解决工作中存在的问题，以便使我们的教学工作、科学研究工作不断地得到改进，则是完全可能的，并且是十分必要的。我们教育工会今后的重要工作之一，也可以说我们今后的中心工作，就是广泛地逐步深入地开展先进工作者运动，使先进工作者的先进事迹、先进思想成为大家学习的榜样，使先进工作者的一切宝贵经验为大家所共有，并使这些经验在运动当中不断得到丰富、发展和提高。这一运动的开展，必将大大有助于我们提前和超额完成第一个五年计划，必将大大促进我国社会主义文化的建设。

在中央召开的关于知识分子问题的会议上，毛泽东同志号召我们为迅速赶上世界科学先进水平而奋斗。这一号召已在全国教育、科学工作者当中得到了热烈的响应。在各地的许多学校和科学院系统许多单位中掀起了加强自我改造，努力提高业务、提高工作质量和挖掘潜力的热潮，先进工作者的队伍日益扩大。同志们！只要我们在党和政府的领导下，努力学习和认真钻研业务，坚决克服一切缺点，对一切保守思想和官僚主义作不调和的斗争；在教学和研究工作中善于使理论和实践相联系，并吸收苏联和各兄弟国家的经验以及其他国家的经验，我们完全有信心不辜负全国人民的期望，在12年的时间使我国的科学技术特别是那些最急需的部门接近或达到世界先进水平！

同志们！大会开完了，大家在交流经验和进行一些参观、访问后就要回去了。我相信大家经过这次大会，一定学习了很多好东西，在各个方面都会有很大提高，社会主义积极性也必然更加高涨了。我们期待着，在大家回去以后，不久，我们将听到同志们在自己的工作中取得新的更大的成就。

# 青年们，要向哲学社会科学进军*
## ——和高中毕业生谈投考哲学社会科学专业的重要
（1956年6月6日）

我认为：在今天，有必要向青年讲清楚这样一个问题，即向哲学社会科学进军的问题。

为什么要单独来讲这个问题呢？这是因为我们许多青年还没有全面地了解"科学"这个概念。提到科学他们便很快地想到物理学、化学、数学、医学、生物学、工业技术学……。提到"向科学进军"他们也很容易想到就是向自然科学的进军。这种情况在我们高中应届毕业生当中表现的尤其明显。

我认为，要想使我们的科学文化事业赶上国家经济建设突飞猛进的发展，必须同时注意加强哲学社会科学的研究工作。鼓励青年们注意向哲学社会科学的进军。

哲学社会科学是极其复杂、广阔而重要的科学部门。它包括：哲学、历史学、经济学、语言学等重要部类，而每一个部类又包含着几十种甚至几百种学科。如像历史学，就分为：中国通史、世界通史、中国近代史、世界近代史、中国现代史、世界现代史、中国共产党历史、苏联共产党历史、中国经济史、世界经济史、中国政治史、世界政治史、中国外交史、世界外交史、中国文化史、世界文化史等等成百种的历史学科。学习和研究哲学社会科学不仅可以系统地接受祖国和世界的文化遗产，还可以把国家当前的建设事业推向前进。

在中华人民共和国成立的六年以来，哲学社会科学的研究工作已经有了很大的发展。但是这个科学部门依然落后于国家建设事业的需要，更落后于世界

---

\* 光明日报，1956-06-06（2）.

科学研究的先进水平。许多属于这个科学部门的研究工作还没有开始,像中国经济史、中国经济思想史等等学科到现在还都是一个空白。很明显,哲学社会科学的落后状况,是不能让其继续下去了。必须积极地响应党的号召,争取在十二年左右的时间里,与其他科学并驾齐驱迎头赶上世界科学的先进水平。

当然,赶上世界科学的先进水平,不是一句空话,还必须进行一系列的复杂的困难的工作。这里,一项重要的工作是为哲学社会科学及时地提供后备力量。这样便须要:一方面加强现有的研究机构;另一方面加强综合大学的哲学社会科学专业,让更多的优秀青年参加到哲学社会科学的研究队伍中来。

党和政府为了培养哲学社会科学人才,今年除在全国综合大学的有关哲学社会科学专业中扩大招生名额外,并决定在中国人民大学创办新的系和专业,以满足国家在这方面的迫切需要。中国人民大学所有的系、专业都是属于社会科学方面的。原有之工业经济、农业经济、贸易经济、计划统计、财政信用、法律、新闻、档案等八个系今年共招生一千二百四十人。今年新建哲学、历史、经济三个系共招生一千人。预计在今后十二年内将为国家培养出马克思列宁主义师资和社会科学干部约一万五千余人。这是一项十分繁重的然而又是极其光荣的任务。可以设想,很好地完成这个任务,将会为我们国家的建设事业带来多大的好处。谁都知道,哲学社会科学对国家建设事业的作用。"辩证唯物主义与历史唯物主义"是共产党的世界观。"革命史"是共产党革命实践活动的总结。"政治经济学"是研究人类社会生产关系也就是经济关系发展的科学。总之,马克思列宁主义理论科学是无产阶级借以正确认识世界进行革命活动和改造世界的武器。它是历史上最先进、最革命的理论。它产生于近代资本主义的矛盾日益尖锐、世界无产阶级革命运动不断高涨的时代。它反映着世界无产阶级和全体劳动人民的利益和要求,是无产阶级思想意识的集中表现。马克思列宁主义理论不是教条而是行动的指南。它给工人阶级及其政党在复杂的阶级斗争中以识辨正确方向的能力。对于一个新时代的中国青年来说,学习马克思列宁主义科学,争取作马克思列宁主义的教师和理论干部是非常光荣的。

至于新闻学、法学、经济学以及其他社会科学等等它们的重要性也是不言而喻的。这些学科所培养出来的人才，都将直接为各有关部门的建设事业服务。

有志学习和研究哲学社会科学的青年们，勇敢地投到这个行列里来，向哲学社会科学进军！

## 对毕业生的五点希望[*]
（1956年7月）

国家对于高等学校毕业生是有着殷切期待的。目前正当全国社会主义革命高潮和党为了适应祖国社会主义建设迅速发展的要求，号召知识分子向科学进军的伟大历史时期，这种期待比过去任何时候都更加迫切了。

我们的国家正在进行着历史上空前伟大的社会主义建设事业，胜利地执行着发展国民经济的第一个五年计划，全国人民正在为争取超额和提前完成第一个五年计划而奋斗。在这个时候，国家的各种工作，都需要有大批的德才兼备的干部，而同学们正是赶上了这样一个时候。

为了不辜负党和政府对你们的期待，我想在同学们即将离校奔赴光荣的工作岗位的时候，提出下面几点希望：

（一）愉快地服从组织分配。国家已给我校今年毕业生按计划分配了工作。所有这些岗位，都是社会主义建设战线上重要而光荣的岗位。我想毕业生们一定会自觉地服从分配，勇敢地奔赴任何艰苦的工作岗位，把国家交给的任务毫不犹豫地担当起来。

（二）积极地响应党的向科学进军的号召，继续不倦地学习。你们在人民大学毕业，只能说是一个学习阶段的结束，从你们未来长远的生活和工作来说，这便是进一步学习的基础和起点。因此，在工作中还要继续深入地学习马克思列宁主义理论，更进一步提高自己的政治理论水平，另一方面要进一步钻研业务，加强科学研究工作，精通自己的业务，为使我国科学技术水平接近并赶上世界先进水平而奋斗。

---

[*] 中共四川省委党史工作委员会.吴玉章文集：上［M］.重庆：重庆出版社，1987：497-498.

（三）要理论与实际相结合。你们所学到的系统的知识是可贵的，是马克思列宁主义的基本原理和先进的专门科学，这是国家建设所迫切需要的。但这些知识究竟还需要在实际工作中去检验和丰富它。只有把学到的理论和实际工作密切地结合起来，它才能够显示出巨大的指导力量。

（四）要防止骄傲自满。应该指出，你们在学校里学了不少知识，确实是有用的，应该成为推动你们工作的武器，但是如果因为在学习中稍有所得或在工作中稍有成就，就骄傲自满起来，那就错了，结果会使自己停顿和落后下来，使工作受到不应有的损失。因此，应该牢牢地记住毛主席"戒骄戒躁"的教训，虚心地向别人学习，特别要虚心地向老专家学习。

（五）要勇于克服困难。大家知道，我们国家现在的建设仅仅是为实现社会主义工业化打基础的时期，摆在我们面前的还有更艰巨的任务等待着我们来完成。同学们在今后的实际工作中将会遇到各种具体困难，对于这些困难要有充分的估计，免得遇到它们的时候措手不及或悲观失望，我们要具有"让高山低头，河水让路"的英雄气魄去战胜一切困难。

# 充分动员和发挥教育工作者、科学工作者的力量，为伟大的社会主义建设服务[*]
（1956年8月6日）

## （一）

中国教育工会自成立到现在整整六年了。

六年来，我们教育、科学工作者的队伍由1950年的七十多万人，扩大到了现在的二百二十多万人，已经成为我国社会主义建设事业中的一支重大力量。他们为国家培养了大批的建设人材，在提高人民的文化水平方面也作出了贡献。

六年来，我们教育工会的工作，在贯彻党团结、教育、改造知识分子的政策上，在帮助教师进行自我改造和提高教学质量上，都起了一定的作用。

全国教育工作者、科学工作者已经基本上组织起来了，中国教育工会现有基层组织二万八千四百六十九个，会员一百三十五万一千一百三十四人。

教育工会各级组织为了提高教育、科学工作者的觉悟程度，曾组织他们进行了各种参观、访问，此外，还帮助党委动员和组织他们参加了历次的社会改革运动，开展了比较系统的政治理论学习和时事政策学习。

为了帮助教师们提高业务水平，工会曾协同有关方面组织了业余学习班、业务通讯网、流动图书馆帮助教师们业余进修，工会也曾单独或会同行政组织过经验交流会、教学座谈会、教具展览会、优秀教师代表会及新老教师互助

---

[*] 人民日报，1956-09-04（4）.这是吴玉章1956年8月6日在中国教育工会第二次全国代表大会上的工作报告摘要。

等，以交流和推广教师们的教学经验。工会根据苏联教育工会的先进经验，召开生产会议（这是从俄文翻译过来的名词，是否妥当，尚待考虑），在发挥群众的积极性，解决教学和学校管理工作中的关键问题和交流先进经验上，都起到了积极的作用。

在生活福利工作和文化体育活动方面，工会也发挥了一定的作用。对教师工资待遇上有些地方曾有过不合理的现象，工会曾向政府反映，提出建议，使情况有所改善，在工会积极推动下成立起来的教工托儿所以及工会领导下的互助储金会，都有了良好的发展。工会在帮助、督促行政方面合理地使用福利费、改进公费医疗待遇执行情况以及改进食堂工作、改善居住条件、改进生活日用品的供应和交通方面，也都做了一些工作。历年来有些省、市在组织教师的暑期休养方面，有了显著成绩。有的还在工会联合会支持下，在各地工人疗养院中取得了一部分床位，解决了一些教育、科学工作者的疗养问题，教师俱乐部、图书馆正在日益增加，农村中的"教师日"活动也在逐步开展，各种业余艺术活动组织更加活跃。今年全国总工会及某些省市工会联合会都先后拨出了一部分钱来解决教师们的文化、物质生活方面的问题。教工系统的钟声体育协会正在建立组织，开展工作。此外，工会还在职工和其家属中进行了业余教育工作。

六年来，我们的工作取得了一定的成绩，但也存在着许多缺点，有的甚至是错误。我们必须实事求是的正视这些缺点和错误，以便切实改进我们今后的工作。

各级工会组织的民主生活很不健全。全国委员会就没有照工会章程按时召开代表大会。在发展会员上存在着相当严重的关门主义。工会还没有成为群众的讲坛，使群众能畅所欲言，实行自己的民主权力。集体领导和个人负责的制度也没有健全地建立起来。这就是工会组织缺乏战斗性的主要原因之一。

工会组织和行政部门之间的关系不够正常。一方面工会许多工作，得不到行政的支持；另一方面，工会对行政某些方面应有的帮助和监督也难于进行，很大的影响了工会群众工作的开展。

全国委员会对下级工会缺乏经常的、具体的领导，对党中央和中华全国总工会的汇报、请示工作也很不经常。

我们工会组织,特别是全国委员会,对群众的各种困难,关心得很不够。既少替群众说话,又没有把群众自己交的钱和国家为改善教工生活的拨款,很好地、全部地用到群众身上去,目前在一些农村里还存在着政治上歧视教师,甚至违法乱纪、任意侵犯教师人权的现象。教师的劳动不受尊重,随便什么机关,什么干部都可以把教师呼来唤去,任意支使,致使教师得不到休息,也没有时间进修,甚至无法把书教好。我们对于这种侵犯教师权利的行为,没有挺身而出,进行斗争,没有很好地起到保护群众利益的作用。

产生以上这些缺点和错误的原因,主要是我们的领导思想、工作作风和工作方法严重地脱离了实际,脱离了群众。我们对于教育、科学工作者的特点缺乏具体分析和研究,对于工会在学校和科学研究机关的作用和任务长期不明确。这样在指导工作时,就不免因为从一般规律出发而产生片面性。例如由于我们对"面向教学"的认识是片面的,因此只强调了交流经验一方面,而忽视了改进工作条件一方面。其结果是行政部门应该作或并非工会非作不可的事情作了;而群众迫切要求又是工会应该作的事情,反而没有作或作的不够。加上我们工作作风不深入,对群众的实际情况了解得不够,也没有依靠群众的智慧和力量解决群众自己的问题。这就是我们工作中的缺点和错误的根源。我们负责全国委员会领导工作的同志,深感有负党和广大教育、科学工作者对我们的付托,这是我们应当作自我检讨和请同志们批评的。

## (二)

当前我国教育界和科学界的根本问题,就是周恩来同志指出的:"我们的知识分子的力量,无论在数量方面,业务水平方面,政治觉悟方面,都不足以适应社会主义建设急速发展的需要。"因此,教育工会当前的任务应该是:在党的领导下,发挥工会组织的共产主义学校的作用,团结、教育全体教育、科学工作者,提高他们的政治觉悟和社会主义积极性;动员和组织群众向文化进军、向科学进军,提高教育质量和工作水平;深入群众,以顽强的精神从各方面保护群众的利益,努力帮助他们创造工作条件,解决生活、学习上的各种困难;反对一切漠视群众疾苦的官僚主义作风;不断扩大先进工作者的队伍;有效地按期地完成国家的教育计划和科学研究计划，为提高人民的文化水平，培养社会主义建设的新生力量，为使我国的科学技术迅速赶上世界先进水平而奋斗。

为了保证完成这一任务，教育工会必须加强以下几个方面的工作：

第一，协同行政和其他有关方面，广泛深入地展开群众业务工作，其方式为：

一、召开生产会议，充分吸引教育工作者为改进工作，克服领导者的官僚主义和解决工作中的重大问题，积极提出自己的意见；交流先进经验；发动群众及时检查工作计划的执行情况，开展批评与自我批评，特别是自下而上的批评；教育群众以社会主义的劳动态度对待工作，培养自觉的劳动纪律，这是吸引群众参加学校管理和完成教学任务的一种有效方式。

二、组织群众提合理化建议。可以通过工会的各种会议，建议箱，黑板报或其他方式来做。这样既能发挥群众主人翁的责任感，也能密切领导与群众的联系。

三、总结交流先进经验，定期表扬，评选和奖励先进人物。这项工作，在高等学校和科学研究机关的教学人员和研究人员中不一定推行，但在中、小学推行可以起很好的作用。要做好这项工作就要求工会与行政通力合作，关心教师的进步和成绩，总结其经验，定期评选与奖励（一般以学校为单位，一年评奖一次为宜）。在评选过程中，要防止造成忙乱，也要避免自上而下指定的办法。

要提高教育、科学工作者的业务水平，就应该为他们创造必要的工作条件。这虽然是行政部门职责分内的事，但工会也负有重大责任。这里包括工作时间、图书、仪器、工作环境等问题（在高等学校及科学研究机关还包括助手问题）。工会在这里的作用，一是深入群众，收集意见，鼓励并支持群众的建议；一是协助和督促行政部门改进一些不合理的制度，充分挖掘潜力，尽可能地满足群众的要求。

第二，必须克服官僚主义，全面关怀群众物质文化生活的改善。

教育、科学工作者在物质生活上还存在以下几个严重问题：

一、国家为教育、科学工作者设置了福利费，实行了公费医疗，解决了不少问题。但年老退休、因病退职、家属医疗、多子女补助、伤亡抚恤、疗养、休养等问题，由于没有实行劳动保险，尚未解决。

二、生活困难问题，由于福利费没有用好，还没有很好地解决。

三、工资待遇上还存在着程度不同的"同工不同酬"和"平均主义"的现象。

四、公费医疗、住房、伙食、交通、生活供应等方面，都还存在着很多问题。

教育工会面对着这些问题，应该怎么办呢？

周恩来同志曾明确地指示："工会的工作人员应该深入群众，用顽强的精神为本单位的会员解决各种生活困难，这应该是各种知识分子工会的一项重要任务。"本着这一指示，我们要积极发挥工会的监督作用。为此必须经常关心群众的生活，了解群众的意见和要求，经过研究分析以后，及时地向行政及其他有关方面反映情况，提出具体建议，并促其实现。例如监督和协助行政办好食堂，逐步解决住房问题，督促合作社、书店做好供应工作，建议并监督卫生部门改进医疗工作等。对于歧视教师的现象，教育工会更必须在党的领导下，坚决与侵犯教师人权的行为作斗争，一直到纠正这种现象为止。

工会应主动地协助并监督行政用好福利费，充分做到把钱用到解决群众生活困难上，不许挪用、积压，应积极研究和进行有关实施社会保险的准备工作。应取得地方工会的支持，争取从各地疗养院、休养所中拨出一部分床位，供教育、科学工作者使用。

工会应参加今年的工资改革工作（应包括私立学校在内），切实协同并监督行政贯彻中央的工资政策及工资改革方案，首先要组织群众学习，以便充分发挥群众在这方面的监督作用，对违反工资政策的现象进行斗争。同时结合这一工作，把工会的群众工资工作及其机构建立起来。

工会要本着积极整顿，大力发展的方针，加强互助储金会的领导。

工会还要积极贯彻今年全国委员会与教育部及高等教育部发布的"关于教工托儿所工作的指示"，协助并督促行政努力把托儿所办好，有计划地用多种多样方式发展托儿所组织，争取更多地解决女教师的托儿问题。

在关心和争取解决群众生活困难的同时，工会还必须向群众进行社会主义前途的教育，强调发扬艰苦奋斗、厉行节约、克服困难的精神，批判那些万事都依靠公家解决的思想。在改善教师的文化生活方面，工会负有特别重要的责任：

工会应积极和行政协商，尽可能利用现有条件建立俱乐部；已建立俱乐部的单位，要根据不同对象的要求，安排各种活动，反对千篇一律，简单从事。

在农村应学习苏联教育工会的经验，广泛开展"教师日"活动。

要改进图书馆工作，使群众阅书和借书方便；要根据群众需要添购新书；

要在有条件的地区，组织各种业余艺术团体，如音乐、舞蹈、摄影小组等。

城市基层还可以建立代购入场券制度（电影、戏剧等等）；远在郊外的基层，可单独或联合与文艺团体联系，到学校演出。

工会还应积极参加推广普通话和进行业余教育的工作。

广泛开展体育活动是工会组织的一项重要工作，为了加强对群众体育运动的领导，各地应把钟声体育协会各级理事会建立起来。

第三，加强对群众的政治思想工作，帮助群众以自我教育的方法，进一步提高政治思想水平。

政治理论学习是知识分子进行自我教育的一条重要途径。它是由党委直接领导进行的。工会的责任是协助党委组织各种讲演会（包括时事、政策报告和学术讲演）及其他辅助工作。此外，工会还应从各方面帮助群众，改善学习条件，交流学习经验，向党委反映学习情况和问题，作为党委改进学习领导的根据。

知识分子自我教育的另一条重要途径，是参加对社会生活的观察和实践。工会必须有计划地大力组织群众，进行各种参观、访问和旅行，以扩大他们的眼界，丰富他们的知识，并借此对他们进行生动的共产主义、爱国主义教育。

加强小组工作，使小组会真正成为群众开展批评和自我批评的场所，在这里能够做到透露思想，实现同志式的相互帮助，达到自我教育的目的。这就要求小组会能够经常开（不一定开的多），并有准备地开。

帮助群众以自我教育的方法提高觉悟程度，绝不是只有上面说的几条。

工会在自己进行的各项工作中，还必须多想办法，以便通过各种群众性的具体活动来发挥共产主义学校的作用。

第四，加强组织建设，保证工会的政治任务和各项工作的胜利完成。

根据中华全国总工会"关于加强产业工会工作的决议"，教育工会要在今、明两年内逐步实行系统领导，这是摆在我们眼前的一项重大任务。我们必须采取一系列的措施来加强组织建设工作，主要措施是：

积极发展会员，切实纠正关门主义倾向。要求在1957年底会员人数达到职工总人数的80%至90%。

建立和健全组织机构。要求省、市、县凡没有开过代表大会的或按章程逾期未开的，在今、明两年内召开代表大会，选举领导机构。基层必须普遍在今年内召开会员大会或代表大会，总结工作，进行选举。

训练干部。解决实行系统领导所需的干部，除了必须调进和在现有干部中提拔外，主要还要加强训练。对专职干部，要在一定时期内离职轮训一遍。对积极分子，要采取短期训练或开会的方式，全部轮训。为了适应财务垂直管理及准备实施社会保险，尤宜及早补充并训练这两方面的干部。

为了加强教育工会的工作，提早实现系统领导，必须依靠地方工会的领导和监督，才能把自己的工作做好。

各级工会组织今后必须大力健全民主生活和贯彻集体领导和个人负责制度，切实改进脱离群众，脱离实际的工作作风。必须遵照工会章程按期选举，按期在会员大会或代表大会上报告工作，必须向群众公布账目，以便把工会的全部工作放在群众的监督之下。领导干部要拿出一定的时间深入群众，调查研究，指导工作。

最后，工会组织和每一个会员，都要在党的领导下正确地发挥群众监督作用。监督的目的是为了贯彻党和国家的政策法令，保护群众的利益。实行监督可以吸引群众关心学校整个工作的改进，是帮助行政克服缺点，提高工作的重要方式之一。监督一方面是在同志合作的基础上对行政工作给以有效的帮助；另方面是对违反党和国家政策、法令和损害群众利益的官僚主义现象进行必要的斗争，监督的内容一般包括监督行政正确地执行国家计划和工资制度，正确地使用改善工作条件和生活条件的拨款，执行会议决议和实现对群众建议的诺言。

## （三）

　　现在我们国家正处在建设社会主义高潮中，我们要向党保证，我们一定要高度发挥积极性和创造性，加强自我改造，为争取提前和超额完成第一个五年计划而奋斗。我们相信在过去已有成绩的基础上，在今后的有利条件下，只要我们全体教育、科学工作者坚持不懈地虚心学习，努力工作，把我们的一切力量献给祖国的社会主义建设事业，我们就一定能够不辜负党和人民对我们的期望。

　　只要我们工会工作干部，正确地执行党的政策，善于依靠群众，切实地改进领导作风，我们就一定能够克服缺点，进一步把工会工作做好。

　　为了加速建设我们伟大的祖国，为了我们将来生活更加幸福，为了争取世界持久和平，让我们紧密地、坚定地团结在党的周围，沿着党指给我们的道路奋勇前进。

# 用科学知识武装劳动人民*
## ——为纪念中华全国科学技术普及协会六周年而作
（1956年8月26日）

"向科学进军"的浪潮，正在全国风起云涌地兴起。劳动人民要求学习科学技术知识，科学技术工作者用科学知识武装劳动人民，都从来没有像今天这样迫切。

"我们再不学习科学技术就不能前进了。"这是工农业生产战线上劳动人民普遍的呼声。湖北省科普协会江岸机车车辆厂科普会员工作组，配合工资改革，举办了不同工种的七个关于新技术标准的技术讲座，都受到了工人们的热烈欢迎。参加钳工技术讲座听讲的有二百人，从6月14日开课到结束，没有一个工人迟到或早退，在每次上课的时候，不仅教室里挤满了人，就是门口窗口也是拥挤不堪。课后不论在车间或在宿舍里，只要是在休息时间，工人们就把口袋里的新技术标准手册掏出来，聚精会神地阅读或互相研究。浙江杭县农场的农业科学技术讲座，受到当地干部、农民的普遍欢迎，成了四个乡、二十四个社的农业学校。学员们不管天气怎样，路有多远，都赶来听课，听了课跑回去十来里路也不讲苦，比看戏还有兴趣。许多农业社干部说："学习科学技术就是再远一些，我们也愿意去。"

科学技术工作者认识到用科学知识武装劳动人民是一项光荣任务，迫切地要求做科学普及工作。前天津市电业局的技术员赵良臣、陈永德同志经常在天津市第一文化宫作系统的技术讲演，他们调到北京工作以后，还照常坚持在星期天赶到天津去讲演。华中工学院赵学田教授，在创造了机械工人速成看图法，解决了机械工人中普遍存在的看图纸的困难后，全国机械工人普遍学习这

---

\* 人民日报，1956-08-26（7）.

个速成看图法。今年他又创造了机械工人速成画图法。苏州一位五十六岁的医师俞伯平先生从抗美援朝到现在，不辞辛劳地为工人、农民、干部、学生、居民等作过四百七十八次卫生讲演，听众达十二万六千五百四十九人之多。向劳动人民宣传卫生知识已经成为他的爱好。

在广大群众积极学习科学技术知识的新的形势下，中华全国科学技术普及协会各级组织，在党的领导和有关部门的支持和合作下，积极地把科学普及工作推向各个厂矿，推向农村。今年以来，协会的组织工作和宣传工作都以飞跃的速度进展着。除新疆、西藏两个地区外，全国二十六个省（自治区）和直辖市都建立了协会的分会组织。协会在县、省辖市的支会组织，会员和会员工作组，每日都有新的发展。到目前，支会已由一百一十个发展到约五百个。1955年底，全会会员人数只不过三万八千多人，会员工作组只不过六百六十多个，而今年4月到6月份里，仅上海一市，会员已从四千五百人发展到一万二千二百人，会员工作组已从一百三十个发展到四百六十个。协会的组织还在继续不断地扩大着，湖北、湖南、安徽、江苏、江西等省将在今年年底前在全省县、市普遍建立起支会。

过去，协会平均每年讲演一万次，而今年的任务则比往年多几十倍。不论农村和部队方面都有增加，仅就职工方面来说，今年全国总工会就要求协会为工会系统的每个基层俱乐部每月讲演四次，每个地区俱乐部每月讲演六次。这个任务是巨大的。近几个月来，全国总工会和协会正为满足这样的要求而采取了一系列的措施。许多省、市按照协会的宣传方针结合生产、结合实际和群众需要，开展以小型多样、通俗易懂、生动活泼、自愿吸引的原则举办科学技术讲演。在协会基层组织中强调协会会员工作组在基层厂矿党委领导下，在基层工会的密切合作下，自主自动地开展工作。哈尔滨的许多工厂每月能进行十次以上的讲演，如四百四十九厂的工人听了电火花纯化先进经验的介绍后，刀具寿命延长三倍到五倍，听了苞米铣刀先进经验的介绍后，铣工效率提高三点三倍。天津国棉四厂6月中旬至7月中旬的一个月内进行了先进经验交流会、技术学习、自然科学讲演等二十多次，这个厂电动部全体工人参加了技术学习班，他们说："每一次讲课讲两堂，每堂五十分钟，不知不觉就下课了，时间太短。"山西机器厂在7月15日一天时间内举办了锻、铆、铣、焊等十二个讲座，各工种的工人和技术人员都来参加。南京市自今年4月以来，已开始将科学普及工作推向基层，到7月，科普协会已同几个主要产业工会，签订了协作合同，二百人以上的工厂有60%都举办了科学技术讲演，发展了协会会员，其余各厂也正在制定计划开始进行。上海市的组织工作和宣传活动已广泛地开展，十七个产业中绝大部分已经动起来了。

协会的出版事业也有了很大的发展。今年协会除继续出版"科学大众"和"科学画报"两个刊物外，还创办了"知识就是力量"和"学科学"两种杂志。"知识就是力量"（共五期）是苏联劳动后备总局机关刊物"知识就是力量"编辑部为中国青年工人编的。到今年8月，五期出版完毕后，中国劳动部和协会为使这个中苏人民友谊的花朵永远繁荣下去，将继续出版这个杂志。今年上半年，仅协会总会出版的小册子有七十五种，印数三百七十六万二千册。协会为了更多、更快、更好、更省地出版通俗科学宣传读物和创造配合讲演用的形象资料，分别于今年成立了科学普及出版社和两个科普形象资料厂。

六年来，协会的工作在各级党委的领导下虽然取得了一些成绩，但无论从工作的质量或数量来说，都赶不上劳动人民对科学技术知识的需要。这就需要我们贯彻中共中央对文化艺术和科学工作所提出的"百花齐放，百家争鸣"的方针，把科学普及工作做得更丰富多采，为满足全国人民积极学习科学技术知识的要求而奋斗。

科学技术工作者们，动员起来，肩负起用科学知识武装劳动人民的神圣职责！

# 让青年发挥更多的独立精神\*
（1956年8月）

目前在我们的教育工作中，存在着一种对青年事事干涉、管束太严的现象，这种现象显然是不健康的，是一种封建的管教方法。记得前清末年，我们在私塾里念书的时候，学生每天都得填一张"功过格"。那就是把自己一天几个功、几个过都填在一张格纸上，连起居饮食都不例外。今天公开提倡用"功过格"来管束学生的恐怕是没有了；但在某些教育者身上，旧的传统影响还没有完全消除。譬如听说有的学校班主任把班里的学生编成几个小组，互相监视，遇着某人有缺点便暗自记在本子上，等到有机会就狠狠地批评一通；有的学校订立了所谓"今天做什么和怎样做"的规则，有16项56条之多，差不多都是些生活细节，如"怎样洗碗，怎样放碗"，"上课下课时鼓掌五下或六下"等等。这些烦琐的清规戒律，难道不是和封建的"功过格"很相似吗？

社会主义时代的青年，应该有远大的理想和抱负，确信共产主义事业的必然胜利；应该具有勇敢、诚实、开朗、活泼、乐观、朝气蓬勃的性格。很显然的，用封建的管教方法是不可能培养出社会主义的新人来的。它只能束缚青年个性的健康发展，使青年变得谨小慎微，拘拘束束，奉命惟谨，不敢发挥独立思考和大胆创造。试问这样的青年怎么能担当起建设社会主义和共产主义的艰巨任务呢？

在教育方法上，我们应该防止两种偏向：一种是管束太严，太死板，这是封建的教育方法；另一种是极端的自由放任，这是资产阶级的教育方法。这两

---

\* 中共四川省委党史工作委员会. 吴玉章教育文集［M］. 成都：四川教育出版社，1989：411-415.

种教育方法都是非常有害的。资产阶级教育的危害，我是亲眼看见过的。我在法国巴黎大学留学时，曾经在上法学史一课时看到一种怪现象，开头上课的学生还不少，后来都溜光了，只剩下两三个学生听讲；上其他课的学生大部分也不去听课，在家里玩，等到考试时把一种为答问而编的要点看一遍去应付一下。这些学生读书的目的并不在求真才实学，而仅仅是混一张文凭而已。这种极端放任的教育，我们是要反对的。为了反对自由散漫，我们必须加强各项必要的管理制度和严格的组织纪律，这是完全对的。但正像古人所说："扶得东来西又倒"，在反对自由散漫以后，结果现在有些地方又偏到另一个极端去，甚至某些地方竟采用了封建管教的办法，来反对自由放任，因而束缚了青年的积极性和创造性，这就是错误的了。当然，今后我们还应该防止资产阶级的自由放任的教育方法。不要因为反对干涉限制过多，就把一切必要的生活规则和制度都反掉了，那也是不好的。

我们的教育方法应该是"严"和"宽"相结合的。原则问题应该严；非原则问题应该宽。什么是原则问题呢？我以为主要的就是要鼓励青年对共产主义事业有坚定的信仰；要有努力学习的勇气；斗争的勇气；要认真学习马克思列宁主义理论，培养共产主义的道德品质。至于青年的生活细节，比如怎样洗碗，怎样梳辫子，怎样穿衣服等事，那就不应该多费唇舌了。目前我们有些学校里所采取的类似"婆婆管媳妇"的办法，除了限制青年的正当个性发展以外，实际效果很少，往往是弄得许多重大的原则问题遗漏掉了，而一些生活琐事却总是斤斤较量。在肃反时就曾发现有的青年在生活上道貌岸然，表面显得很"老实"，但思想上连革命和反革命界限都划不清，甚至被反革命分子所利用。这就说明我们有些教育工作者是"明足以察秋毫之末，而不见舆薪"的。

一般来说，我们的课堂纪律要严，不能像资产阶级学校那样随随便便。课堂纪律严些，可以督促学生认真学习，使他们得到真才实学，这个严是有好处的。但这个所谓"严"，也绝不是要把学生管得很死，生硬灌输，限制学生的独立思考和创造性，尤其是大学生，知识水平较高，理性更发达，应该发挥更多的独立精神。至于课余活动和休息娱乐，那就更应该让学生自由支配，不能横加干涉。休息就是休息，各人有各人的休息法，这里面有各人的个性自由，强迫大家做一样的休息，弄得精神紧张，思想苦闷，这叫什么休息呢？孩子们精神好的时候喜欢蹦蹦跳跳，就让他蹦蹦跳跳，精神不好愿意躺着休息休息也行，看看文艺小说也不坏。在课余时间应该让学生更多地做他们喜爱而有益的事情，使他们的个性得到多方面的发展。

我以为，有些地方的教育工作者和青年团的干部似乎过分性急了一些。他们巴不得一下子把什么工作都做好，不分主次，不分轻重，结果弄得"百废俱兴，百废不举"。比如提倡"三好"，某些干部就巴不得青年一下子什么都好，什么都会。既要门门功课考五分，又要什么社会活动都一律参加，而且文娱活动、体育锻炼项项都要成为能手，这怎么可能呢？势必会弄成强迫命令，搞得大家都劳而无功。我们干部的积极性是好的，但太性急了也会弄坏事情。据说现在报刊揭发了一些干涉限制青年积极性的现象，有的干部看了又说，"既然干涉限制不好，以后就什么都不要管了"。这种想法也是走极端。我们反对过多的干涉限制，决不是提倡资产阶级的自由散漫，主要的是要实事求是地来做工作。

教人毕竟和炼钢不同。人固然也要千锤百炼，但钢是死的，人是活的；人不可以用一副死的框子去套。根本的问题在于多讲道理，耐心教育。

青年总是有缺点的。完人世界上恐怕没有。从前皇帝把他所谓的"好人"捧得像神圣一样，赐谥号叫"文正公"，就是既有"文才"又是"正心诚意"的"完人"，可以为百世师，并且把他送入孔庙。其实这样的人也决不是什么"完人"。斯大林问题的揭发使我们认识问题和对人的看法又提高到一个新的阶段，它使我们认识到不要把人看得神圣化了。对青年的缺点尤其不能绝对化。当然批评、责备有时也是必要的，譬如有的青年比较脆弱，胸襟狭窄，有点成绩就容易骄傲自满，和人家争论问题时错了不认输，对别人好的意见也不肯心悦诚服等等。对于青年这些缺点，最主要的应该是引导他们善于学习，增长知识，开拓眼界。人类已跨入了原子能时代。现在的宇宙真好像越来越缩小了。人们正在研究怎样制造地球的卫星，如何飞到别的星球上去。如果青年能懂得中外古今更多的新知识，就会感觉世界的变化无穷，一人的知识有限，那末他也就骄傲不起来了。青年有理想，有气魄，那末他们战胜困难改造宇宙的勇气也就应运而生了。

# 在社会主义学院开学典礼大会上的讲话<sup>*</sup>
（1956 年 10 月 15 日）

同志们：

根据中国人民政治协商会议全国委员会关于组织各界民主人士和工商业者进行政治学习和理论学习的决定，委托中国人民大学创办社会主义学院。在中共中央正确的领导和中国人民政治协商会议全国委员会的深切关怀以及各有关部门的大力帮助和支持下，经过了几个月的筹备工作，今天正式开学了。我特代表全院的同志们表示深深的感谢。由于校舍尚待建设，今年只能采取走读的办法，而且只能招收在京的和虽住外地但能够在京解决房子问题的部分学员，也只能在临时的地址开课。又由于筹备工作仓促，各种条件的限制，同学们的学习条件和工作人员的工作条件还不是很好的，也希望同志们原谅。

大家知道，当前我国已经取得了社会主义革命的决定性胜利。我国人民现时的任务，就是要争取世界持久和平，动员和团结国内外一切可能动员和团结的力量，尽可能迅速地把我国建设成为一个伟大的社会主义国家。社会主义学院，正是为了适应我国社会主义建设和社会主义改造新的政治形势的需要，适应各界民主人士对政治学习和理论学习的要求而成立的。

社会主义学院开设三门政治理论课，即哲学也就是辩证唯物主义与历史唯物主义、政治经济学和中国革命史，此外，还组织一些重要时事政策学习，并适当的组织一些参观。它所招收的学员，多是高级干部。它的目的，是帮助各民主党派和无党派以及各方面民主人士中的高级干部提高政治理论水平，以便更好地为社会主义建设服务。它的学习方法，是采取自由、自愿、自觉的

---

\* 光明日报，1956-10-16（2）.

原则。

我们社会主义学院，顾名思义就是要学习社会主义，也就是要学习马克思列宁主义。

我们学习马克思列宁主义的目的，是要使我们学会能够用马克思列宁主义的立场、观点和方法，来正确地处理中国革命的实际问题，同时使我们能够正确地有批判地吸取古代优秀的文化遗产。我们不要求死读马克思列宁主义条文，而是要求精通它，然后应用它，精通的目的全在于应用。所以我们要提倡独立思考，联系实际，重视学习质量。为了提高学习质量，我们采取"宁可少些，但要好些"的精神来安排我们的学习。因为少了就能够学得熟学得透。熟能生巧，贪多了消化不了就不会运用，倒不如学得少一点学得好一点，在已学好了的基础上再争取增多。

现在我院的149名学员中，大多是年龄较大的同志，其中很多是参加过"辛亥革命""五四运动"的老前辈，现在又是在各个部门中担任负责工作的高级干部，他们对于一般学术已经有了修养，又有丰富的社会知识和实际工作经验，有较高的理解能力和独立钻研的能力，对于马克思列宁主义也曾看过一些书籍。但是马克思列宁主义是一种完整的、正确的学说，必须有系统的学习，才会得到它的全貌。理论联系实际，是共产党传统的行之有效的方法，必须大力提倡。只有把马克思列宁主义的普遍真理和中国革命的实践结合起来，才不致犯教条主义的错误。我们在学习中，不仅要联系中国的实际，而且要联系外国的实际，不仅要联系现在的实际，而且要联系过去的实际。我党中央，特别是毛泽东同志，是善于以理论联系实际的，因而能够领导我国革命获得一次又一次的伟大胜利。例如：我国的人民民主统一战线，不仅在长期革命斗争中要继续下去，而且在人民民主专政时期中也要长期继续下去。这是创造性地以理论联系实际的例子。又如革命在全国获得胜利后，毛主席就用"全盘包下来"的办法，使人人有饭吃、人人有事做，这就是古书上所说"民吾同胞，物吾同与""一视同仁"的气魄。他又说："不让饿死一个人。"这比"一夫不获，时余之辜""使人人各得其所"等古代胸怀更加伟大。因而能团结群众为实现社会主义而奋斗。这也是合乎曾子答孔子门人问所说"忠恕"二字的道理。忠是尽自己的责任，恕是推己及人，也正如孔子所说，"己所不欲，勿施于人""己欲立而立人，己欲达而达人"。毛泽东同志善于以社会主义的内容用民族的形式表达出来，善于用民族的成语表达出来，使人感到熟悉而亲切。如"惩前毖后""治病救人""以其人之道还治其人之身""实事求是""推陈出新""百花齐放""百家争鸣"等等都是很好的例子。我们应当用这种方法来学习马克思列宁主义。

几千年来中国的文化遗产是很丰富的，有很多杰出的著作，也有很多伟大的发明创造。如指南针、天文、数学、医药学、印刷术、造纸等等，尤其在思想方面有许多伟大的人物，我们大家所熟悉的要算孔子，他是我国古代最伟大的思想家之一，他和希腊伟大的思想家亚理士多德差不多同时代。现在我把上面所讲忠恕二字的关于曾子答孔子门人问的一段故事全部写出来，加上我不成熟的解释意见，以供大家参考研究。"论语"上说："子曰：参乎！吾道一以贯之。曾子曰：唯！子出。门人问曰：何谓也。曾子曰：夫子之道忠恕而已矣。"旧时的解释说："尽己之谓忠，推己及人之谓恕。"这固然很好，但是他们两人讲话中的内在联系没有明白说出来，就使人难于了解。假如用现在通俗的话来说就是：孔子叫曾子的名字说："参啊！我的'道'用一个'一'字就可以贯通了。"曾子立刻答复说："是！"这是表现曾子有深刻的了解。等到孔子出去后，学生们问曾子说："先生讲的什么？"曾子答复说："先生的'道'就是'忠、恕'两字罢了。""道"是中国古代哲学家的通用语，它的意义就是"道路"或"道理"，可作"法则"或"规律"解释。孔子和曾子的谈话还可以从"许氏说文"上得到解答，说文解释"一"字说："'一'唯初太始，道立于一，造分天地，化成万物。"注解说："太始就是太极。""易经"上说："易有太极，是生两仪。"又说："一阴一阳之谓'道'。"这就是说，一个统一（整体）的东西中间包含有两个不同（矛盾）的部分，就是有一阴一阳在其中的所谓"道"的本质。现在我们画的太极图是一个圆圈内画两个相等而不同颜色的鱼的形状，这就是表明在一个东西内包含有两个相反相成的东西。这两个东西在"易经"上叫作两仪，又叫作"阴、阳"。又可以叫作"天、地"，如老子说："有物浑成，先'天、地'生。"因此我们可以说，孔子所说的"一"，就是所谓"太极"的一个统一（整体）物，而曾子所说的"忠、恕"就是一个统一（整体）物内在的相反相成的两部分"己、人"（矛盾）。这和辩证法"对立的统

"一"的特征相合。列宁说："'统一'（整体）物之分而为二以及我们对其各'矛盾'部分的认识，是辩证法的本质。"（见列宁"关于辩证法问题"）请看列宁著"黑格尔'逻辑学'一书摘要"的附录，就可以更清楚地了解这个真理。

由此看来，我们如果以马克思列宁主义的理论来整理我国古代学说合理的部分，是可以得到一些收获并且能发扬光大它们。当然不能庸俗地、歪曲地、牵强附会地来证明说马克思列宁主义的辩证唯物主义我国早已有了。因为马克思的辩证唯物主义是在19世纪40年代，资本主义更发达了，发生周期性的经济危机，而无产阶级已经强大起来和资产阶级斗争的尖锐化，而且得到了一些胜利。这就表明无产阶级是资产阶级的掘墓人，资本主义必定归于灭亡，社会必向共产主义前进。马克思用革命的方法批判地吸收并改造和发展了几千年来人类思想所积累的全部先进成果，才创造性的得出了辩证唯物主义这一伟大的真理。这是时代的产物。是社会发展到资本主义时代阶级斗争更加明显、更加剧烈的时代产物。虽然古代大思想家多少都了解一部分辩证法，但不能说他们已经了解了整个辩证法，更不能说他们已经有了辩证唯物主义。因为他们受了时代的限制，不可能有马克思这样的辩证唯物主义。因此，不能把原始的朴素的辩证法的一些表现与马克思主义的辩证唯物主义混为一谈。这是必须说明的。各位同志马上就开始学习了，对此一定会感到很大的兴趣。我希望同志们在学习中不仅要和现在的实际联系，而且也联系到古代的历史学说。因为我们这些老同志大半都有丰富的旧学研究，是容易作到的。我所说的如有错误或不妥当的地方，还望给予批评纠正。

另外，我还想证明两点，这就是我们的学习方法采取自由、自愿、自觉的原则，是不是连必要的制度也不要了呢？不是的，一些必要的制度，如上课时除特殊情况外不能迟到早退等等，还是应该要的。因为只有这样，才能够保证学习质量。其次就是我们的教师虽然比较有系统地学过马克思列宁主义，学到了许多东西，但一般说来都比较年轻，教学经验也还不是很多的。我院的学员，一般的对旧学有些研究，因此，在学习中，教师和学员应该是互为师生，互相学习，互相取长补短，使"教学相长"，以求共同提高。关于教学方法和教学计划另有规定，我就不讲了。

同志们，学习是一件艰苦的脑力劳动，必须发挥刻苦钻研的精神。掌握并学会运用马克思列宁主义科学，是一个艰巨的任务，必须老老实实地学习，再学习。科学的道路并不是平坦的，但只要我们努力，科学堡垒是能够攻破并占有它的。因此，我希望我们的学员努力地、勤恳地学习，我们的工作人员努力地工作，提高工作效率，用创造性的态度钻研业务，更好地为教学服务。我想只要全院的同志们同心协力，社会主义学院是能够办好的。

最后，预祝同志们学习好，身体健康。

# 学习苏联，改造思想，全心全意为建设社会主义服务[*]
（1957年11月6日）

四十年前十月革命一声炮响，俄国的工人和农民，取得了政权，人类历史上第一次社会主义革命在全世界六分之一的土地上胜利了。十月革命实现了劳动人民世世代代的愿望，宣告了人对人剥削的结束，宣告了一切社会压迫和民族压迫的结束，宣告了新的社会主义社会建立时代的开始。十月革命以后，苏联工人阶级在共产党领导下，紧密地团结着农民和其他劳动人民，在革命初期，战胜了国内反革命势力及十四个帝国主义国家的武装干涉；在第二次世界大战期间，又粉碎了法西斯侵略者；四十年来，苏联人民，英勇地保卫着社会主义，辛勤地建设着社会主义。今天苏联人民已经排除万难，建成了社会主义社会，正在建设共产主义社会的旅程上大踏步迈进。

列宁的预言实现了："我们苏维埃社会主义共和国，将作为国际社会主义的火炬，作为各国劳动群众的范例而稳固地站立着。"苏联自从他立国的第一天起就以国际主义的精神，支援其他国家的人民革命。在这些国家革命成功之后，他又无私地，慷慨地以他的经验，技术和物资支援他们的建设。今天以苏联为首的社会主义阵营已经占全世界领土的26％，人口的35％，工业生产的三分之一。社会主义已成长为不可战胜的世界体系，并胜利地同腐朽的资本主义体系竞赛。社会主义体系的存在和发展鼓舞着全世界的工人运动和民族解放运动。

今天，亚非两洲亿万人民，已挣脱了殖民主义的锁链，建立了许多爱好和平的大国。这标志着列宁所预见的世界历史的新时期的到来，东方各民族复兴

---

[*] 人民大学周报，1957-11-06（1，6）.

起来，独立自主地决定自己的命运，积极地参与解决全人类命运的事业。

资本主义国家的共产党和工人党正在日益壮大。他们正在领导着无产阶级，团结一切劳苦大众，为改善自己的生活，为争取民主、和平和社会主义而进行英勇的斗争并获得了巨大成就。毫无疑问，他们将要战胜资本主义而获得最后胜利。

这一切都说明：伟大的十月社会主义革命的四十周年，是苏联各族人民，各社会主义国家，整个国际工人阶级，全世界劳动人民的光辉的节日。

中国人民一贯把中国革命看作是伟大的十月社会主义革命的继续。几十年来中国人民在中国共产党的领导下英勇地、坚决地沿着十月革命所开辟的马克思列宁主义革命大道前进，终于在 1949 年推翻了帝国主义，封建主义，官僚资本主义的反动统治，建立了中华人民共和国。建国以后短短的八年中，在党和人民政府的英明领导下，在全国人民一致努力和苏联的无私的大力援助下，我们在经济建设和文化建设方面都有了迅速的发展。我国第一个五年计划即将顺利地完成并超额完成。

开国之初，我们的党和政府即确立了在教育事业上学习苏联的方针，这是完全正确的和必要的。应我们政府的请求，苏联派遣了一批优秀的具有高度学术水平和国际主义精神的教育专家来帮助我们发展教育事业，使我们全国教育工作者有更好的机会通过他们学习苏联教师们四十年来积累起来的教育业务方面的先进经验。学习苏联社会主义教育经验，对于我们这样一个比较年轻的社会主义国家的教师来说，是十分重要的。我们全体教师必须坚定不移地遵循党的既定方针，学习苏联，过去几年我们学习苏联已经有了很大的成绩。

我国在教育事业上，在共产党的领导下，确定了以马克思列宁主义为教育事业的指导思想，确定了在一切学校都要重视社会主义思想教育。

我们还确定了教育为社会主义经济服务的原则，因而我们各级各类学校教育都是按照需要与可能，有计划地，按比例地得到了最合理的和最大限度的发展。

我们在高等学校进行了院校调整和专业设置。我们制定了各级学校的教学计划和教学大纲并编出了教科书。我们采取了理论与实际联系，苏联经验与中国情况相结合的教学方针。我们在教育制度和教学组织方面也进行了改革。

这一切使得我国的为封建主义，官僚资本主义，帝国主义服务的旧教育改变成为社会主义服务的新教育。这是一个根本的变革，是一个伟大的成绩。这些成绩是右派分子所敌视的。他们污蔑学习苏联是教条主义。他们要我们放弃学习苏联。我们万万不能上右派的当。我们要肯定学习苏联所已经取得的成绩。但是我们不能满足于已有的成绩，更不能忽视缺点和错误。我们还要更加努力，结合我国的实际情况，继续学习苏联的教学经验，改正我们的缺点和错误。

根据我国现在的政治形势，根据我国教师队伍的政治思想的实际情况，我们单学习苏联教育业务经验是不够的；我们还必须学习苏联教师的全心全意为社会主义服务的精神。

在苏维埃政权初期改组国民教育时，资产阶级知识分子中的反动派是十分仇视的。他们采用各种形式的怠工来阻止教育事业的发展。广大教师群众是在苏联共产党领导下和全俄总工会的帮助下才组织了自己的工会，对反动派进行斗争，取得胜利，把教育事业推向社会主义的轨道，并在工作和斗争中锻炼自己，改造自己。这一经验对于我国今天的教师来说是十分宝贵的。

最近几个月来，在我国各级学校里，资产阶级右派分子和社会上其他右派分子互相呼应，发起了向共产党，向社会主义的进攻。他们选择了党提出百家争鸣，百花齐放的政策，宣传正确处理人民内部矛盾，党的整风等作为他们进攻的"时机"。他们认为教师和学生中的大多数会跟随他们。他们的进攻是极为猖狂，极为狠毒的。

右派分子在学校内的主要目的就是反对社会主义教育，使资本主义教育复辟。他们第一着就是进攻党对学校的领导。他们说党对教育事业是外行，外行不能领导内行。那末，谁才能领导呢？不言而喻，右派分子认为只有他们才是"内行"，也只有他们才能领导。的确，对于资本主义教育，他们是有些"内行"。但是如果这些"内行"的阴谋真正得逞，他们就必然会把我国的教育引向他们梦寐以求的目的地——资本主义教育。

右派分子对于党所提出的社会主义教育方针和政策肆意攻击。他们反对教育向工农开门。他们反对以马克思主义教育青年。他们要求资产阶级的社会学，经济学，历史学，教育学，哲学复辟。他们反对教学大纲而主张自由选材，自由讲课，以遂其向青年一代自由散布资本主义毒素的阴谋。还必须指出右派分子反对党的领导，必然就会反对党对学校工会组织的领导。事实证明右派分子在少数学校中曾经一度篡夺了工会的领导，把工会变成反党，反社会主义的阵地。这是值得我们十分警惕的。

右派分子当初满以为他们的阴谋可以得逞，但是他们估计错了。广大教师和学生并不跟随他们而是跟随共产党走社会主义的道路，使得教育界的右派分子和社会上其他右派分子一样陷于完全孤立。

现在，反右派斗争在高等学校，一般已取得了决定性的胜利，但还没有结束。在中小学一般才开始战斗。当前的任务是把反右派斗争进行到底，争取彻底胜利，决不半途而废。

学校里这个两条道路的斗争是关系到每一个人的切身利害的。不把右派反掉，社会主义教育事业是不可能顺利发展的。每个教师都应该在共产党的领导下，以誓不两立的决心，参加战斗，并在斗争中得到锻炼，改造自己的思想。

参加突击式的，运动式的反右派斗争，在斗争中锻炼自己，是教师思想改造的一个重要部分。但还不是思想改造的全部。在现阶段，教师必须积极参加反右派斗争，参加社会主义大辩论。在此以后，教师们还必须在党的领导下进行经常的思想改造。这种经常的思想改造将要通过政治理论学习，通过社会生活实践和体力劳动，通过专业研究来进行。这两种方式都很重要，缺一不可。教师们只有积极参加这两种方式的学习和锻炼，才能更好地提高思想觉悟，确立社会主义立场，真正成为名副其实的人民教师。

我国现在有二百多万教师，其中大多数都是好人，只有极少数是右派。但是和苏联教师相比，我们大部分教师还不能说已经成为工人阶级的知识分子。苏联有了四十年的无产阶级专政，现在苏联教师的绝大多数是十月革命以后成长的，他们是在苏联共产党领导下，在实际工作和斗争中锻炼出来的。他们出身于工人和农民，他们同人民有密切的联系，他们深刻理解人民的利益，并忠实地为人民服务。社会主义阵营内有这样一支出色的教师队伍，我们感到自豪并且一定要向他们学习。

我国教师和其他知识分子一样，"过去经过几次运动，多数人都有了不同程度的进步，有一小部分人已经成为右派。多数人现在可以接受或者并不反对社会主义，但是他们中间的许多人浸透了资产阶级世界观，真正变为工人阶级

的知识分子还需要一段相当长的时间"。（邓小平：《关于整风运动的报告》）

这种情况是远不能适应新社会的需要的。毛主席说："我们的教育方针，应该使受教育者在德育、智育、体育几方面都得到发展，成为有社会主义觉悟的有文化的劳动者。"这就要求教师把自己改造成为工人阶级的知识分子。目前教师的中心问题就在这里。教师必须进行思想改造，必须逐步地抛弃资产阶级的世界观，树立工人阶级的，共产主义的世界观。

资产阶级思想就是自私自利。个人主义，本位主义，绝对平均主义，自由主义，无政府主义，民族主义都是资产阶级思想的表现。教师们必须抛弃这种污秽的东西。

工人阶级思想与此相反，那就是全心全意为人民服务的思想。集体主义，高度的纪律性和组织性、大公无私、爱国主义、国际主义都是工人阶级的思想。教师们必须树立这种新思想。

教师们要想改造自己的思想，坚决地走社会主义的道路，最必要的就是接受党的领导，党的监督，党的教育；就是永远保持和工农的密切联系，养成勤俭朴素的作风，在生活上和工农群众打成一片。

思想改造是长期的，要逐步进行，但必须进行到底。思想改造对教师来说尤其重要。教师是直接教育青年的人，他教出来的人将成为什么样子，这与教师是怎样的人有十分密切的关系。按照苏联教育家的说法，教师是灵魂工程师，如果他不首先铸造自己的灵魂，要把青年的灵魂铸造好，就等于缘木求鱼。古人所谓"以身作则"也就是这个道理。所以我们必须依照毛主席的指示"继续前进，在自己的工作和学习的过程中，逐步地树立共产主义的世界观，逐步地学好马克思列宁主义，逐步地同工人农民打成一片，而不要中途停顿，更不要向后倒退，倒退是没有出路的"。

还应该指出，学校工会组织，无论是在突击运动中或是经常学习中，都应该在党的领导下，发挥共产主义学校作用，使用各种群众工作方法，帮助广大教师群众，进行思想改造。

教师们！让我们高举十月革命的旗帜，坚持不懈地学习苏联，反对右派，改造思想，提高业务，以实际行动来庆祝伟大的十月社会主义革命四十周年，为在中国实现社会主义教育而奋斗！

# 工会对教师和科学工作者的工作[*]
（1957 年 12 月 5 日）

各位代表、各位同志：

我完全同意赖若愚同志"团结全国人民，勤劳节俭，建设社会主义的新中国"的报告，并在今后的工作中坚决贯彻执行。现在我想把中国教育工会的工作情况和对于今后工作的意见，向同志们作一个简单的汇报。不当之处，希望同志们提出意见和批评。

中国教育工会的工作在党中央和全国总工会的领导下，根据中国工会第七次全国代表大会规定的工会在国家过渡时期的方针任务，随着我国教育、科学事业的迅速发展，四年多来有了很大的发展和提高。

首先是我们的组织扩大了。会员人数已由 1953 年的 767 800 人，增加到现在的 2 012 212 人，增长了一倍半以上，占教育、科学工作者总人数的 80%。基层组织数由 21 999 个增加到 42 694 个（缺云南数字）。

为了进一步提高广大教育、科学工作者的政治觉悟，各地教育工会组织，不论在思想改造运动中或在反对胡风反革命集团的运动中，特别是在目前正在进行的整风和反右派运动中，都曾在各地党委的领导下发动和组织群众，积极地参加了斗争，把群众团结在党的周围，取得了历次斗争特别是这次反右派斗争的伟大胜利。并且在日常的思想政治教育工作方面，也做了一些工作，如协助党委动员和组织群众参加理论学习和时事政策学习等，对于贯彻党的团结、教育、改造知识分子的政策都起了一定的积极作用。为了提高教师的教学业务水平以保证教育质量，为了改进学校管理，各地教育工会组织根据群众需要与

---

[*] 光明日报，1957-12-05（2）。

可能，通过新老互助，业务讲座，生产会议（或业务座谈会），合理化建议等形式，广泛开展了群众性的业务活动。为了改善教育、科学工作者的物质、文化生活，教育工会组织开展了多方面的生活福利工作和丰富多采的文化体育活动。根据运用群众自己的力量解决自己的困难问题的精神组织起来的互助储金会，已发展到 23 610 个，参加人数达 875 556 人，基金总额已增至 6 979 502 元。其他在帮助行政改善教工的工作条件、生活条件，用好福利费，举办托儿所等方面也做了一些工作。各地教工俱乐部近二年来在不断增建着。各种业余艺术活动小组也有了很大发展。在部分地区的 4 243 个图书馆（站）里，藏书已达 2 675 498 册。中国钟声体育协会的会员已发展到 376 520 人，各种群众性的体育活动日益开展。为了在农村分散情况下开展教师的文化体育活动和交流经验，我们学习了苏联的先进经验推广了"教师日"活动。这一活动已在 21 个省（市）、自治区展开，受到了教工群众的普遍欢迎。根据教育工作者的生活特点开展的暑期活动，几年来有了很大发展。到 1956 年规模更大、范围更广了，据部分材料统计，参加各种活动的教工人数达 50 万人次。所有这些工作与活动，在一定程度上提高了教育工作者和科学工作者的觉悟程度和业务水平，从而鼓舞他们积极地有效地完成了国家第一个五年计划规定的教育建设和科学研究的任务。因而，广大教育、科学工作者对于他们自己的组织——教育工会是热爱的。事实证明那种认为"工会可有可无"、"工会根本不起作用"的说法，那种对于建设时期工会工作的方针怀疑、动摇的思想显然都是错误的。

但是，在我们贯彻执行工会"七大"规定的方针任务的时候，在我们的工作中却存在着某种程度的盲目性。

教育工会，是一个以教师和科学研究工作者为主体的知识分子的工会。它和其他以产业工人为主要成员的工会有着很大的不同。这种不同，除了教育工会的主要成员——教师和科学研究工作者是脑力劳动者这一特点外，还在于他们虽然也是以工资收入为生活资料来源的人，应该属于工人阶级，但由于他们的家庭出身和过去所受教育的影响，他们的大多数在意识形态上还是资产阶级和小资产阶级知识分子。这一特点，在过去我们是认识不够的。因此，在 1956 年 1 月中央召开了关于知识分子问题的会议以后，一方面引起了全党、全国对于知识分子工作的重视，因而也对教育工会的工作给予了很大推动。但是另一方面,我们对中央的精神的领会是不全面的,只看到了知识分子作用的重要和他们进步的一面,因而在实际工作中表现了片面强调照顾,处处迁就,只抓住了改善他们的工作条件、生活条件的工作(当然是应该做而且今后也还必须做的),却放松了对他们的思想政治工作。这就说明我们在执行党的知识分子政策时只强调了团结的一面,而放松了改造的一面。直到这次整风、反右派运动深入展开,问题突出地暴露出来了以后,我们才比较地明确了这一特点,即对于多数科学研究工作者和教师群众来说,他们的立场和为谁服务的问题并未完全解决。近来有人说,过去说知识分子属于小资产阶级,现在又说是属于资产阶级,他们认为不恰当。我们知道,知识分子在旧社会是很尊贵的,旧时把人民分为士、农、工、商,"士",就是知识分子,被称为"四民之首",他们也自视很高,常说"宰相必用读书人"。今年大鸣大放时,右派分子还说,对待知识分子要有三顾茅庐的精神,俨然以诸葛亮自居,妄想作"王者师",象西欧的教皇、教主一样,站在一切人的头上。这不仅是资产阶级思想,而且是封建主义思想。在一部分青年知识分子中,也有自高自大的言行,自以为比别人聪明,高人一等,看不起工农劳动大众。这一情况,就表明在教育工会的主要成员的大部分人当中,还应当在政治上和思想上进行社会主义改造。又由于他们是教育人的人,被誉为灵魂工程师,根据"教育者必须受教育"这一原理,对他们的思想政治教育就更加重要了。

根据我们过去工作中的经验和当前新的形势,根据毛主席"关于正确处理人民内部矛盾的问题"讲演的精神,为了充分动员广大教育工作者、科学工作者以更大的热情迎接和实现第二个五年计划,我们认为教育工会今后应特别加强下面三方面的工作:

首先是必须加强思想政治工作,协助党对教育、科学工作者进行思想改造。除了目前必须把整风运动和反右派斗争进行到底外,我们必须在工会工作中全面贯彻党的团结、教育、改造知识分子的政策。这是教育工会在今后相当长的一个时期内的重要任务。知识分子的改造主要应该依靠自我教育,而教育工会正是教育、科学工作者进行自我教育、自我改造的群众组织。工会在这方面的工作除继续加强日常的思想政治工作外,今后应把组织教育、科学工作者参加体力劳动,组织参观、访问,以便使他们通过社会生活的观察和实践获得对于社会主义前途的信心,作为一项重要任务。加强工会的思想政治工作,提高会员的阶级觉悟,特别对于党的力量薄弱或尚未建党的中、小学更为重要。在这里工会要更加善于深入群众、联系群众,提高群众对于党的认识,帮助党在教工群众中发展党的组织。

其次,工会必须在正确处理学校内部矛盾方面充分发挥自己的调节作用。学校中的人民内部矛盾的产生,也和其他方面一样,其原因不外两种,一个是学校领导方面的某些官僚主义,一个是群众中还存在某些落后思想意识。工会就应该一方面发挥群众监督作用,帮助学校领导人有效地克服官僚主义,另一方面对群众的某些不合理的或过高的要求进行说服教育。工会过去也曾经采用会员大会或代表大会、生产会议等形式对行政领导提出批评、建议,也曾经向群众做了一些宣传解释工作,从而起到了一定的调节作用;今后应该在党委领导下,更加有明确目的地和主动地发挥调节作用。

再次,工会必须协助行政办好社会主义教育事业,完成国家教育计划。根据过去的经验,工会不论在扩大教师的知识领域,研究和交流教学经验,改进教学方法、教学组织和教学管理,协调教学部门与辅助部门的关系,提高教学辅助人员的业务水平和改善教学条件方面,还是在发动群众讨论,修订教学计划、工作计划以及组织群众保证完成计划等方面,都是可以而且应该做许多工作的。过去在这方面也积累了一些好的、行之有效的经验。很多事实证明,群众在业务方面遇到的许多实际问题,不是行政领导上所能完全照顾得到或者能完全解决的,工会需要进行许多工作。比如教职员提出许多意见,工会应该帮助他们加以研究并向行政反映;提醒和协助行政改进可能改进的教学条件等。特别在动员、组织群众自己解决自己的问题方面,工会能够做很多工作。如动员老教师传授经验帮助新教师,有些具体经验行政没有力量总结而又为群众所需要的,工会在业余时间组织一些活动加以总结和传播就很起作用。如上海市教育工会,在业余时间组织先进教师顾巧英报告她的教学经验,听讲群众风雨无阻,得到广大教师的拥护;内蒙呼和浩特市立中学利用业余时间组织古典文学讲座,深受群众欢迎。工会做这些工作时应总结过去积累的好的经验,善于引导教师群众自己解决自己的问题。

教育工会做好了上面这些工作,就有可能鼓舞广大教工群众和科学工作者以极大的信心和勇气来贯彻实行第二个五年计划规定的国家对他们的要求，也就有可能在党建设工人阶级知识分子大军的伟大历史任务中，发挥自己的作用。

最后，我们认为应该特别指出的一点，是今后教育工会各级组织要把工作做好，在必须紧紧依靠党的领导的同时，还必须在省、市地方工会的领导和经常指导下深入群众，依靠群众，改进工作，改善作风，克服缺点，坚持马克思列宁主义的职工运动的正确方针路线，同一切修正主义倾向作不调和的斗争。因此，我们希望各级地方工会加强对教育工会的领导，随时监督和帮助教育工会贯彻执行工会"八大"规定的方针任务，以及教育工会1957年第二次省、市主席联席会议确定的加强思想政治教育工作的任务。

## 谈勤工俭学和新学风（摘要）*
（1958年5月9日）

现在我们所提倡的勤工俭学已经和四十年前留法勤工俭学时代的意义不能完全相比了，不管是在目的上还是在做法上都有了很大的变化。今天我们提倡勤工俭学，这也正是我们的教育方针。我们的教育是要和生产相结合。现在我们一方面要学习，一方面要劳动。这种做法，也因每个人的学习情况不同，有各种做法；有的可以经常一面劳动，一面读书；有的可以利用寒暑假集中劳动一个时期；有的可以每周课余抽出几小时劳动。无论是在农田里劳动还是在工厂中做工，或是其他劳动，都是在劳动实践中学习。这样不但可以使书本知识和生产实践相结合，也使脑力劳动和体力劳动相结合。我们今天所提倡的勤工俭学的政治意义，主要就是在使社会上脑力劳动和体力劳动结合起来，改变社会上脑力劳动和体力劳动脱离的情况，使社会上轻视体力劳动的风气改变过来。当然，在劳动中也可以帮助解决学生学习上的一部分经济困难，使家庭和国家都减轻一些负担，这个意义也很重要。但是我们绝对不能只把勤工俭学的意义停留在经济方面的意义上，更重要的应该还是它的政治意义，改变脑力劳动和体力劳动的脱节。只要大家既重视脑力劳动又重视体力劳动，这样不但可以改造人的思想，也可以改变社会上的风气。我们要深刻地认识今天勤工俭学的这个重要的政治意义。

提倡勤工俭学是改造社会、改造大自然、改造人的思想的最好方法之一。青年学生一面劳动，一面读书，不但可以增进身心健康，在劳动中改造思想，而且如果社会上大家都勤于劳动，刻苦学习，这样，整个的社会风气就会变

---

\* 人民日报，1958-05-09（7）.

了。蓬勃的社会主义建设需要我们每个人生气勃勃，尤其是青年人要富有朝气，一面劳动，一面读书，做有技术、有文化的劳动者，这样我们改变大自然，征服大自然，发展科学就完全有可能了。

今天，我们党在整风中号召大家打掉官气、暮气、阔气、骄气和娇气，这样才能真正和工农结合起来，和人民群众在一起，改造我们的社会。现在如果下乡看一看，男女老少一片勤于劳动的风气，真是了不起，这使我们相信靠人力是可以改变大自然和社会的！

妨碍学习的不是勤工俭学，而是许多人有个人主义追求名利的坏思想，这种坏思想是真正阻碍学习的东西，我们提倡勤工俭学的风气，正是要去掉这种坏思想，提倡脑力劳动和体力劳动相结合，理论和实际结合，深入钻研科学的风气。吴老说，现在生产力发展了，科学也在跃进，我们一定要深入研究，付出更多的思想上和体力上的劳动，才能使科学有进一步的发展，更好地为建设社会主义服务。中国知识分子实际上是非常浮浅的，过去，旧中国许多知识分子只知追求名利，做了官以后，就不肯再学习了，因此不可能做到真才实学。我们要想认真学一样东西，就要刻苦学习，在劳动实践中去求知识，即使花几十年功夫才得出道理来，也是可贵的。世界上有些著名科学家探求真理的苦干精神是值得学习的。我们今天提倡勤工俭学，也要提倡这种刻苦钻研和踏实地干、踏实地学习的风气。

# 在中国人民大学庆祝中国共产党成立三十七周年大会上的讲话*
（1958年6月28日）

同志们！同学们！

党的三十七周年诞生纪念日就要到来了。今天我们开大会，来纪念我们党的诞生日"七一"。

今年纪念"七一"，具有更重大的历史意义。回忆过去，展望将来，使我们感到无比的欢欣和鼓舞。

谈起党的历史来，可以谈很多。我今天只讲一讲中国共产党一开始就具有伟大的共产主义风格，为全国人民设想，为全世界人类设想，以求早日实现共产主义社会这样一个问题。

我们的党自成立时起，就有明确的奋斗目标，即在我国实现社会主义社会和共产主义社会。

我们的党自成立时起，就是根据马克思列宁主义的普遍真理和中国革命的实践相结合的原则来指导中国的革命运动。三十七年来的历史证明，以马克思列宁主义、毛泽东思想武装起来的中国共产党是战无不胜的。

三十七年来，我们党经历了光荣的道路。三十七年，作为一个历史时期来说并不长，但是就在这短短的历史时期内，我们党不仅领导全国人民取得了新民主主义革命的胜利，而且已经取得了社会主义革命的基本胜利，现在又在领导全国人民进行伟大的社会主义建设。中国共产党领导中国人民进行革命斗争和进行社会主义建设的经验，可以说是伟大的马克思列宁主义创造性的运用和发展。

---

\* 教学与研究，1958（7）：1—4.

大家知道，当中国共产党成立的时候，中国工业极其微弱，工人阶级的力量还没有壮大起来，只有约三百万的工人，而且其中很多是刚由农村转入城市的农民。真正的血统的产业工人为数并不多。这种情况，与西方的国家不同，与苏联十月革命的时候情况也不同。沙皇俄国同其他帝国主义国家的经济比较起来虽很落后，但比起中国当时的情况要发达得多。面对着这样一种情况，我们党创造性地运用了马克思列宁主义，认为中国工人阶级的力量虽不十分强大，但他是发展的阶级，最革命的阶级，他能够完成自己的历史使命。因为中国社会的半封建半殖民地性质，就决定了不仅农民阶级是工人阶级巩固的同盟军，而且小资产阶级也是中国革命的同盟军，民族资产阶级在一定时期内也具有一定的革命性。中国共产党根据中国国情，制定了符合中国实际情况的以工人阶级为领导的以工农联盟为基础的联合其他各革命阶级的统一战线，结果完成了新民主主义革命这样一个艰巨的任务。党的历史证明以陈独秀为代表的右倾机会主义者不相信工人阶级的力量，更不相信农民阶级的力量，他们只看到资产阶级的力量，放弃无产阶级的领导权，使中国第一次大革命遭到失败。最后这些机会主义分子投入了以蒋介石为代表的大地主和大资产阶级的怀抱里，成了革命的叛徒。而"左"倾机会主义者则相反，他们只看到工人阶级的力量，不相信农民阶级的力量，而且错误地估计了小资产阶级和民族资产阶级在革命中的地位。结果也使革命事业遭到重大损失。

大家也知道，在第二次国内革命战争初期，革命处于低潮的时候，中国共产党在毛泽东同志正确领导下，继续创造性地运用了马克思列宁主义，并没有采取无产阶级革命一般是首先由城市暴动，然后普及到农村，最后解放全国这样一个步骤。而是根据中国国情，采取了符合中国实际情况的先在农村建立根据地，以农村包围城市，逐渐解放全国的步骤。在右倾机会主义者看来，革命已经失败，应该由资产阶级领导革命，向资产阶级投降。而"左"倾机会主义者则主张在城市组织暴动，在一省或数省胜利后立即夺取全国。这样做的结果都使革命事业受到损失。

仅从以上两个例子就足以说明，中国共产党从建立时候起，就善于创造性地运用马克思列宁主义，并且具有伟大的共产主义风格和气魄，所以他能够在任何情况下坚韧不拔地领导中国人民向新的胜利前进。

纪念"七一",回忆党的历史,对我们具有很大的意义。今天虽然时代不同了,国际上东风已经压倒了西风,国内正在以冲天的干劲进行社会主义建设。在这个时期,继承和发扬我们党的这种独创精神和共产主义风格,树立敢想、敢干、敢作、敢为的共产主义风格,显得更为重要。这种共产主义风格已开始为广大群众所掌握,并且已经产生了巨大的力量。我今年外出了几个月,亲眼看到了许多动人的事迹,对我鼓舞很大。我曾经参观过自贡市化工厂。他们奋战六昼夜,氯化钡的质量超过了英国。原来我们的氯化钡含钙量在万分之十以上,英国的氯化钡含钙量是万分之三点五,英国来信说,我们的氯化钡只等于他们"大英帝国"的三级品,英国的这种傲慢态度激怒了我们的职工,他们把所谓"大英帝国"并不看在眼下。经过奋战六昼夜,试验了四次,终于成功,含钙量降低到万分之三,超过了英国一级品的规格(五月份该厂职工使含钙量再度降低到万分之二)。当我去参观的时候,外国人已向我们订货两千多吨。这是一件了不起的大事。我也曾参观过荣县五一农业社和金花乡十二农业社发明的两种木牛,两种木牛的构造都很简单。五一农业社的木牛,像个水车架子,下面用一个像南方那种打谷拌桶一样的长方形的小船浮于水面,中间有一木轮,两头用竹绳牵引着,一个人坐在上面踩,一个人扶犁。金花乡十二农业社的木牛是两个木轮,两个人踩,不用竹绳牵引,转动比较方便。前者比牛耕田提高效率一倍,后者提高效率一点五倍。这两种木牛各有优缺点。他们已经开始使用,并在使用中求得进一步改进。这两种木牛虽还比较"原始",但可改进,如果再加以改进,效率还会提高。木牛的意义在于:不仅解决了缺牛的困难,而且提高了生产效率,更重要的是打开了南方水稻田半机械化和机械化的广阔前景,意义是非常重大的。我还参观过成都友谊农业社的居民点,他们把分散的住户适当的集中起来,这样不仅便于管理,有利于生产,而且可以节约大量土地,拆下的木石砖瓦还可以利用,拆下废墙土还可以做肥料。我也参观过重庆新立农业社,他们用牛粪喂猪,解决了饲料不足的困难。我也参观过荣县炼铁厂,他们已建好一座日产十五吨铁的小高炉,并已开始生产。这个厂还要扩建,计划五年内达到年产五万吨铁,还要建设小型炼钢厂。这是中央提出的中央工业和地方工业、大型企业和中小型企业同时并举方针的一个体现。就是全国各地这些许许多多的中小型钢铁厂,使得我国钢铁产量和钢铁生产能力飞跃地向前发展。可以肯定的说，党中央提出的在十五年或者更短的时间内在钢铁和其他主要工业产品的产量方面赶上和超过英国的战斗号召，将会大大地提前实现。

我这次外出所看到的动人事迹很多，不胜枚举。这些事迹，对我们来说是大喜事，可是我们的敌人则认为是祸根。这里我想引证英国《每日快报》刊登的弗雷德里克·埃利斯所写的"1958年的黄祸"这篇文章，看看他是怎样描写我国大跃进的。他说："每一代人都面临'黄祸'威胁。在两次世界大战之间……这个威胁来自日本。""这一代人面临最强有力的威胁来自东方：中国的'黄祸'……""世界五大洲工人的工作情形我都看过。但是从来没有见过象红色中国工厂中呈现的那种人类的活力。""选定的目标是英国……，十五年在工业生产方面赶上英国。""按照目前的速度，……用不了这样久就可以达到这个目的。""几乎是一夜之间，一个农民的国度变成了具有高度技术的工程师和技术人员的国度。这种景象不禁使人感到又敬又畏。"

从以上这几段话可以看出，作者是为帝国主义服务的走狗。我们加速发展生产的目的是建设社会主义，逐步提高人民的物质和文化水平，并不危害人类，而是为人类造福。而过去的日本帝国主义则相反，它发展生产的目的是为了侵略，随着它的生产力的发展，它的侵略野心越来越大，它侵略朝鲜，又侵略我国，还想建立什么"大东亚共荣圈"。这位记者把社会主义的中国和过去的日本帝国主义混为一谈，这是对中国人民的污蔑，同时也暴露了帝国主义对我国社会主义建设速度的恐惧心理。但是他也不能闭着眼睛不看事实，不得不反映一些真实情况。

不管我们的敌人怎样污蔑，如何恐惧，我们将坚决地贯澈社会主义建设总路线，以更快的速度来加快我国伟大的社会主义建设。让帝国主义发抖吧！在和平竞赛中，他们注定是要失败的。

我们学校为了贯澈党的社会主义建设总路线，也制订了学校的一九五八至一九六二年跃进规划纲要（草案）。自从学校公布这个规划后，全校师生个个兴高采烈，充满了大跃进的信心。大家表示一定要在五年内，红透专深，把人民大学建设成为一个马克思列宁主义教育的先进阵地。

许多系和教研室都提出了要在五年内使自己的系、自己的教研室达到国内或者世界先进水平。我们应该有这样的雄心，应该有这样的气魄，因为我们是文化教育战线上的尖兵。党提出我们的科学和技术要在实现十二年科学发展规划的基础上，尽快地赶上世界最先进的水平。作为培养马克思列宁主义建设干部的基地，我们人民大学就应该快马加鞭，来个大跃进，走在前面，真正地做到理论联系实际、教学服务生产、服务政治的要求。为了这样，我们必须贯彻教育与政治、教育与生产相结合的方针。现在我们有许多教研室已经和开始与实际工作部门、工厂和农村挂了钩，他们一方面参加生产劳动，一方面作实际工作。另外，我们还自己动手办工厂，贸易经济系商品学教研室试制成功了人造棉，并且准备大量投入生产。新闻系办了一个印刷厂，帮助工人、农民和北京市东城中共区委会编印五种小报。工业经济系技术学教研室还要在一年内制造十五台机器，并准备建设一座年产一千到三千吨铁的土法炼铁厂。这是一个正确的方向。因为通过劳动生产，一方面能更快地改造我们的思想，另一方面又能更好地提高我们的教学工作。纪念"七一"，我们就要坚持这个方针，发扬这个方针。要使我们学校每个师生都成为既是宣传马克思列宁主义的脑力劳动者，又是进行物质生产的体力劳动者，做一个能文能武的工人阶级知识分子。

自从学校跃进规划纲要（草案）公布后，在我们学校里，又掀起了一个自我思想革命的高潮。许多人听了规划后，感到自己的思想还很保守，承认自己的干劲还不足，个个都愿意在向党"交心"基础上继续不断革命，提出要努力加强立场的改造，时时刻刻拔白旗、竖红旗，提出要澈底打垮个人主义思想，树立和巩固集体主义思想，提出要根本扫除自卑感，树立敢想、敢说、敢干的共产主义风格。当许多同学听到被批准下乡的消息后，非常高兴，敲锣打鼓送喜报、下战表，纷纷表示一定要劳动生产好，思想改造好，联系群众好，决心苦干一年，为红透专深打下牢固基础。这很好，知识分子只有通过劳动锻炼，同劳动人民接触，才有可能最可靠地、最迅速地改造自己的资产阶级立场。我们党内的许多负责干部就是通过这条道路锻炼出来的。纪念"七一"，我们要学习革命先辈的榜样，坚持这条正确的思想改造的途径，要使我们全校每个师生都成为社会主义建设时期的红军。

还有一个可喜的现象，就是全校掀起了研究毛泽东著作、学习"红旗"杂志的高潮，学习组织像雨后春笋一样成长了起来，系里有系里的，教研室有教研室的，班有班的，命名为各种名称的研究会和学习组织，真是大、中、小同时并举，这样很好，我在前面已经提到学习毛主席思想的重要，现在说来对我们学校更为重要，我们是搞社会科学的，我们要把我们学校建设成马克思列宁主义教育的先进阵地，就更需要把毛主席的著作研究透，并且还要广泛地宣传。纪念"七一"，我们要更高地举起马克思列宁主义、毛泽东思想的旗帜，粉碎一切机会主义的思潮，尤其对现代修正主义的批判更要深入。我们还必须进一步巩固我们的学习组织，进一步提高我们的学习与科学研究工作质量。

我们的教学改革工作，在学校跃进规划公布后，也大大跃进了一步。原来准备要经过二三年以后才能完成的编写讲义的任务，不少教研室提出提前到一九五八年底或一九五九年内完成，并且要把质量更提高一步。许多教研室开设了国内还没有开设过的课程。各个系普遍地修改了各年级各专业的教学计划，同时，各门课程的内容和教学方法也作了重大的改革。教学改革是我们学校整改工作的中心内容，也就是整改的纲。纪念"七一"我们全体师生们，尤其是教师们，要继续解放思想，破除迷信，依据厚今薄古，教学和生产相结合、理论与实践相结合、脑力劳动与体力劳动相结合、知识分子与工农群众相结合的方针，大力改革我们的教学，多快好省地为国家培养社会主义建设人才。

学校跃进规划公布后，全校的文体工作也出现了一个大跃进的局面。校内到处唱着红色的歌曲，快板响个不停，跃进的诗歌一串连一串。运动场上男女老少都出动，我们的系主任、教授也参加了。体育运动正在开展，参加锻炼的人很多，情况很踊跃。有的提出要为祖国健康地工作六十年。我虽然八十岁了，我也不甘落后，我也要再为祖国健康地工作几十年。纪念"七一"，我们应该更进一步开展文体活动，要在普及基础上继续提高，要使我们每个人都身体健康，精神抖擞，开朗活泼，心情愉快。

工农速成中学过去对培养工农干部有很大成绩。今后我们要下决心办得更好，根据大跃进的精神，培养数量更多、质量更高的工农干部。

我们学校的新气象，不仅表现在教师、学生当中，行政工作人员、总务工作人员、教学辅助人员以及印厂工人也表现了自己大跃进的行动。他们都改进措施，提高了工作效率，为国家节约了资金，工作比过去做得更多更好了。我们的印厂印刷书籍的水平，已接近"毛泽东选集"的印刷水平，他们提出要在三两年内达到国际水平。伙食科也鼓足了干劲提出了"学又一顺，赶又一顺"，我校城内校址的二大灶花样多，已经做到每餐能有八个菜任同学挑选。纪念"七一"，我们行政工作人员、总务工作人员与印厂工人要进一步挖潜力，改善管理，加强措施，节约资金，提高工作效率，保证教学任务的顺利实现。

学校的跃进规划公布后，大家进行了热烈的讨论，提出了许多宝贵的意见，学校将要进一步研究修改。我们还必须不断地打破保守思想，破除迷信，把我们的跃进规划制订得更实际，更完善，更先进，让它真正成为我们国家社会主义建设总路线的具体体现之一，真正成为我们今后行动的纲领。

为了实现我们学校的跃进规划，我们必须层层有规划。系里有系的，教研室里有教研室的，班里有班的，个人有个人的。要一层套一层，愈到下面愈要具体，要层层相联，一层保证一层的实现。要知道学校规划的完成，是在系、教研室、班、个人规划完成的基础上实现的。最近全校都在制订和修改规划，这很重要，我们一定要把这一工作做好。其次，我们还必须步步有措施，要使我们的工作一步接一步，一个跃进接着一个跃进。我们要有年度计划，学期计划，月的计划，周的计划，日的计划与每小时的计划。因为每一个事物的完成都有一个过程，我们必须以跃进的姿态完成其必需的过程。另外，要完成规划，我们还必须经常进行定期与不定期的评比检查，要使我们的干劲经常鼓足，经过评比、检查，交流经验，互相学习，互相促进，帮助我们修改规划中不合理的部分和补充规划中不完善的部分。最后，学校规划的实现，要靠我们全体学工人员的同心同德，相互配合，互相帮助，尤其是共产党员的模范作用，带头作用。在纪念"七一"的时候，全体党员、团员、工会会员及各种组织的人员要下定决心，在党委的领导下，团结全校人员，苦战五年，保证学校跃进规划的实现，并争取提前实现。

## 坚决贯彻执行党的教育方针[*]
——在新学年开学典礼大会上的讲话
（1958 年 9 月 14 日）

同志们！同学们！

今天我们举行开学典礼，从明天起，我们新的学年开始了。今年入学新生共 2 844 名，是我校历年来招生最多的一次。这是我校大跃进的标志之一。

今年新生的特点，除了极少数的高中毕业生外，绝大部分都是具有一定实际工作经验的革命干部，一部分领导骨干和产业工人。政治质量是好的，90%以上是共产党员和共青团员。

在这开学典礼的时候，我特代表学校党委和行政向今年新入学的同学们表示热烈地欢迎，并预祝全校教职员工在新的学年里取得新的更大的成就。

在新学年开始的时候，我们是处在一个新的形势下面。目前国际形势的特点是：东风进一步压倒西风，以苏联为首的社会主义阵营更加团结和巩固，民族独立运动新的高涨，形势更加有利于全世界人民为和平、民主和社会主义而斗争。全世界人民最凶恶的敌人美帝国主义为了摆脱严重的经济危机和实现独霸世界的迷梦，在出兵中东、直接侵略黎巴嫩所制造的紧张局势还未终止的时候，又在台湾海峡地区伸出侵略的魔手，使远东局势又开始紧张起来。大家知道，台湾和澎湖列岛自古以来就是中国的领土，可是美帝国主义不仅支持已经被中国人民唾弃了的蒋介石集团，并且直接用武力侵占我国领土台湾和澎湖列岛。最近，美国为了掩饰他对中东的继续侵略、拖延从黎巴嫩撤兵的阴谋，竟唆使蒋介石集团依靠我国沿海的金门、马祖等岛屿，对我大陆进行疯狂的骚扰和破坏活动。中国人民给予蒋介石残余匪帮以坚决的打击，这本来是中国人民

---

[*] 教学与研究，1958（9）：1—4.

的内政，可是美帝国主义竟公然声明要把台湾地区的侵略范围扩大到我国沿海的金门和马祖等岛屿，公然派遣军舰为蒋军护航，直接侵入我国领海。同时在台湾地区大量集结武装力量，举行大规模的军事演习。这是对六亿中国人民的严重战争挑衅，是对中国内政的露骨干涉，是进一步侵略中国领土完整和主权的行为，是对远东和世界和平的严重威胁。在这种形势下，中国人民的任务就是立即行动起来，反抗美帝国主义的侵略，粉碎美帝国主义的战争挑衅。我们中国人民大学，坚决拥护周总理的声明，以极端愤怒的心情向美帝国主义表示最严重的抗议。为了响应党的全民武装的号召，现在已组织成民兵师，随时准备着祖国的召唤。中国人民是热爱和平的，但也并不惧怕战争。如果美帝国主义不立即悬崖勒马，把战争强加在中国人民头上，中国人民完全有力量打败它。中国人民反抗美帝国主义侵略的斗争并不是孤立的。我们不仅有强大的以苏联为首的社会主义阵营的全力支持，有广大的民族主义国家的支持，还有资本主义国家的人民包括美国进步人民的支持。我们一定要解放金门、马祖，一定要解放台湾！我们的正义斗争一定会胜利！毛主席在分析目前形势时说：目前的形势对全世界争取和平的人民有利。在谈到国际形势时又说：总的趋势是东风压倒西风。我们要好好领会毛主席对于目前形势的分析。我们一方面在战略上蔑视敌人，把美帝国主义看成是纸老虎，但在对付它的具体侵略行动的时候又不要轻视它。要提高警惕，加强战斗戒备，使它的一切阴谋完全失败。

在国内形势方面，我们是处在全民大跃进和再跃进的时期。继工业、农业、文化教育事业以及其它各种建设事业大跃进之后，现在正在兴起一个风起云涌的人民公社化运动。根据毛主席的指示，我们必须一手抓工业，一手抓农业，但在目前领导重点应该放在工业方面。而抓工业的中心是抓钢铁工业和机器制造工业。目前全民正在以钢为帅，为完成今年1070万吨钢的计划而英勇奋斗。在农村则积极领导建立人民公社。人民公社的大量建立，标志着农村社会主义运动又一个新阶段的开始，即共产主义的萌芽开始产生和成长。毫无疑问，我国社会主义建设，在党的领导下，将以更大的速度向前发展。

在这种国际形势对全世界和平人民有利和国内形势对社会主义建设有利的

形势下，我们中国人民大学的中心任务，是要鼓足干劲，力争上游，坚决地贯彻执行党的教育方针，实现学校五年跃进规划，苦战三年，红透专深，把人民大学建设成为一个坚强的马克思列宁主义教育和科学研究的先进阵地，为给国家培养更多的具有社会主义和共产主义觉悟的、有文化的劳动者而奋斗。

为了贯彻执行党的教育方针，实现理论指导实际，教学服务生产、服务政治的要求，我校已经采取了一系列的具体措施，并且已经取得了显著的成绩。这些成绩主要是：

第一，在整风和反右派伟大胜利的思想基础上，开展了大办工厂的运动。我校各系和教研室除了已经和正在与实际工作部门、工厂和农业社挂钩以外，还自己兴办了大批工厂。全体师生员工以冲天的干劲，本着苦干、穷干、白手起家、自力更生和因陋就简的精神，亲自搭棚建厂房，合泥、砌砖、安装设备。到处奔走寻找办工厂的门路，学习办工厂的技术。许多同学原来准备暑假回家的不回家了，有的把路费拿来投资办工厂。在广大师生员工的艰苦努力下，新的工厂不断出现，犹如雨后春笋。在短短的时间内，就建立了大小工厂130个。现在除了试验性工厂和已经带到乡下的以外，还有29个。其中有机床制造厂、滚珠轴承厂、印刷厂、造纸厂等等，各种各样，大小俱备。此外，农业经济系还建立了农场，贸易经济系办了两个实习商店。

但是在办工厂这个问题上，在我校少数人中间并不是没有问题的，有的人甚至持反对意见。他们认为学校办起工厂来就不能好好念书了，办工厂就学不好。显然这是一种资产阶级思想的反映。我们知道，资产阶级的教育是为教育而教育，理论与实际脱节，脑力劳动与体力劳动分家。他们培养出来的学生是满脑子教条，毫无实际知识的书呆子。他们认为只有书本知识才算是真正知识，生产实践和阶级斗争的知识不是真正知识。他们认为教育就是读书，读了书有了书本知识就高人一等，至于生产劳动，则是那些所谓"下贱"的人干的。我们党的教育方针则与此相反，我们的教育的目的是培养有社会主义和共产主义觉悟的、有文化的劳动者。为了培养有社会主义和共产主义觉悟的、有文化的劳动者，就必须教育为工人阶级的政治服务，就必须教育与生产劳动相结合。不走这条道路，就要走资产阶级的道路，第三条道路是没有的。学校办工厂是教育与生产劳动相结合的重要措施之一。铁的事实证明，学校办工厂不仅没有降低教学和学习质量，反而使教学质量和学习质量提高了。教师和学生通过办工厂参加生产，大大地丰富了实际知识，从而丰富和提高了理论知识。我想，反对学校办工厂的人，应该醒悟了！有人还认为理科和工科学校办工厂还可以和所学的专业结合起来，但是社会科学性质的学校，例如象我们这样的学校，是否可以办工厂，则存在着怀疑。我们说这种顾虑是不必要的。学校办工厂的意义不仅仅限于使学生受到劳动锻炼，它可以使学生受到生产的实际知识的教育，培养学生的办事能力，得到全面发展，成为"多面手"。成为既是学生、又是工人，既是工人、又是厂长，既能文、又能武的工人阶级的知识分子。我们所需要的和培养的正是这样的人才。

第二，在大办工厂的同时，我校为了进一步提高教学质量，更好的推进教学改革，提高科学研究水平，开展了科学研究大跃进运动。全体师生员工，热烈地响应了党委的号召，努力争取苦战一个月，选拔千篇论文，向国庆节献礼。自从科学大跃进月以来，我校科学研究工作已推向一个新的高潮。目前各系各部门正在有组织地全面协作地从事科学论文的研究和写作，到目前为止，已经完成科学论文、调查报告、专题报告等四千多篇，其中有些质量比较高的。

第三，随着党的教育方针在我校的具体贯澈执行，随着工厂的建立和科学研究工作的开展，我校在教学计划、教学内容、教学方法等方面，也采取了许多重要的措施，进行了一系列的改革。在教学计划方面：首先，为了加强学生的劳动锻炼和联系实际，基本上采取"一、四、七"制，即每年休假一个月，参加劳动锻炼、生产实习和调查研究等四个月，上课七个月，或者根据不同年级的情况，在一定的时期内下乡下厂，半工半读。其次，加强了政治理论课和政治思想教育。各个专业都开设了社会主义和共产主义思想教育课（马克思列宁主义基础）、政治经济学、中国革命史、哲学四门政治理论课，占总时数23%，同时还增设了党的基本政策课。在专业课方面也增加了关于党的政策和毛泽东思想的研究，例如经济系增设了"毛泽东经济理论研究"课，马克思列宁主义基础系增设了"现代修正主义批判"课。此外，还注意了对学生的经常政治思想教育，并规定每学年用一周时间进行一次思想鉴定，在评定学习成绩时主要看政治思想觉悟程度和对专业课的理解程度。再次，精简合并了一些课程，取消了一些繁琐课程，避免了课程之间的重复，如贸易经济系新生教学计划中的课程，由原来的 22 门精简到 15 门。最后，劳动教育列为教学计划的重要组成部分，占整个时间的三分之一或更多一点，参加劳动生产成为一门必修课。除留校参加劳动生产的以外，今年本科一年级学生基本上到人民公社实行半工半读一年，研究班半年，专修科和特别班二至三个月。一般是上午学习，下午劳动，晚上自习或作群众工作。本科二、三年级没有参加过劳动的高中毕业生，也要下放劳动锻炼或参加实际工作。在教学内容上，我们采取了大鸣大放、大辩论、大字报等群策群力的办法，对所有课程大纲、讲义都进行了讨论和修改，建立了以中国实际问题为中心的指导思想，研究党的方针政策，总结我国革命和建设的经验，使之上升为理论。在教学方法上，特别注意了吸收老解放区的教学经验，理论课坚决打破旧体系的束缚，采取整风方法，密切结合思想改造。业务课和技术课，凡有条件和有可能的都要大胆推行现场教学，结合生产劳动和建设实际。

第四，我校为了积极响应党的文化革命和技术革命的号召，贯彻执行全民办学的方针，采取函授、夜校，与业务部门协作开办讲座、训练班等各种各样形式，大办业余教育。工业经济系已经在河北省开办了一个技术讲座，训练了职工 1 200 人。贸易经济系与北京市合办的贸易经济训练班 4 200 人已经开学。哲学系已经开始在北京筹办逻辑学班，为市工会开办工人学哲学的辅导员训练班，还建立了为工人和农民学习哲学的据点。农业经济系计划在河北省天津专署和唐山专署开办农业社主任训练班。同时，为了支援业务部门开办红专学校，不少系都派教员前去任教。

第五，我校为了促进人民公社化运动，建立教育与生产劳动相结合的基地，已经和附近八个农业生产合作社共同建立四季青人民公社。这是一件具有重大意义的工作，我们大家都要关心公社工作，全力以赴，只准办好，不准办坏，并摸索出一套城市建立人民公社的经验来。我们要到农村中发展起来的人民公社去学习，把学校的教学工作和农村的人民公社建设工作密切结合起来，作出榜样。打掉个人主义、本位主义、狭隘的专业观念，树立城乡协作、大公无私、互相支援的共产主义风格。

第六，我校附设工农中学，今年也来了一个大跃进，学生发展到 1 800 多人。他们在贯澈执行党的教育方针方面也作出了很大成绩。他们已经和正在建设的大小工厂达 60 多个，这给进一步贯澈执行党的教育方针和进一步办好这个学校打下了良好的基础。我校其他方面的工作，如行政工作、出版工作、文化体育工作、卫生工作等等，也都随着跃进的形势作出了应有的成绩。

所有这些，都是教育为工人阶级的政治服务，教育和生产劳动相结合的重要措施，是进一步贯澈执行党的教育方针办好我们学校的基础。但是，如何更好地贯澈党的教育方针，我们经验不足，还在逐步摸索的过程。经党委初步研究，新学年总的要求是以提高为主。为进一步提高，大体上应该作以下几件工作：

一、在目前已有成绩的基础上修订学校规划。每个人的红专规划也要好好修改。

二、进一步贯彻教学改革，争取明年的教学出现新的跃进。苦战三年，把教学内容来一个根本性改革。为此，在安排教学计划的时候，除一般的理论、业务和技术课程外，还要考虑到三个方面，即党的政策，生产劳动，军事训练。要根据中央的指示，于今冬明春开展社会主义和共产主义教育运动。同时要具体规划学生下乡后的教学领导和教学组织的问题。这是一个极其细致复杂的工作，必须认真作好。

三、进一步提高科学研究水平。在科学研究工作中要贯澈群众路线，要坚持"百家争鸣"的方针，继续破除迷信，解放思想，树立敢想、敢说、敢作、敢写的共产主义风格，争取在新学年里，把我们的科学研究工作提高到更高的水平。现在就应该组织研究城乡办人民公社的问题，向共产主义过渡的条件等问题。目前的科学跃进运动，要继续努力，争取放出更多的"科学卫星"。

四、办好现有的工厂，在可能的条件下再继续办工厂、农场、商店。这一工作意义非常重大，是逐步消灭体力和脑力劳动差别的基础。现在已经办起的工厂，存在许多问题尚待解决，例如工厂的经营管理问题，学习和劳动时间的安排问题等等，都需要认真加以研究，妥善地加以解决。

五、发扬共产主义的协作精神，大搞协作。不仅与校外搞好协作，校内也要搞好协作。校内协作目前还存在着问题，四门政治理论课要立即改变过去那种互不通气的情况，互相取长补短成为"多面手"。坚决反对个人主义、本位主义和狭隘的、单纯的业务观念，克服不协作的现象。目前有些单位要求我校派人帮助办红专学校，我们应该最大限度的给予支援。

六、加强教师的培养，教育者应该首先受教育。现在最大的问题是教师落后于实际，应努力改变这种状况。为了改变这种状况，我们的教师要随学生一同下乡下厂参加生产劳动或调查研究，还要派一部分教师到各地方参加实际工作。

七、加强军事训练和体育活动，两者要密切结合。我们要培养射击手和一、二、三级运动员和体育健将，争取红旗。继续贯澈除四害讲卫生运动，使之经常化，争取成为"四无校"。这两项任务要当作严肃的政治任务来完成。

八、加强党的领导，贯澈群众路线。这是完成一切任务的关键。领导干部要经常务虚，研究形势和党的政策，坚决贯彻执行党的教育方针，反对任何抵触情绪。党的政治领导首先是抓政治理论课，要书记挂帅，兼政治课。领导者要善于总结工作，交流经验。进一步办好报刊，使它更好地发挥宣传和组织实现党的政策的作用。为了适应形势，采取在党委统一领导下分级管理的方法，加强请示报告制度。教学计划全面下放，校部只掌握方针、规格，各系可根据具体情况灵活处理。为了加强教学工作的领导，校部成立政治研究室，系成立政治理论课教学小组。

新学年的任务是繁重的，我们必须再接再厉，为坚决贯彻执行党的教学方针而奋斗。

同志们！同学们！我们党一开始办教育就是与生产劳动、实际工作相结合的。以前的苏区和解放区都是这样。那时的学生都是自己开荒种庄稼，纺线织布，帮助老百姓干活，参加实际工作，如打土豪分田地、土地改革、武装斗争等等。他们从做中学，从学中做，真是理论联系实际。所以，训练出来的学生都能学以致用，确有真才实学。可是全国解放后，那些资产阶级的学者们，有意的向我们党进攻，把我们党的优良传统一律讥讽为"农村作风""农民作风""游击习气""不正规""土包子""外行"等等，而我们的某些教育工作者由于受了资产阶级思想和教条主义的影响也盲目的提倡所谓"正规化"。就这样，我们党办教育的优良传统就被资产阶级式的、教条主义式的"正规化"给否定了。我们学校也受了这种影响。现在我们要来一个教育大革命，来一个否定的否定，把资产阶级的一套教育学和教条主义的影响否定掉，恢复和发扬党的优良传统。当然，我们的否定的否定，是在更高阶段上的发展。我们要记住这个教训，高举无产阶级的红旗胜利前进，把我们学校办得更好。

# 在中国人民大学全校人员学会拼音文字和普通话大会上的讲话（摘要）*
（1958 年 11 月 19 日）

我这次到东北走了一趟，主要的是去促进普通话和拼音字母的推广。东北地区各级学校都学习拼音字母和普通话，特别是小学和中学学得较好。哈尔滨新民小学就是较好的一个。但一般是大学不如中学，中学不如小学。

我们学校，过去虽学过几次，但没有学好，没有经常使用它，没有坚持下来，结果忘的差不多了。这种情况使我很难开口批评其他高等学校，因为我管的学校还没有学好，怎能好意思批评人家呢？

为什么高等学校不如中小学呢？这里边有个思想问题。这个思想问题就是：高等学校教职员工大多是高级知识分子，似乎知识分子已经知识很高了，用不着学习拼音字母和普通话了。完全不是！

## 文字改革工作是党的一项重要政治任务

文字改革工作是社会主义和共产主义教育建设的必要步骤，也是文化革命和技术革命的重要组成部分，是我们全党的一项重要政治任务。少奇同志曾在党的"八大二次会议"报告中讲过"积极地进行汉字的改革"。周总理曾经讲过：当前文字改革的任务是继续简化汉字，推广普通话，制订汉语拼音方案。汉语拼音方案自今年二月全国人民代表大会批准后，制订的工作完成了，现在是推行的时候了。党和政府既已决定推行，我们学校当然不能例外，而且应该走在前面。

---

* 人民大学周报，1958-11-22（1）.

为什么要学习拼音字母和普通话呢？大家知道拼音字母的主要的用处是给汉字注音，帮助认识汉字的，给汉字、汉语正音，帮助推广普通话。

目前拼音字母的主要用处之一是巩固和提高扫盲成果。现在全国扫盲工作已基本结束，但是据调查，在突击认识1 500字后，一般都有"回生"，有的"回生"50％以上，极需有一种巩固和提高的措施。巩固提高的措施当然很多，一般是扫盲后转入业余高小或其它业余学校，但在学校学习的时间总是有限的，如果学了拼音字母，就可以"无师自通"的学习注音读物，随时随地都可以学习。因此，完全可以说他是帮助广大工农群众提高文化的一种有力工具，所以广大工农群众非常欢迎。

或许有人会问，学习拼音字母对工农群众最需要，对知识分子并不太需要。我说对知识分子也同样重要。汉字的繁难，大家是知道的。我们学了几十年汉字的人，还常常碰到一些字不认识，而且常常提笔忘字。知识分子学会拼音字母不仅可以帮助认汉字，而且写东西的时候凡是生僻难写的都可以用拼音字母代替，这在日常生活中不能不算是一个极大的便利。再则，如果广大工农群众学会了拼音字母以后，将会用拼音字母写东西、写信，知识分子如果不学习，就要落后，就有变成文盲的危险。

为什么要学习普通话呢？因为我国方言复杂，语音极不统一，互相听不大懂或根本听不懂，给生活和工作造成很多困难，大家在日常生活中是常常会感觉到的。广大群众迫切需要有一种共同语，社会主义建设也要求有一种统一的语言。所以推广普通话也是一件大事，不仅非北方话区的人要学，北方话区的人也要学习，大家都要学习。

## 我校在学习普通话和拼音字母方面应走在前面

我们学校怎么学？我想这次一定要学好。我已建议党委来抓这件事。党委决定由聂真同志来管，党委的教育生产部，负责教学计划和组织，汉语教研室负责教学。

学习的要求是：年底前普遍学会拼音字母，过年后在学会拼音字母的基础上进一步学习普通话。保育院五六岁的儿童也要学习拼音字母。初到保育院的儿童在玩具和用具上都应逐步教他们认个别字母。工农中学也要学好。在我们学校学好后要负责（分片包干）把四季青公社社员也教会。

大家可以辩论一下，我们学校要不要学？如果大家认为需要学，那么大家就在党委统一领导下行动起来，争取学会学好。

学习了拼音字母以后，各级、班、各单位、各组织人员都要测验，及格者插红旗，不及格者插白旗，要补学补考。班与班之间也可展开评比竞赛。

不能等时间，空时间是没有的，要安排时间，挤时间。

我想大家是会努力学好的，我相信中国人民大学在学习拼音字母和普通话方面也能够走在前面。

当我们学校学好了，树起了红旗的时候，我就可以理直气壮地批评那些不重视这项工作的高等学校。这样互相推动，互相影响，文字改革工作很快就会在全国范围内广泛开展起来。

# 附：党委关于学习普通话的规划

一、总的要求：我们学习普通话，分三个阶段进行。

第一阶段——从现在起到年底止，要求全体学工人员都要学会汉语拼音方案。要认识字母，会拼会写，懂得拼写的规则，懂得声调的区别。以我们的学习成绩作为元旦向党的献礼。

第二阶段——从下学期开学起到五一节止，要求全体学工人员，能掌握方言和普通话的对应规律，纠正一定数量的汉字读音。以我们的学习成绩作为五一节向党的献礼。

第三阶段——从明年五一起到国庆节止，要求全体学工人员，能按照普通话的语音朗读，能拼写普通话。以我们的学习成绩，作为国庆十周年向党的献礼。

二、学习领导与方式：

1. 以党的领导，书记挂帅，群众运动的方式进行。
2. 采取个人自学，互相帮助互相督促，统一检查的方式进行。
3. 要求统一，作法多样。各单位可以根据本单位的具体情况，自行安排，根据总的规划，按时达到要求即可。

4. 下放工作人员，由汉语教研室派教员帮助学习，学会后在所在地区向群众推广。

三、训练辅导员：由汉语教研室开办辅导员训练班。每周上课两次：星期一、四晚上开四个班；二、五晚上开四个班。每次两小时。每期五次讲完。年前可办两期。各系每班可选派二人。各行政单位，每个支部可选派二人。训练完毕，由辅导员在本单位帮助大家学习。

四、督促检查：党委委员、校长、各总支书记、各系主任在这次学习中，都要起带头作用，并要加强督促检查。

1. 各班班长、支部委员和工作人员由系主任和总支书记负责测验。

2. 各班学员，由班长和支部书记负责测验。

五、宣传鼓动：

1. 校刊，可辟普通话一栏，每期要有宣传普通话的材料。

2. 各单位名牌，可改为横牌，汉字加注拼音字母。

3. 墙上诗画，要汉字与拼音文字并列。

4. 广播，要宣传推广普通话的活动。

# 六十年来中国人民创造汉语拼音字母的总结*
（1958 年）

《汉语拼音方案草案》公布了。这是中国人民文化生活中的一件大事。这一套拼音字母的公布和它今后在广大群众中的推行，将在我国文化教育事业的广大领域中产生深远的影响，并且有利于促进我国社会主义建设事业的发展。

我国人民为汉语创造拼音字母，已有六十多年的历史。从甲午战争到辛亥革命，是中国文字改革运动史上的所谓"切音字运动"时期，当时的爱国人士纷纷提倡文字改革，创制拼音方案。其中最主要的有卢戆章的《切音新字》（1892 年），蔡锡勇的《传音快字》（1896 年），沈学的《盛世元音》（1896 年），王炳耀的《拼音字谱》（1896 年），王照的《官话字母》（1900 年），劳乃宣的《合声简字》（1905 年），朱文熊的《江苏新字母》（1906 年），刘孟扬的《中国音标字》（1908 年）。清末的切音字从字母的形式上可以大别为两个流派：一派主张采用拉丁字母，一派主张自造新字；后者又可分为"速记系""假名系""篆文系""草书系""象数系"等小系。切音字中，王照和劳乃宣的方案当时曾经在一部分地区得到传播。辛亥革命之后，1913 年的读音统一会制定了"注音字母"，至 1918 年由当时的教育部正式公布。注音字母的产生是汉字标音法的一大进步，它曾经在小学、中学普遍推广（目前的小学语文课本，因拼音方案尚未确定，亦用它给汉字注音），对于帮助识字和"统一国语"有过很大的贡献。1926 年产生了由钱玄同、黎锦熙、赵元任等制订的"国语罗马字"，至 1928 年由当时南京的大学院正式公布。接着，1931 年产生了由瞿秋白、吴玉章等制订的"拉丁化新文字"。拉丁化新文字和国语罗马字是中

---

\* 文字改革，1958（1）：13—14.

国人自己创制的拉丁字母式汉语拼音方案中比较完善的两个方案，大大超越了它们之前的各种同类方案，包括西洋传教士制订的各种方言罗马字、流行很广的威妥玛式方案、邮政式方案在内。如果说国语罗马字的缺点是标示声调的办法过繁，那末拉丁化新文字的缺点就是过简：完全不标声调。拉丁化新文字曾经在居住苏联远东边疆的华侨中以及抗日战争时期的陕甘宁边区和敌后解放区中推行试用过。

现在由国务院公布的这个《汉语拼音方案草案》可以说就是六十年来前人经验的总结。我们之所以采用拉丁字母，没有就沿用注音字母，也没有自创一套新字，是因为拉丁字母是目前国际间使用得最广泛的字母。在全世界范围内，用拉丁字母的人数在六万万以上，因此汉语拼音方案采用拉丁字母，就大大有利于与各国人民之间的文化交流。1906年，《江苏新字母》的创案人朱文熊就说过："与其造世界未有之新字，不如采用世界所通行之字母。"这句话至今还是正确的。至于跟历史上各种拉丁字母式的汉语拼音方案（无论是国语罗马字或者拉丁化新文字）比较起来，现在这个《汉语拼音方案草案》确实是后来居上。这个草案继承了以前各种方案的优良传统，同时竭力避免了它们的缺点。草案以 b, d, g 表示清辅音"玻、得、哥"，正是接受了国语罗马字和拉丁化新文字共同的优良传统。草案也继承了拉丁化新文字的另一个显著优点，即舌尖后音 zh, ch, sh（知、蚩、诗）和舌尖前音 z, c, s（资、雌、思）两两相对，系统整齐，同时又规定了它们的韵母。在标调办法上，草案避免了国语罗马字的条例过繁的缺点，而接受了注音字母的标调符号。总起来说，这个草案确实比六十年来的任何一个方案都要更加完善。而对于现在社会上还在流行的几种习惯拼法来说，这个草案跟它们也都还比较接近。自从 1956 年 2 月中国文字改革委员会发表汉语拼音方案的第一个草案以来，曾经经过全国各方面人士的广泛讨论，复经国务院汉语拼音方案审订委员会的反复审议和多次修订，最后由国务院通过公布，并且决定提交全国人民代表大会下次会议讨论批准。在近两年来的讨论中，各方面人士从各个角度对拼音方案提出了许多宝贵的意见和不同的要求，中国文字改革委员会和审订委员会根据各方面的意见和要求对原草案作了修改。但是应该承认，要在一个方案里同时满足各方面的所有的不同要求是不可能的，因此这个草案也就不可能使每一个人都感到同样满意。

但是目前这个草案确实反映了参加讨论的人们中的大多数人的意见,因此我们认为这个草案是比较妥善可行的。我们希望,全国人民代表大会的下次会议能够予以批准,以满足全国各方面对于拼音方案的迫切需要。

这个草案经全国人民代表大会批准之后,我们认为应该在以下各个方面逐步推行和使用。

第一,在小学、中学和师范学校教学拼音字母。我们希望,1958年秋季的小学语文课本第一册采用这套拼音字母来给生字注音。估计至1958年秋季,全国小学一年级的语文教师还来不及全部学会拼音字母,因此可以有重点地教学,到1959年再逐步普及。全国的中学和师范学校一年级,从1958年秋季起可以普遍教学拼音字母。

第二,在城市和普通话区域农村成人教育中教学拼音字母,帮助扫盲识字。我们希望,教育部门从明年起即加紧训练骨干,使业余教育和扫盲工作的干部、城市业余学校教师和扫盲教师学会拼音字母,并在少数有条件的工厂和农业生产合作社进行试点。从1959年起首先在普通话区域的几个城市和几个县重点试教,逐步做到全国青壮年和中小学生都学会拼音字母。

第三,在出版和翻译方面推行拼音字母。在出版方面应该大量供应拼音字母的各种教学用书、图表和参考用书,并且着手编印注音汉字和汉字拼音对照的出版物。汉字字典应该采用拼音字母注音和检字。通俗读物和连环图画可以逐步推行以拼音字母给汉字注音。为了便于注音,希望出版部门及早刻制注音汉字铜模。在外文出版物、通讯社对外广播,对外邮电和外交文件中所用关于中国人名地名的拉丁字母译音,现在因为沿用旧式拼法,很不合理,应该考虑改用新的拼音方案。

第四,在电报上试用拼音字母。东北铁路电报采用拉丁字母已有多年,过去因为拼音方案尚未定案,所以没有在全国铁路上推广。我们希望邮电部门研究这个问题,及早编制拼音汉字电码,先行试点,待收到成效后逐步推行。

第五,在公共场所推行拼音字母。铁路、公路的站牌,城市街道的路牌,车站、码头、医院、银行、邮局以及其他公共场所用汉字书写的牌子,可以加注拼音字母。报刊的报头和机关团体的牌子,也可以提倡逐步加注拼音。

第六,用拼音字母帮助兄弟民族和外国人学习汉语汉字。兄弟民族和外国人通过拼音字母学习汉语和汉字，有极大的便利。应该用拼音字母编印汉语课本、字典和读物，供他们应用。

第七，汉语拼音方案可以用作兄弟民族创造文字的基础。今后兄弟民族创制或改革自己的民族文字，我们认为原则上应该采用拉丁字母，并且以汉语拼音方案作为共同的基础，在字母读音和用法上尽量一致，以便于互相学习和沟通。

第八，语文工作者应该对拼音方案作进一步的研究。方案公布后，语文工作者还需要对拼音方案作进一步的研究和实验，使它在实践中更趋完善。例如教学程序和方法、标调方法、词的连写、外来语的译音、方言的注音等等，都需要用这套字母作为工具来进行进一步的研究和实验。

我们以为，这些就是汉语拼音方案确定之后首先应该进行的工作。

# 在中国人民大学第七次科学讨论会上的讲话[*]
（1959年5月4日）

同志们：

中国人民大学第七次科学讨论会现在开幕了。

我校的科学研究工作，从一九五六年第六次科学讨论会以来，已经发生了重大的变化。主要是在最近一年期间，由于我们坚决贯彻执行了党的"教育为无产阶级政治服务，教育与生产劳动相结合"的方针，克服了教条主义倾向，因而使我校的科学研究同其它工作一样，收到了显著的成效。

三年前，党提出繁荣和发展科学、文化事业的"百花齐放、百家争鸣"的方针以后，给了我校师生以极大的鼓舞。为了贯彻这一方针，我们曾做了许多工作，也取得了一定的成绩。但是，由于当时学术空气不够浓厚，领导与群众没有很好地结合起来，因而学术上的自由争辩与自由讨论始终未能广泛地开展起来，影响到科学水平和教育质量的提高。不久以后，资产阶级右派别有用心地歪曲了这个方针，冒充社会主义的"香花"，以学术问题做幌子，向党和社会主义展开了进攻，这就提出了现实的急待解决的问题。经过广大群众大鸣、大放、大辩论和反击右派的斗争，他们的反动阴谋被彻底粉碎了，群众的社会主义觉悟也得到了空前的提高。这样，就为进一步贯彻这个方针创造了良好的条件。

去年科学跃进运动以来，改变了过去学校科学研究工作中的冷冷清清的局面，百分之九十以上的师生投入到科学研究的活动中来，通过调查研究和学术批评，完成了调查报告、论文专著和讲义共六千四百余篇（部），出现了"整

---

[*] 人民大学周报，1959-05-15（1，2）.

风"、"反右"以后的一种新的气象。

这次科学讨论会的召开，就是要在过去业已取得的成就的基础上，进一步贯彻"百花齐放、百家争鸣"的方针，充分开展学术上的自由讨论，活跃学术空气，提倡树立对立面，尊重一家之言，大胆地进行独立思考，鼓励哲学社会科学工作的创造性，展开鸣放辩论，提高研究兴趣，以便广泛而深入地开展今后的学术研究工作。

在贯彻"百花齐放、百家争鸣"的方针问题上，我们必须遵循毛主席的指示："艺术上不同的形式和风格可以自由发展，科学上不同的学派可以自由争论。……艺术和科学中的是非问题，应当通过艺术界科学界的自由讨论去解决，通过艺术和科学的实践去解决，而不应当采取简单的方法去解决。"我们应当知道，在为社会主义服务的基础上贯彻执行"百花齐放、百家争鸣"的方针，是可以允许在学术上有几种观点同时并存的。而且经过深入系统地钻研和充分自由的讨论，逐步形成各种学派，这会对学术的发展起很好的推动作用，是值得我们欢迎和提倡的。所以，我们一定要做到使具有不同观点和不同看法的人，都能本着科学的态度，敢于为自己的观点和看法进行学术上的争论和辩护。同时，我们在坚持自己观点和见解时，也必须要认真地考虑对方的观点和见解，尊重对方的观点和见解。在学术问题的争论上，只能以理服人，不能以力服人。那种企图以简单、粗暴甚至谩骂的方式对待学术争论的态度，显然都是错误的，应当注意防止和纠正。为了充分开展学术的自由讨论，我们还应当把学术问题和政治问题加以区别，不能混淆两者的界限。同时，在学术问题上，由于经过自由的讨论，有些问题是可以很快达到认识上一致的。但是，有些问题往往却不是很快就能求得解决的。因而也就不能简单从事，不能企图以简单的方式过早的下结论，否则也会影响学术讨论的发展。经验证明，只有认真的贯彻"百花齐放、百家争鸣"的方针，充分地开展学术上的自由讨论，才能不断地提高我们的认识水平和科学水平，推动科学的发展。

为了使我校马列主义理论和其他各专业理论的研究工作得到更好的发展，我们还应当坚决贯彻周总理在第二届全国人民代表大会第一次会议上所作的政府工作报告中的指示："应当鼓励社会科学理论工作者在马克思列宁主义指导下，进行有系统的、长时间的努力，充分掌握有关资料，从事独立的创造性的研究。"这一指示，对于我们学校的理论研究工作来说，具有特别重要的指导意义。为了更好的完成我校所担负的培养政治理论、经济理论师资和研究人材的任务，我们应该戒骄、戒躁，好好的认真读书，切实地进行调查研究，踏踏实实地做学问。反对那种骄傲、武断和夸夸其谈等坏作风。只有我们树立了老老实实的科学的作风，才能真正地研究学问，才能更好地开展学术的自由讨论和贯彻党的"百花齐放、百家争鸣"的方针。

今天是"五四"运动四十周年纪念日，我们大家应以充分的开展学术上的自由争辩和自由讨论的实际行动来纪念这个光辉的历史节日。

## 努力学习做好档案工作,为社会主义事业服务[*]
### ——在全国档案资料工作先进经验交流会上的讲话
### (1959年6月3日)

同志们:

全国档案资料工作先进经验交流会议今天正式开会了,档案工作战线上这样规模的会议在我国历史上还是第一次。我谨向档案工作战线上兢兢业业、埋头工作取得很大成绩的全体同志们表示衷心的祝贺。

我国社会主义革命和社会主义建设各项事业,在党中央和毛主席领导下,取得了很大成就。尤其是一九五八年大跃进以来,全国各项事业和各项工作,都有了很大发展,档案工作随着全国整个形势的发展逐步地建立起来。中华人民共和国建立近十年来,我国档案事业由于党和国家的关怀有了很大发展,全国的档案工作由于全体档案工作同志紧紧依靠了党的领导,积极工作,从而取得了很大成绩。一九五二年党和国家为了培养档案工作干部,更好地发展我国档案事业,在中国人民大学开办了档案专修班,聘请了苏联专家帮助我们;一九五五年又发展成为历史档案系。几年来训练了四百多名专修科学生,今年暑期将有五十名本科学生毕业。另外,各省市党政领导机关也开办了许多档案训练班,这样就为新中国档案事业训练了干部。现在我们已经开始摸到了一些档案工作的基本作法和规律,并从学习苏联先进经验和总结我们自己的经验中提出了档案工作的方针。我对我国档案工作所取得的成绩非常高兴,同时借这个机会向帮助我们的苏联专家表示感谢!

同志们,我们的党从来就注意总结经验以便改进工作不断前进。毛主席经常教导我们要进行调查研究,因此我们党十分重视档案工作。几十年来极为丰

---

[*] 中共四川省委党史工作委员会. 吴玉章文集:上 [M]. 重庆:重庆出版社,1987:532-534.

富的斗争历史，如果没有档案文件作依据而只凭记忆，是不能正确的总结这些斗争经验的。不论在政治斗争或生产斗争中都需要参考利用档案文件。解放以来社会主义经济建设中，几次的政治斗争尤其是肃反运动中，档案文件发挥了积极的作用。因此档案工作是不可缺少的。档案工作能够把各方面的经验汇集起来，集中各项工作的成果或教训，便于今后的工作参考，这对当前、将来指导各项建设各项工作都是非常重要的。因此我们每一个从事档案工作的同志必须认识清楚档案工作在党和国家事业中的作用，必须珍视自己的工作，热爱自己的工作，在这样一个光荣的岗位上全心全意踏踏实实地工作。

档案工作虽然有它的技术性，但它却是一项政治性很强的工作，为了做好这门工作，更好地为社会主义事业服务，我们就必须不断地学习，丰富知识，增强本领。要学习党的政策和政治理论，学习马克思列宁主义和毛主席的著作，学习历史知识和各种实际工作中的业务知识，学习档案业务知识和苏联档案工作的先进经验，并将苏联先进经验和我们的具体实践结合起来。

我国档案工作是有悠久的历史和辉煌的成绩的。唐代张守节的"史记正义"内"论史例"一章中开始就有下面一段话："古者帝王，右史记言，左史记事，言为尚书，事为春秋，太史公兼之，故名曰史记。""史记"是汉朝司马迁著的一部重要的历史文献，但他是采取本纪、表、世家、书、传等体制，把人和事有时分开，对于整个地了解历史尚不完备。后来有"前汉书"、"后汉书"和"三国志"等，共称廿四史，卷数又多，读之不易，对一般读者不大适用。此外还有一种通史，这种通史采用编年记事的办法，从孔子作"春秋"，左丘明作"左传"开始，到宋朝司马光著的"资治通鉴"及其以后的某些史学著作，许多都采用这种办法。这样的通史，比起"史记"一类的历史书籍来说更为简单明了，因果连贯，切合实用。因为历史必须在年代的联系性中，叙述最重要的历史现象、历史人物和年代的日期，才能使人易解醒目，同时也才能给历史事变和历史人物以确切的评价。但是过去的这一类编年史主要是叙述一些帝王将相的活动，并且充满了地主阶级的偏见。所以档案是重要的。研究历史必须与档案材料结合起来，但更重要的还在于既有确切的档案材料，还要有马克思主义唯物史观的科学分析，使它能适用于促进社会主义的发展。中国人民大学打算今年在历史档案系成立历史专业，培养一些历史研究人才，以便充分利用我国丰富的档案材料研究历史，使档案材料更好地为社会主义建设服务。

　　同志们，你们是档案工作中的骨干和积极工作者，希望你们带头做好工作，虚心听取党的教导，依靠党的领导，依靠群众，继续鼓足干劲，不骄不躁的工作，以做出更大成绩。

　　我预祝大会成功！

## 给孙子们的信*
（1960年2月1日）

你们的贺年信我收到后知道你们学习的成绩都好，使我非常喜欢。××继续保持三好学生的名称；××最差的语文一课，这次期考也得了五分；××数学竞赛得了全班第一；××的学校1959年高考成绩是北京市第一。特别值得高兴的是你和同学们树雄心、立大志，赶福建、超福建，要努力学习，成为全面发展的新人。同学们干劲都非常足。你想学尖端科学：原子能、自动控制……总之，什么最难学，什么最需要，你就想学那一门，任何困难你都不怕，这种坚强的意志是很可宝贵的。你决心要加入共产党，学习共产党员的道德品格，做一个又红又专的共产党员，这很好。现在你还是共青团员，到了合格的年龄自然可以入党，主要的是要做一个工人阶级知识分子一定要有无产阶级的世界观，即马列主义的世界观。去年年底《中国青年》杂志社特派了两位同志到广州来要董老和我对于青年在中国社会主义建设的新阶段中，应如何树雄心、立大志发表一点意见，我们的谈话登在1月这一期的《中国青年》杂志上，想你已看到了。这一期杂志上有很多好文章，还有《人民日报》今年1月1日《展望六十年代》和1月23日《社会主义建设的新阶段》，这两个社论是极好的文章，最好的理论联系实际的读物。现在学校教学中所选的中文读物太不能令人满意了。我常告诉你们要把去年我在上海用拼音字母注音的党的六中全会《关于人民公社若干问题的决议》的第一大段约1 500字读熟，就是为了补充你们的学习读物。必须用点苦功来记诵几篇文章，才能改善现在教学工作中最薄弱的语文教学课。语文和数学是学校学习时期最基本的两门课；你们四

---

\* 中共四川省委党史工作委员会. 吴玉章教育文集［M］. 成都：四川教育出版社，1989：419-424.

人数学都还好,就是语文差。××这次的信写得很好,文笔通顺,志愿弘大,尤其可喜的是要做一个好共产党员、又红又专的工人阶级知识分子。党的决议和毛主席的著作是现代最好的文章,在书报上你们已经看见许多文章谈这一问题,你们必须细看,互相帮助、学习和讨论。不要多花时间去看小说。两个小弟弟还小一点,理论高一点的书还不能看。大的两个已经十七八岁了,正是青年蓬勃发展的时期,必须趁此时机加十倍百倍地努力学习。关于个人的品格也就是现在做一个共产党员的品格,你们要熟读刘少奇同志的《论党》和《论共产党员的修养》等书。人民大学出版的《中共八届八中全会学习文件汇编》中选有这些文章,可要来学。××信上说,你爸爸是一个非常好学的人,很有学问。不错,你父亲是一个很好的水电工程师,他在法国毕业后,就在法国作了几年工程师。1934年我要他到莫斯科来学马列主义的革命理论。他到后不愿到我们的训练班学习,要到苏联的建设委员会去做水电设计工作,苏联也很欢迎他。我不答应,一位同志为他劝我,说:"他是专家,让他多做一些研究,取得经验,以便将来回国做我们的建设人才。"我才答应了。1938年他同我回国后,不久就在长寿龙渊洞作水电工程师,工作很有成绩。国民党人知道他是我的儿子,久已蓄意害他,1949年北京解放后他很高兴,想把他的病医好后更好地为人民政府工作,就在成都华西医院动手术,两次开刀都延长到三四个钟头,终于把他害死了。多少人听到这种以人命为儿戏的医法,都认为是特务杀人的行为。中了敌人的奸计也无法追究了。这就是没有提高警惕,也就是只专不红,为科学而科学,没有政治挂帅的惨痛教训。你们的爸爸是我的好儿子。因为我去日本留学九年(1903—1911年)使我的儿女没有能够好好地从小去上学念书,所以中文都不好。你爸爸法文学得很好,数学、科学都有些天才和特长,可惜思想没有得到彻底改造,他只知道跟着我走革命道路就行了,还有资产阶级知识分子的为科学而科学的错误思想。但是他的品质是好的。他常对我说,1911年7月到9月的短短时间,我教了他许多东西,特别是孟子所说的"富贵不能淫,贫贱不能移,威武不能屈"这三句话,他常常牢牢记在心中,决心身体力行。事实也是如此。国民党虽是知道他是我的儿子,但他没有短处使国民党能陷害他;相反,抗日战争胜利后,国民政府行政院长翁文灏,派他为东北接收六人委员之一,要他去接收小丰满水电厂。因为翁知道他人好,工作做得好。但国民党人不让他去东北,而把他派到海南岛去接收。他两个月多点时间任务完成后即交与国民党人去升官发财,自己又回到长寿去工作。他的学问品质是好的,可惜没有(进行)思想改造,(树立)马列主义的世界观,只能是一个好科学家,而不是一个又红又专的工人阶级的知识分子。你说"要青出于蓝而胜于蓝",后人要胜过前人,这是马列主义发展学说的真理。你要看上面所说人民大学出版的书281页列宁论马克思的辩证法一段就知道得清楚了。总之由你这次的信看来,你的志气是很好的,但是要虚心学习,不要骄傲自满,对人要和气亲热,走群众路线等等。至于你对我的估计很高,是的,我是有雄心大志的。我很小时自尊心很强。父兄教导我要做一个顶天立地的有志气的人,七岁上学记忆力和理解力都很好,很受家庭和亲友的钟爱。不幸上学不过三个月父亲就去世了,因家庭怜我幼丧父,留在家中侍奉83岁的老祖母。过了三年祖母去世。这三年中受了祖母和母亲许多教育,使我决心要做一个好孩子。过了两年,我二哥带我到成都尊经书院,他一边学习,一边教我,使我得到非常快的进步。可痛的是母亲急病去世,弟兄奔丧回家,十分悲痛。我二哥是一个讲孝道的人,他一定要庐墓① 三年,我和大哥每晚送他去母墓旁草棚中。当时正是中日开战和中国失败的时候,我们弟兄正在读历史,这就使我们有救亡图存的志愿。以后我们对于戊戌变法很赞成,并参加同盟会努力做革命工作。辛亥革命成功不久,袁世凯背叛,我又参加了反袁的二次革命。失败的消息传到成都,我二哥回家,因贫病交加,革命又失败,遂自缢而死。我所以写这些事实告诉你们,是要使你们知道革命有今日这样伟大的胜利,不是容易得来的。我们现在是处在努力建设社会主义并向共产主义伟大目标前进的时代,国内外形势都大有利于我们。我很庆幸能在我们伟大的党和毛主席领导之下学习到许多东西,能做一些工作,能够很好地为人民做点有益的事情,来达到我先天下之忧而忧,后天下之乐而乐的宿愿。我应当做的事情很多:关于历史,特别是关于中国60年来革命运动史,我有责任把所见所闻和自己亲身经历的事实写出来,党和许多同志都希望我做这一工作,现在还未完成。文字改革我认为是一个特别重要的工作,党和政府把这一责任交给我,现在才开始上路。这一个巨大而长期的工作,还要

---

① 原注:古人于父母或老师死后,服表期间在墓旁搭盖小屋居住,守护坟墓,称庐墓。

作一番艰苦奋斗的努力才能有成效。这些应做的工作很多使我不能不以"唯日不足"① 的心情奋勇前进。我时时觉得对国家、社会贡献太少，而党和政府给我以崇高的地位，优厚的待遇，特别是青年们及我所到地方的同志们和工农广大群众的欢迎接待，使我深深感激而不敢不力求进步，以报答党和政府及人民对我的厚爱。我并无过人的特长，只是忠诚老实，不自欺欺人，想做一个"以身作则"来教育人的平常人。我是以随时代前进不断改造自己，使不至成为时代落伍的人。我常常觉得自己缺点、错误总不能免，去年9月写了一个座右铭，你们曾经看到。因为用了许多典故，你们不易看懂，待我回北京后和你们细讲。写得太多了，两个小弟弟不易看懂，可请你们妈妈讲解一下。我2月5、6号就动身回四川家乡，把家乡的文改工作和人民公社试点工作的许多事情亲身去体验学习一下，在实践中来提高自己。我打算4月中回北京，望你们努力学习。祝你们春节快乐！

---

① 原注："唯日不足"，即每天时间不够用的意思。

## 在开学典礼上的讲话*
（1961年9月10日）

同学们，同志们！

新学年就要开始了。今天我们举行开学典礼，请让我代表学校、学校党委和全体师生员工，向新同学们表示热烈的欢迎。

今天还有我们聘请的中国科学院和其他兄弟院校到我校兼课的同志们来参加我们的开学典礼，我们对他们表示热烈的欢迎和感谢。

学校的情况和工作，胡副校长将向大家作报告。我想只简单地谈一谈如何办学的问题。

根据毛主席提出的培养有社会主义觉悟的，有文化的劳动者这一总目标，高等学校应该培养又红又专的专门人材。我们学校是一所哲学、社会科学的大学，是一所培养高等学校马克思列宁主义理论师资、研究人员和为社会主义服务的其他专门人材的学校。就是说，它担负着培养马克思列宁主义理论和财经、政法、历史、档案、语言、文学、新闻等方面专门人材的任务。

党和国家交给我们的这个任务是相当艰巨的。要完成这个任务，必须贯彻教学、劳动、科学研究三结合而以教学为主的方针。我想谈一些这方面的问题。

首先，关于红和专的关系问题。

红和专的关系，就是政治和业务的关系。正确地对待和处理这个关系，对于正确贯彻以教学为主的方针关系极大。红和专的关系，是辩证的对立统一的关系，所以我们提倡又红又专，两者不能偏废。既要重视必要的政治学习，又

---

\* 人民大学周报，1961-09-19（1，3）.

要重视业务学习。在目前,我们应该强调专业学习。认为政治学习可以代替业务学习而否认业务学习的重要性,或者是只重视业务学习而拒绝必要的政治学习,把两者看成是互相排斥、互相对立的,似乎专必定妨碍红,这些观点都是不对的、有害的。只专不红,固然不对,这会使人迷失政治方向;只红不专,也是无用的,这会使人成为空头政治家。

红,首先和主要的,是指人们的政治立场。在政治方面,对学生的要求首先是具有爱国主义和国际主义精神,愿为社会主义和共产主义事业奋斗。至于马克思主义世界观的建立,则是一个长期的不断前进的任务。学校应该积极地向学生进行世界观的教育,但如果要求学生在学校期间就建立起完整的马克思主义世界观,则是不现实的。

红,必须落实,不能空空洞洞的。它要通过具体的业务表现出来。一个学生红不红,一个很重要的方面,表现在对专业知识掌握得好不好。每一种专业知识中都包含着政治成分,不问政治的专业在我们社会主义社会中是不允许有的。一个学校办得好不好,主要表现在它所培养出来的学生是不是合乎规格。学好专业,就是学生的政治任务;培养出合乎规格的大量的专家,是学校的政治任务。

其次,要认真读书,踏踏实实地研究学问。

在学习和研究学问的问题上,我们要好好学习无产阶级革命的导师马克思、恩格斯、列宁、斯大林以及我们毛主席研究学问的态度。马克思曾经讲过,"在科学上面是没有平坦的大路可走的,只有那些在崎岖小路的攀登上不畏劳苦的人,有希望到达光辉的顶点"。他教导我们,要想在科学上有所成就,不下苦工夫,不经过一些困难和曲折,是不可能达到的。我们也要学习古人的好学精神。例如,孔子读书就是"发愤忘食,乐以忘忧,不知老之将至"。他还引用诗经上的话来教导人们,在学习上要"如切如磋,如琢如磨",认真刻苦钻研。他的这种求学精神,也是值得我们学习的。对于其它历史遗产,也应该抱着"取其精华,去其糟粕"的态度,使之古为今用。我觉得,在学校除了学习马克思主义理论和专业知识外,学点历史,经常关心时事和政策问题,对于青年同志们说来,也是十分必要的,十分生动活泼有趣的。

第三,在学术问题上,要正确贯彻"百花齐放、百家争鸣"的方针。在贯彻这一方针中，要正确划分政治问题和学术问题的界限。正确贯彻这一方针，必须要由党来领导，并要鼓励持不同学术见解的人互相尊重，互相探讨，虚心辩论，团结共事。要提倡尊重群众，尊重实践，尊重事实。在学术问题上，一定要有自由民主，要保证批评和反批评的自由，要培养革命性和科学性相结合的学风。一切学术问题，要通过自由讨论的办法来解决。只有这样，才有利于学术发展，有利于团结人民内部，同敌人作斗争。

最后，我还要提一提吃苦耐劳的问题。我建议同学们研讨一下"孟子"上"天将降大任于是人也，必先苦其心志，劳其筋骨"那一段文章。是会从中得到好处的。

同学们，同志们！我前面曾经说过，党和国家交给我们的任务是光荣的，也是艰巨的，我们一定要尽一切努力办好这所学校。要办好我们的学校，团结的问题极为重要。要团结一切可以团结的力量，要调动一切可能调动的积极因素，同心同德，相互尊重，团结一致。我相信，在党的领导下，我们有无数有利条件，完全可以把我们的学校办好！

祝同学们、同志们在新学年中学习和工作都取得新的胜利！

# 发扬"五四"运动的革命传统\*
（1962年5月4日）

"五四"运动到现在，已经四十三周年了。四十三年来，中国发生了翻天覆地的巨大变化。中国人民在中国共产党的领导下，不但推翻了帝国主义、封建主义和官僚资本主义的统治，取得了民族民主革命的伟大胜利，而且在社会主义革命和社会主义建设方面，也取得了伟大的胜利。在这许多伟大的革命斗争和社会主义建设中，青年们作出了巨大的贡献。值此"五四"运动四十三周年到来的时候，谨向青年同志们致以热烈的祝贺，并预祝大家继续努力，争取新的更大的胜利。

当前，国际形势对我们是有利的，东风压倒西风是国际形势发展的主流。社会主义阵营在不断加强和壮大，亚洲、非洲、拉丁美洲的民族解放运动正在蓬勃发展。帝国主义阵营的矛盾日益尖锐，帝国主义者的日子越来越不好过了。但是，帝国主义是不会甘心失败的，它必然要进行垂死的挣扎。美帝国主义现在变得比过去任何时候都更加疯狂和更加阴险毒辣，它一方面玩弄和平手段，一方面积极扩军备战，推行侵略和战争政策，到处建立军事基地，策划对社会主义国家的颠覆活动，镇压各国人民的革命运动和民族解放运动。在这种情况下，我们要发扬"五四"运动彻底地不妥协地反对帝国主义的革命精神，与帝国主义进行针锋相对的斗争。同时要加强社会主义阵营的团结和力量，支持各国人民反对帝国主义的斗争；团结一切可以团结的力量，最大限度地孤立美帝国主义，不断揭露美帝国主义的和平阴谋，坚决打击它的侵略和战争政策，争取世界和平，保卫我国的社会主义建设。

---

\* 光明日报，1962-05-04（1）.

目前国内的形势也是好的。几年来在党和毛主席的英明领导下，在总路线、大跃进、人民公社三面红旗的光辉照耀下，社会主义建设已取得了伟大的成就，已奠定了一个独立的、完整的、现代化的国民经济体系的初步基础。同时在这几年的伟大实践中，我们也摸索出了一套建设社会主义的经验。具有伟大历史意义的人民公社已走上了健全发展的道路。虽然连续三年的严重自然灾害，给我们带来了相当大的困难，但是党领导全国人民作了很大的努力，在克服困难方面已取得了很大的成效，目前，我国经济情况已经开始好转，我们的前途是光明的。

青年同志们，我们伟大的理想是要在中国实现共产主义社会，而现在则是要把我国建设成一个具有现代工业，现代农业，现代科学文化的社会主义强国。但是，旧社会留给我们的是一个一穷二白的烂摊子，我们的国家现在在经济和文化方面还没有摆脱贫穷落后的状态；因而要实现这些伟大的任务，必须作长期顽强的努力，必须付出巨大的劳动。毛主席教导说："要提倡勤俭建国。要使全体青年们懂得，我们的国家现在还是一个很穷的国家，并且不可能在短时间内根本改变这种状态，全靠青年和全体人民在几十年时间内，团结奋斗，用自己的双手创造出一个富强的国家。社会主义制度的建立给我们开辟了一条到达理想境界的道路，而理想境界的实现还要靠我们的辛勤劳动。"这就是说，落在青年一代肩上的任务是光荣的、伟大的，但是同时也是艰巨的。这就要求青年同志们树雄心、立大志，要有伟大的理想和抱负，要有实现理想的顽强革命意志，要真正掌握建设社会主义的本领。因此，在纪念"五四"的时候，我们要学习和发扬革命前辈树雄心、立大志和艰苦奋斗的伟大革命精神。

"五四"前后，中国社会是黑暗的，民族危机和人民群众的苦难都很深重。当时许多爱国志士，为了救国救民，就立下了推翻旧社会解放全国人民的大志，并且为实现这个伟大的理想进行了不屈不挠、前仆后继的斗争。无论是敌人用屠杀、监禁来镇压或是用金钱、官爵来诱惑，都动摇不了他们坚贞的革命意志。正是由于无数革命先烈的流血牺牲和艰苦奋斗，才取得了今天的伟大胜利。革命前辈们这种伟大的革命精神，是值得我们永远学习的。

现在，我们是生活在伟大的毛泽东时代，社会主义社会制度给我们开辟了实现伟大理想的广阔途径，不会再有革命前辈们经受的那种艰险了。但是建设社会主义和实现共产主义的任务非常艰巨，这就要求我们树立雄心大志，要有艰苦奋斗的思想准备。同志们要想不辜负党和人民对我们的希望，担负起建设社会主义的重任，对人民有较大的贡献，在年轻的时候就应该有大的志向，并且始终不渝地为实现自己的理想而奋斗。一个人如果庸庸碌碌，没有志气，那么这个人在事业上就不会有什么成就，不会有大的出息。就像一只飘泊在汪洋大海中的船一样，只有当它确定了方向，并且经过努力，才有达到目的地的可能；如果没有方向，随风飘摇，那是不会到达目的地的。中国古代有很多大思想家都很重视立志，明朝的王阳明就讲过："志不立，天下无可成之事。"三国时候的诸葛亮也说："夫志当存高远。"孟子也说："故天将降大任于是人也，必先苦其心志，劳其筋骨，饿其体肤，空乏其身，行拂乱其所为，所以动心忍性，曾益其所不能。"这都是说一个人要担负大的责任，必须立大志，必须经过艰苦的磨练，然后才能胜任。对于古人的这些话，我们如果能够批判地理解和正确地运用，还是很有益的。我们伟大的领袖毛主席也常常教导大家要有雄心壮志，要藐视敌人，藐视困难，要有胜利的信念。根据毛主席的教导，我们立志的内容是同前人大不相同的。旧社会有些人也谈立志，但是他们大都是站在地主资产阶级的立场上，以自私自利、个人名利为目的，因而他们的立志除了升官发财、光宗耀祖等外，是没有别的内容的。这种所谓立志是与广大人民群众的利益根本对立的。现在我们的国家是社会主义国家，人民群众是国家的主人，我们每个人的前途和发展，都是和党的事业分不开的，我们的理想和抱负也应该是与广大人民群众的根本利益紧密地结合在一起，就是说要建立在为祖国建成社会主义和实现共产主义的基础之上。一个人如果有了这样的雄心壮志，就能够高瞻远瞩，任重致远，就不会在胜利的时候骄傲，在困难的时候动摇或者迷失方向。

有了雄心壮志以后，还需要实现雄心壮志的途径，在这方面，"五四"运动的经验是可以借鉴的。"五四"运动给中国青年指出了一个正确的方向，这就是知识分子与工农群众相结合。毛泽东同志曾说过："……知识分子如果不和工农民众相结合，则将一事无成。"当前我国农业战线是最薄弱的一环，党提出农业、轻工业、重工业的方针，提出了加强农业战线的号召，这正是知识青年与工农群众相结合的大好时机。知识青年应该发扬"五四"时期知识青年与工农群众相结合的优良传统，凡是有条件的都应当积极响应党的号召，投身到农业战线上去。

农业是国民经济的基础，毛主席很早就提出了这个伟大的思想。最近几年来，在农业遭到严重的自然灾害以后，农业在国民经济中的重要地位就显得更加突出了。农业的减产，直接给社会主义建设带来了很大困难。如果不加强农业战线，全国人民的生活，工业生产都要受到重大的影响。因而加强农业战线，争取农业丰收，就成为当前社会主义建设的重要任务。参加农业战线，也就是到最重要的革命岗位上去，也就是去完成党交给我们最光荣的革命任务。在农业战线上的广大青年同志们，应该学习革命前辈投身到工农群众中去的革命精神，虚心地向农民群众学习，充分发挥自己的所长，努力钻研农业技术，力争农业丰收，为社会主义贡献自己的力量。在城市的青年，也要时刻准备响应祖国的召唤，到农业战线上去。我国的农村现在还是很落后的，正需要有千千万万有知识有文化的青年去改变这种状况。有知识有文化的青年在农村中一样可以充分发挥自己的作用。我们伟大的领袖毛主席亲切地教导青年说："农村是一个广阔的天地，在那里是可以大有作为的。"只要我们勤勤恳恳，听党的话，就会作出成绩，就会对党对人民作出贡献，就是大有出息。当然，农村同城市比起来，某些条件还比较差，困难也比较多；但是，只要大家能充分认识到加强农业战线的重大意义，紧紧依靠党，和人民群众一道，依靠自己辛勤的劳动，这些困难都是可以逐步得到克服的。

青年同志们！当前国内外形势都是好的，摆在我们面前的任务虽然很艰巨，只要我们能发奋图强，我们就能克服一切困难，完成我们的光荣责任。让我们继续高举三面红旗，为伟大的社会主义建设贡献自己的青春和力量吧！

# 总结经验，增强团结*
（1962年11月15日）

一

我们学校有许多优越条件，这曾经是一般高等学校所没有的。例如：我们有革命根据地办大学的经验，有久经锻炼的老干部，有大批苏联专家的帮助，特别重要的是我们党中央强有力的领导和各方面的支持。建校之初，中央为我们学校制定了正确的教育方针，少奇同志和中央很多负责同志亲自参加了我们的开学典礼。中央对我们学校抱着很大的希望。当时，全校教职员工都是劲头十足，决心要把这个学校办好，我们学校是只许办好，不许办坏的。

12年来，我们学校在中央教育部和北京市委的领导下，由于全体学工人员的努力，取得了很大的成绩，我们为国家培养了22 000多名社会主义建设人才，我们的教师队伍也在逐渐地成长，现在已有教师1 000多名，其中一部分在政治上和业务上的进步是比较显著的。我校是执行了中央所规定的"教学和实际联系，苏联经验和中国情况相结合"的教育方针的。当时我们曾经抽调了一批干部和知识分子，向苏联专家学习，实行"边学边教"，把苏联专家的主要精力放在编写讲义和帮助培养教师方面。并且还仿照了苏联高等学校的制度来建立学校。当时学校是朝气勃勃，进步很快的，全国各个方面对于我们学校的影响也是十分良好的。

---

\* 中共四川省委党史工作委员会. 吴玉章教育文集［M］. 成都：四川教育出版社，1989：240-245. 原注：据讲话稿，略有删节。题为编者所拟。

当然，在学习苏联经验过程中，曾经发生了教条主义的毛病。中央曾经指出我们的错误，我们克服教条主义的学习方法是完全应该的和必要的。我们加强和业务部门联系，研究中国社会主义建设的实际问题，这对克服教条主义的学习、提高理论和业务的水平都是很有帮助的。我们之所以发生教条主义，一方面是因为我们没有办正规大学的经验，另一方面是当时我国社会主义建设刚刚开始，各方面的经验还是不多的，同时，要马上把这些经验反映到教材方面来，还需要一定的过程。因此，对于领导思想来说，我们是应该从中吸取教训的；对于广大教师来说，就不能没有历史的观点，就不能不很好地肯定他们的劳动成绩。

1958年，党提出"教育为无产阶级政治服务，教育与生产劳动相结合"的方针，这是我国教育史上一件具有伟大革命意义的事件。从那时起，我们工作进入了贯彻新的教育方针的阶段。当时，学校各级领导同志对贯彻中央的教育方针是努力的，全校师生员工积极参加了各次运动，下乡下厂参加体力劳动和基层工作，在校内也风起云涌地办起了许多工厂。大家对贯彻教育方针所表现出的这种高度的热情，是十分可贵的。通过各项运动我们在这方面也确实取得了很大的成绩。这是党的教育方针的胜利，这是大家努力的结果，对此我们必须予以肯定。

但是，我们学校在贯彻教育方针中间，没有很好研究学校的实际情况，从实际情况出发，因此，几年来学校的教育工作和党的工作发生了不少的缺点和错误，其中有些缺点和错误是十分严重的。当然，我个人是应该负很大责任的。

第一，在一个相当长的时间里，学校工作没有以教学为主，不是把政治运动和教学工作结合起来，而是只搞运动，不管教学工作，使教学工作受了很大的损失。当然，为了进行某些有重大意义的政治运动，停止一个时期的教学工作是应该的。但是，有些运动，如"体育大跃进"，"诗歌满墙"，"卫生红旗"，"超声波"等也要停止上课，也要造成那样大的声势和规模，则是不必要和不应该的。这样的作法，是和中央和市委历来指示的精神不相符合的，甚至是违背的。因他们是叫我们运动和教学两不误，而我们只抓了运动，丢了教学，势必影响教学工作的进行。

在贯彻新的教育方针以后，学校认真组织师生参加一定时间的体力劳动和基层工作，也是完全必要的。这样做对加强学生的阶级观点、劳动观点、群众观点以及实际工作的能力都是有很大帮助的。但是，在过去相当长的时间内许多系的教师和学生用很长的时间去参加体力劳动和基层工作，是完全不应该的。我校第六届党代表大会的报告中还曾经主张："五年制本科学生，在前三年的时间里，平均每年应下放三个月，四年级学生则下放到本校基地十个月。"虽然实际执行的情况各系并不完全一样；可见，这种思想片面到如何的程度。这一方面固然是我们经验不足，另一方面是我们不善于听取别的同志的意见，说他们"坚持教条主义的错误路线"，"反对中央的教育方针"等等。

第二，我校没有树立起一种好的马克思列宁主义的学风。在教学和科学研究工作中，缺乏实事求是的作风和刻苦钻研的精神。在教学改革中，没有认真研究我们课程设置的实际情况，就不适当地合并和取消了许多门课程。如果根据科学的需要和实际情况的发展，对于课程作一些分合，是必要的。但是，轻率地没有根据地对课程进行大合大并，则是错误的。这样做的结果，使多数专业受到了不同程度的影响，打乱了课程的体系，推迟了课程的建设，并且削弱了专业的教学。经过几次教学检查，虽然也发现教材讲义中这样那样的一些缺点和错误，但是，过去许多教材讲义都被否定了，这不是一件小事情，这在实际上是把广大教师的辛勤劳动都否定了。在科学研究中，我们没有引导大家从实际出发，搜集材料，来探索事物本身的规律，而是眼睛向上，凭空气办事；不是从客观材料中引申结论，而是断章取义、望文生义等等，这在政治运动中表现得最为突出和明显。在教学检查中，把一些学术问题，错误地当成政治问题。例如，关于中国历史分期和中国资本主义萌芽的问题，本是个学术问题，但却错误地把它提高到"两条道路"，"反毛泽东思想"的政治原则上来加以斗争。更严重的是：在很多场合把马克思、恩格斯、列宁、斯大林、毛泽东同志及其他中央负责同志的话，也当成修正主义进行批判。这是十分严重的错误。如果这种学风不改变，就不可能培养出真正的人才来。

第三，关于政治运动问题。我校几次政治运动中所发生的缺点和错误，除了一般性的原因之外，有它特殊的原因。我们在作风上粗枝大叶，不从实际出发，不进行调查研究，已经发展到极为严重的程度。正因为如此，在政治运动中扩大了斗争面，仅反右倾和教学检查两项运动，据不完全统计就斗了上百人，这些人绝大多数都是教学骨干，个别人在思想上虽然也有这样那样的毛病，但是，经过甄别，绝大多数都弄错了。这样，就大大地伤害了我们的教学力量，推迟了学校的建设。

我校已经有12年的历史了。12年的时间是不算短的。一个人如果认真研究的话，是完全可能成长为专门的人才的。学校的工作如果能够少走或不走弯路，少犯一些错误，我们的教师队伍就会得到更快的成长，就会培养出一批真正学有专长的教授和专门的人才来。现在我们离这个要求还有不小的距离。

## 二

尽管我们学校工作中产生了不少的缺点和错误，其中有的甚至是十分严重的，但是，只要我们正视这些问题，真正把大家团结起来，我们完全是有信心和有条件把学校办好的。

在这里，既不能只看到我们学校工作中的缺点和错误，而看不到我们学校工作中的成绩，这样就会失掉前进的信心，这是不对的。但是，另外一方面，也不能只是满足成绩，看不到自己工作中的缺点和错误。如果同志们一说我们工作中有缺点和错误，就是否定成绩，就是思想右倾，就是两条道路斗争等等，这样，今后谁还敢对工作提出意见呢？工作没有人提意见，工作是不可能前进的。

我们学校现在的一个中心问题，就是要有一个健全的领导核心，没有健全的领导核心，学校根本无法办好的。要做到这一点，必须加强领导干部间的团结。团结决不是光说空话所能办到的，必须是主要领导同志在实际工作中，在处理各种问题中，是真正要团结大家的，那样才会逐渐团结起来。当然，别的同志也要顾大局，把学校办好。如果我们不是这样做，光看别人的缺点，不看别人的长处，一有机会就想斗争人，那是永远不可能做到真正的团结的。因此，学校能否办好，关键就在于我们领导同志有没有一个大公无私的精神，一个端正的工作态度。我们这次总结工作能够变成我们学校发展的里程碑，从这里开始一个新阶段。只要我们本着党的精神，按高等学校暂行工作条例办事，提高学校的工作水平，我相信在五年到十年的时间内，学校一定会有很大的进步，一定会取得比今天更大的成绩。

# 做革命的接班人 *
（1963 年 1 月 1 日）

党的八届十中全会，精辟地分析了国际国内形势，提出了我国人民当前斗争的任务。这不仅对于我国社会主义建设，而且对于国际共产主义运动和世界人民革命运动，都具有伟大的历史意义。

党的八届十中全会，再一次深刻地论证了过渡时期的阶级斗争问题，并在分析了国内社会各阶级关系和动向以后，着重指出："在这些情况下，阶级斗争是不可避免的。这是马克思列宁主义早就阐明了的一条历史规律，我们千万不要忘记。"党再一次告诫我们千万不要忘记阶级斗争，是非常适时的和必要的，我们一定要记住这个教导。

阶级斗争的学说，是马克思列宁主义理论的一个根本问题。经常地向全党全民进行阶级斗争的教育，这是非常重要的任务，而对青年进行阶级斗争的教育，更具有突出的意义。这是因为青年是我们的未来，是我们的希望，是革命的接班人。我们这一代过去进行革命斗争的主要任务，是推翻帝国主义、封建主义、官僚资本主义在中国的统治。这个任务，自从中华人民共和国成立后，已经基本完成了。我们今后的任务，是要在我国建成社会主义社会，并最终实现人类最伟大的理想——共产主义社会。这是我们这一代还没有完成和不可能完成的更加艰巨和更加光荣的任务。这个任务，就落在青年同志们的肩上。青年是革命的接班人，又是敌人争夺的主要对象。青年具有可贵的优点，他们单纯，较少沾染旧的见解；他们具有对新鲜事物敏锐的知觉，接受新鲜事物快；他们热情活泼，朝气勃勃，上进心强，进步快。但是，青年也有不足之处，他

---

\* 中国青年，1963（1）：2-5，9。

们缺少实际斗争的锻炼,缺乏知识,包括阶级斗争的知识,缺乏确定方向的能力。敌人往往利用青年的这些弱点,企图把青年引入歧途。因此,青年同志要当好革命的接班人,就必须加强阶级斗争的修养和锻炼,认识阶级斗争的规律。阶级斗争规律,是阶级社会的一条普遍的根本规律,它是不以人们的意志为转移的,是客观存在的。阶级搏斗是无情的,要末就是社会主义胜利,要末就是资本主义胜利。问题就是这样明显地摆着的。在国际范围内是这样,在国内也是这样。过去是这样,现在是这样,在将来一个相当长的历史时期内也还是这样。我们这一代的人,对于这个问题,体会很深。现在我想拿一些历史事实和我个人的经历来说明这个问题。

## (一)

我是从激烈复杂的阶级斗争中走过来的。从1898年变法维新运动起,我实际上就参加了革命斗争。六七十年来,大致可分为两个时期:一个是旧民主主义革命时期。这一时期,由于没有找到马克思列宁主义真理,虽然参加了变法维新、辛亥革命等运动,但并不是对阶级斗争有了认识,而是出于救国救民的满腔热忱。一个是新民主主义革命时期到现在的社会主义革命和社会主义建设时期。这一时期,由于找到了马克思列宁主义真理,特别是自1925年参加了中国共产党以后,才真正开始比较自觉地参加了党所领导的一系列的革命运动,并在党的教育下,经过实际斗争的锻炼,逐步懂得了阶级斗争的理论,成为一名无产阶级的战士。这个过程是漫长的,其中经历过许多挫折和胜利、失败和成功,教训是很多的。从我亲身参加的革命斗争中,有以下几点体会。

第一,阶级斗争是你死我活的残酷斗争,不能对反动统治阶级有幻想,希望它们发善心,自动接受人民的要求。1898(戊戌)年的变法维新运动,就是一个显著的例子。变法维新运动,是以康有为、梁启超为代表的资产阶级改良主义运动,由于1894(甲午)年中日战争中国战败,民族危机加深,维新派就以"变法图强"为号召,组织力量,要求在中国实行地主、资产阶级联合统治的君主立宪制度,并得到光绪皇帝的支持。但是由于当时的军政实权都操纵在以慈禧太后为首的顽固派手中,虽然光绪颁发了广开言路、办农会、商会,允许私人办工厂等一批维新诏令，但并未贯彻施行。不久，顽固派发动政变，光绪被囚禁，维新派首脑人物谭嗣同等"六君子"惨遭杀害，康、梁被迫流亡。于是，变法维新运动失败了。

当时，我在四川荣县贡井的"旭川书院"读书。我本来在甲午战败后，就为国家危亡忧心忡忡，想找一条救亡图存的道路，但出路何在呢？我有些茫然。正在这时，传来了变法维新思想，我就热烈地接受了它，并在书院内组织一些青年进行宣传。由于我热心于变法维新的宣传，人们给我取了一个外号，称我"时务大家"。可惜好景不长，正当我们兴高彩烈的时候，"戊戌政变"发生了，守旧分子立刻向我们反攻，嘲笑我们说："早说不对嘛，要杀头哩！"我们并不屈服，仍然与他们进行斗争。但是，中国的旧势力毕竟太强大了，我们的斗争由于缺乏科学理论的指导和广大群众的支持，终于不能挽救这次运动的失败。

回想起来，我之所以参加变法维新运动，并不是出于革命的自觉，也没有什么革命理论作指导，而只是出于救国救民的热忱。不过从这一事件中已经开始感觉到，反动统治阶级是十分残酷的，它们连进行一点点政治改良，都是不容许的。像戊戌变法这种不触动反动统治制度的改良办法，是行不通的，必须寻找新的出路。

第二，搞革命，搞阶级斗争，必须发动群众，搞掉统治阶级的国家机器和它的社会基础，只搞掉少数统治人物，是不解决问题的，只依靠少数知识分子的力量，也是不能成功的。例如，1905年同盟会建立以后，由于孙中山先生的资产阶级革命思想的传播，中国的革命运动有进一步的高涨。这时，同盟会并没有对各阶层人民的革命斗争实行有效的领导，没有充分地做"唤起民众"的工作，而在一系列武装起义失败后，又转而进行对清朝官吏的暗杀活动。为此同盟会还成立了一个专管暗杀的部门，我也是这个部门的成员之一，并且负责组织工作。当时我还在日本留学。为了组织对清朝官吏的暗杀，我们最喜欢读《铁假面》之类的惊险小说，并从中研究进行暗杀的技术。1909年夏，我们知道曾经担任过两江总督的端方被调为北洋大臣的消息后，估计他会经过汉口（当时还没有津浦路）沿京汉路北上，便立即派人去汉口北的刘家庙车站安置好炸弹，等着截杀他。但狡猾的端方，并未取道汉口，而是由海路北上了。

结果，我们的计划落了空。此后，我们又决定集中全力刺杀当时清朝政府的最高掌权者——摄政王载沣，并于秋后由黄复生、喻云纪等人到北京来组织机关，在琉璃厂开了一个"守真照像馆"作掩护。他们筹备了好久，到1910年4月的一个晚上，当到什刹海西北的摄政王府附近的小石桥下埋炸弹的时候，由于事前目测不准确，临时发现电线不够，又发现桥边有人，不得不弃弹返回，准备重来。不料第二天炸弹被敌人取走，随后有两个同盟会员被捕，这一计划又告失败。当时我们怀着满腔热血，不惜牺牲个人生命，企图用暗杀来惩罚那些昏庸残暴的清朝官吏。但是，我们并不了解这个办法不对头。因为我们当时还不懂得：暗杀了统治阶级的个别人物，并不能推翻反动阶级的政治统治，更不能动摇它的社会基础。又如，我在辛亥革命失败亡命法国后，当时第一次世界大战已经爆发，世界资本主义制度的危机已经暴露，科学社会主义和所谓社会主义思想的各种流派，盛行一时。这时我与侨居法国的中国无政府主义者李石曾，讨论社会主义问题。他主张：只搞教育，宣传互助、合作，以感化别人；至于总统、皇帝及其他官职，让人家去当没有关系。即主张所谓"教育救国"。我当时虽然并不认识革命的基本问题是政权问题这一马克思列宁主义原理，但从我以往的革命实践中，特别是从辛亥革命失败的教训中，觉得这种不要组织革命团体的主张是行不通的，并不同意他的意见。我认为宣传教育固然重要，但组织工作尤其重要；如果没有强有力的组织，团结和培养人才，并发动群众，革命是搞不起来的；你不去侵犯皇帝、总统，他也要来侵犯你；仅仅有一个美丽的理想，而没有实现理想的革命方案和革命策略，是不行的。但是又怎样去具体进行呢？我还是有些茫然。我在法国的一段时间，虽然接触了一些社会主义流派，它们也没有给我指出一条拯救中国的光明大道。直到我入了党，学习了马克思列宁主义的理论以后，才算懂得了这些道理，也才认识到推翻帝国主义封建主义在我国的统治、获得彻底解放的正确道路。

第三，要搞革命，就要搞到底，不能半途而废。并且要有阶级分析的观点，对敌人保持高度警惕，而不要受其蒙骗，使革命遭受损失。例如：1911年的辛亥革命。辛亥革命是中国近代史上一次资产阶级民主主义革命。这次革命，推翻了清朝的统治，结束了中国两千多年的君主专制制度，建立了中华民国。但由于资产阶级的革命软弱性，对帝国主义既没有足够认识，对袁世凯的反革命本质也认识不清，而在南北和议中，虽然有孙中山先生和一些同志反对妥协，但在帝国主义和封建军阀袁世凯的威胁利诱下，终于采取了妥协的方针，把政权拱手让给了买办地主阶级的代理人、窃国大盗袁世凯。接着袁世凯就向革命方面开刀。革命者后来虽然起来反抗，组织了二次革命，但是已经晚了，无可挽回了，辛亥革命终于失败了。又如：1924年至1927年的第一次大革命。这次革命是中国共产党领导中国人民进行的第一次伟大的反对帝国主义反对封建主义的革命战争。当时中国共产党同国民党合作，建立了广东革命根据地，并于1926年开始了北伐战争，取得了很大胜利，工农运动也有很大发展。但当革命事业正在发展，革命基础尚不巩固的时候，国民党反动派蒋介石、汪精卫等在帝国主义的策动和帮助下，乘机对革命进行了突然袭击。同时由于党内陈独秀投降主义的领导，以毛泽东同志为代表的党内正确意见遭到压制，因而对于反动派的进攻，不能组织有效的抵抗。结果，使轰轰烈烈的第一次大革命遭到了失败。

第一次大革命期间，我奉党的命令继续留在国民党内，做统一战线工作。这时我已经没有以前那种单枪匹马地搞革命的感觉了，在我的背后，有着马克思列宁主义政党的领导和工农运动的支持，对自己所进行的工作抱着极大的信心和勇气。那时，虽然因为忙于实际革命斗争，无暇好好学习马克思列宁主义理论，但由于有党的领导，已经能够初步根据阶级分析的观点，团结和争取国民党左派，与国民党右派进行斗争。在当时我对蒋介石的恶迹是有所戒备的，并且策划和组织了许多次抵制；对于陈独秀投降主义的领导也是不满的。但是在实际工作中，还存在着"感情能够转移人"的旧的思想残余，特别是对于汪精卫这个暗藏在革命内部的大奸细缺乏足够的警惕，而被他的狡猾和伪装进步所迷惑，直到蒋介石已经叛变，他也即将叛变之前，还对他存在着一定的幻想，认为他不至于叛变。他曾经在"四一二"惨案发生后，也跟着别人拍桌子，大骂蒋介石，其实他骨子里却无时无刻不想反共，他与蒋介石本是一丘之貉。事实正是这样，很快汪精卫也叛变了。这件事情使我深刻地认识到，对待一切人，都必须具有阶级分析的观点，否则，是要上当的。

现在的青年，虽然与我所处的历史时代不同，但是，从上面几个片断事例中就可以看出，要革命，必须有明确的阶级斗争的观点，必须发动群众，彻底摧毁反动阶级的政治统治和它的社会基础，要把革命进行到底，对阶级敌人不能抱有幻想，要保持警惕。否则，革命是不可能成功的。这些道理，只有掌握了马克思列宁主义的阶级斗争的理论以后，才能真正了解。我们在当时的历史条件下，要完全懂得这点，是不可能的。但作为历史教训，对今天的青年来说，还是有教育意义的。

## （二）

现在我国青年，主要是在解放后成长起来的。他们在党的教育和培养下，经过自己努力学习，并经过各种革命运动的实践和锻炼，阶级觉悟和政治思想水平都有了很大提高，他们不愧为革命的新生力量。但是这还不够，还需要继续努力。这是因为他们是在和平环境中长大的，对于旧社会的压迫和剥削，没有或很少经历过，也没有经历过以前那种你死我活的动刀动枪的武装斗争，就是解放以后参加了一些革命运动，经历也还是有限的。因此，青年更需要学习阶级斗争的知识。

有人说，我国社会主义革命已经胜利了，我们不仅取得了政权，建立了无产阶级专政，而且基本上实现了生产资料所有制的改革，还取得了政治战线和思想战线上的社会主义革命的决定性胜利，因而阶级斗争已经结束，或者快熄灭了。这种看法对不对呢？

不容否认，政权的取得，无产阶级专政的建立，生产资料所有制的基本改变，特别是在政治战线和思想战线上取得了社会主义革命的决定性的胜利，是我国社会主义革命的伟大胜利。由于这些胜利，使得我国阶级斗争的总趋势是趋向缓和的，但阶级斗争并没有结束，只不过在新的历史条件下采取新的形式罢了。

过渡时期阶级斗争是长期的，复杂的，曲折的。因为一切被推翻的阶级，总是不甘心死亡和退出历史舞台的。它们不仅有复辟的企图，而且还有复辟的力量和社会基础。国际帝国主义的存在，台湾还没有解放，国内没有改造好的各种反动分子和残余反革命分子的存在，就是它们复辟的力量。剥削阶级残余的存在，资产阶级的政治观点、思想意识和生活习惯等的存在，小生产者自发资本主义倾向的存在，是它们复辟的社会基础。因此，过渡时期在政治上、经济上、意识形态方面的阶级斗争，不仅存在，而且是长期的。过渡时期阶级斗争的复杂性表现在，既有敌我矛盾，也有人民内部矛盾，而且这两类矛盾常常错综复杂地交织在一起，并且在一定条件下可以转化。阶级斗争的形式，又是多种多样的，有公开的，也有隐蔽的。过渡时期阶级斗争的曲折性表现在，随着社会主义革命节节胜利和步步深入，一方面阶级力量的对比总是向着有利于工人阶级的方向发展；另一方面，往往我们取得一个胜利以后，资产阶级就暂时退却；每当我们社会主义革命深入一步的时候，阶级敌人总是抗拒，或在它们认为所谓"有利时机"就发动进攻。因此，这一时期的阶级斗争，并不是按着直线进行，而是波浪式地时起时伏，时高时低，有时缓和，有时甚至相当激烈。

懂得了过渡时期阶级斗争的长期性、复杂性和曲折性，就可以使我们保持应有的警惕，在顺利的时候，不骄傲自满，不麻痹大意；在斗争尖锐的时候，不惊慌失措。同时，能够使我们在处理敌我矛盾和人民内部矛盾时，界限分明，以便团结人民大多数，最大限度地孤立敌人，并最后击败敌人。

我们还应该看到，社会主义革命胜利了，并不等于社会主义制度就巩固了。社会主义制度的巩固，需要经过长期的斗争。历史上任何一种革命，都是有反复的，资产阶级革命是这样，社会主义革命也是这样。例如，英国资产阶级革命和法国的资产阶级革命，都经过封建势力的复辟过程。社会主义革命后的资本主义复辟，在历史上也是有先例的。而且资产阶级的复辟，比历史上任何一种复辟更来得狡猾和阴险。它有时是用"武"的形式，即武装叛乱和武装进攻的形式；有时又用"文"的形式，即促使无产阶级政权蜕化变质的形式。1871年世界历史上第一个无产阶级专政的政权——巴黎公社的覆亡，1919年德国巴伐里亚苏维埃共和国和匈牙利苏维埃共和国的失败，是资产阶级用"武"的形式进行复辟的事例。十月革命后，帝国主义武装干涉苏联和1956年的匈牙利事件，又是资产阶级用"武"的形式进行复辟的尝试。南斯拉夫蜕化变质为资本主义国家，则是资产阶级用"文"的形式，即帝国主义经常炫耀的所谓"和平演变"的形式，进行复辟的最典型事例。

综上所述，过渡时期不仅存在着阶级和阶级斗争，而且还存在着资本主义复辟的可能。列宁曾经多次指出，无产阶级夺取了政权，不是无产阶级革命的终结，而是无产阶级革命在新的条件下的开始。这就是说，在无产阶级夺得政权后的相当长的时期内，阶级和阶级斗争还是存在着的。那种认为社会主义革命胜利了，阶级斗争可以熄灭了的观点，不仅是错误的，而且在政治上是极其有害的。我们必须充分认识过渡时期阶级斗争的长期性、复杂性和曲折性，保持清醒的头脑，顽强地与阶级敌人进行斗争，把阶级斗争进行到底，直到取得最后胜利。

也有人说，现在我国虽然还存在着阶级斗争，但阶级斗争并不是我的任务，我的任务是搞生产斗争；至于阶级斗争，是别人的事情。这种看法是对生产斗争与阶级斗争的关系没有正确理解。马克思主义者认为，在阶级斗争存在的社会里，任何一种生产斗争，不论是工业的，或是农业的，或是其它的，都不能离开阶级斗争。因为每个人从事的工作虽然有所不同，但是大家都是同样生活在有阶级斗争的社会里，社会上的阶级斗争，特别是两种世界观的斗争，不可能对某些人根本不发生影响，或者根本不反映到他们身上。这就是说，阶级斗争是客观存在的，任何人都逃避不了，即使有人没有自觉到，阶级斗争也是会去找他们的。所以不能说阶级斗争只是某一部分人的事情，而与另一些人根本没有关系。也就是说，无论是搞什么生产斗争的人，都离不开社会，因而也离不开阶级斗争。人们总是在和自然界作斗争中，同时改造社会，也改造自己。当然，一个工业专家，一个农业专家，一个医学家，不一定同时是一个政治家，但是，不管是搞什么的或是学什么的，都必须学习马克思列宁主义。只有既掌握了马克思列宁主义，又掌握了业务知识，才能把自己锻炼成为又红又专、能文能武的全面发展的社会主义建设人才。不错，我们今后的主要任务是进行社会主义建设，但是，不进行阶级斗争并在斗争中取得胜利，就不能保证社会主义建设。大家可以试想，解放以后，如果没有镇压反革命、三反、五反，抗美援朝，对资本主义工商业的社会主义改造等一系列的革命运动，那里还能有今天社会主义建设的胜利？因此，为了保证社会主义建设，必须积极地参加阶级斗争。当然，我们决不能忽视生产建设，而是要百倍努力地学习科学技术，提高建设的本领，把自己担负的具体任务，更加出色的完成，以增强国家的物质力量，这无论对国际国内的阶级斗争，都是具有重大意义的。

还有人说，在社会主义制度下，可以自发地成为社会主义者；在社会主义学校里，可以自发地成为有社会主义觉悟的有文化的劳动者。因而认为现在不需要进行思想改造了。这种思想对不对呢？我看，也是要不得的。

马克思主义者认为，社会主义思想并不是自发地产生的。无产阶级虽然由于自己的阶级地位而自发地倾向于社会主义，但绝对不可自发地产生社会主义思想。无产阶级要具有社会主义意识，必须有党的启发和教育。如果说最先进、最革命的无产阶级，都必须从外面灌输社会主义思想的话，那么对于非无产阶级出身的人，特别是非无产阶级出身的青年，就更需要从外面灌输社会主义思想了。

不容否认，社会主义制度具备着能够把人们培养成为有社会主义觉悟的有文化的劳动者的广泛可能性。但这只是可能性，要变为现实性，还需要党的教育和自己的主观努力。因为社会主义社会是过渡性质的社会。在社会主义社会里，不论在政治、经济和思想意识形态方面，既存在着社会主义因素，又存在着资本主义的残余。我们生长在社会主义社会里，既能受到马克思列宁主义的教育，又会受到资产阶级思想和旧的习惯势力的影响，如果不接受党的教育并努力进行思想改造，不仅不能成为有社会主义觉悟的有文化的劳动者，相反，在资产阶级思想的侵袭下，还可能走向它的反面。

可见，思想改造是能否使自己成为有社会主义觉悟的有文化的劳动者的关键。尤其在今天，帝国主义正在玩弄反革命的两手，推行它的"大棒和胡萝卜相结合"的政策，大肆叫嚷什么"促进共产党的政策的建设性转变"，以实现"和平演变"。现代修正主义者也在大力宣扬什么"经济一体化""政治一体化"，以实现"阶级合作"。它们还大力宣扬虚伪的"自由、平等、博爱""人道主义""和平主义"等等，以麻痹人民的斗争意志，削弱和破坏社会主义阵营、国际共产主义运动和世界人民革命运动。在我国内部，资产阶级思想影响也还在起作用。在这种情况下，我们必须加强与各种各样的资产阶级思想作斗争，更不能忽视或放松自己的思想改造。

青年同志们！我们的国家是具有光荣历史传统的国家，我们的人民是具有光荣革命传统的人民，我们的党是具有光荣的优良的革命传统的党，我国青年也是具有光荣革命传统的青年，我们又是生活在伟大的社会主义革命和社会主义建设的时代，有着伟大的光荣的正确的中国共产党和英明的领袖毛主席的领导，只要你们努力学习马克思列宁主义，学习毛主席著作，加强实践锻炼，并肯于改造和提高自己，就一定能够成为坚强的无产阶级战士、革命的接班人。

## 致毕业同学*
（1963年7月7日）

毕业同学们：

你们在学校里经过几年学习后就要毕业了。在你们即将离开学校走上工作岗位的时候，特向你们提出三点希望：

一、在分配工作时，要坚决服从国家分配。今年的毕业生分配工作，国家是根据党中央提出的以农业为基础、以工业为主导的发展国民经济的总方针和有关方针政策，结合当前和长远需要以及你们的具体情况进行统一分配的。在具体安排上，将尽可能做到人尽其才，才尽其用。希望你们以国家需要为重，坚决服从国家分配。

二、毕业分配后，在劳动实习期间，希望你们自觉地严格要求自己，通过劳动锻炼提高思想觉悟和阶级觉悟。当前国内形势和国际形势都是好的，希望你们认清形势，努力学习政治，刻苦钻研业务，兢兢业业地工作，积极参加阶级斗争、生产斗争和科学实验，通过各种实践，把自己逐步锻炼成经得起任何考验的真正又红又专的无产阶级战士，当好革命的接班人。

三、希望你们在工作岗位上与母校保持联系。把你们在实际工作中所感觉到的对学校教学以及其他工作的意见提出来，以改进和提高我校工作。

最后，祝你们身体健康，精神愉快！

此致

敬礼

吴玉章
一九六三年七月七日

---

\* 人民大学周报，1963-07-13（1）.

## 提高教育质量的关键，在教育者本身*
（1963年11月3日）

我们工作中还有不少问题，工作发展还不平衡。所以我们就要开开会，大家来议论议论，交流些经验，以达到统一思想，推动工作的目的。

为了把会议开好，我们要议大事，落本行。议大事要站得高，看得远，方向明确；落本行要钻得深，扎扎实实。要把大事和本行结合起来。

党中央说提高教育质量是一个战略任务，中小学教育的根本目的是培养坚强的革命后代。大学当然也是要培养坚强的革命后代。也就是说要培养有社会主义觉悟的、有文化的劳动者。

要解决这个问题，主要就是要坚决贯彻党的教育方针，把我们的教育事业办好。党的教育方针是完全正确的，但是我们具体搞教育工作的同志，包括广大的教职员，是不是都已经正确地领会、接受和贯彻了党的方针呢？我看还不能这样说。贯彻党的教育方针，是一场深刻的教育革命，这里有认识问题，有方法和经验问题，但根本的还是思想问题，无产阶级的教育思想和头脑里的资产阶级教育思想斗争的问题。这种斗争实质上反映了两种世界观的斗争，不是一句话，一次学习就全通了，道理上通了，也不等于具体问题上都通了，需要长期反复地进行教育。所以说能不能切实贯彻党的教育方针、提高教育质量，归根到底，取决于教育者本身的政治思想觉悟程度。

马克思说"教育者必须受教育"，这是至理名言。我们的教师同志们这些年来已经有了很大的进步，但决不能因此自满起来。特别是在当前国内外阶级斗争

---

\* 中共四川省委党史工作委员会. 吴玉章教育文集［M］. 成都：四川教育出版社，1989：363-366. 原注：摘自吴老在教育工会全国工作会议上的讲话。

的形势下，教师们应该努力学习马克思列宁主义和毛泽东思想，继续自觉地进行自我思想改造。世界观的改造是一个长期的任务。有些同志不大愿意听"改造"两个字，其实改造并不可怕。无产阶级在改造客观世界的过程中要改造自己的主观世界，更何况知识分子呢？自觉地改造自己，是对人民、对社会主义事业高度负责的表现，也是客观上的需要，应该把思想改造成为自觉的迫切的要求。

对教师要做好团结、教育工作。我们一定要团结绝大多数，团结95%以上的人，团结一切可能团结的力量。不这样做，我们也会犯错误。但是这种团结并不是无原则的，团结并不等于没有斗争。只有加强教育，才能使团结有牢固的政治思想基础。团结必须教育，教育为了团结。团结起来做什么？共同为社会主义建设和社会主义革命而奋斗。团结到什么地方？团结在党的周围，团结到社会主义的道路上。我们不要一讲阶级斗争就忘了团结绝大多数；也不要一讲团结就放松了教育。要辩证地看这一问题的两个方面，照党的政策办事。

教育工会的工作是很重要的。党需要这样一个助手，教工群众需要这样一个组织，阶级斗争需要这样一个工具，各级教育行政部门也很希望工会能够发挥应有的作用，成为一个可以依靠的力量。所以我们要努力把教育工会工作做好。怎样才能做好？怎样才能联系和团结广大教工呢？我想简单说来有两条：第一，对群众有教育。工会是共产主义的学校，理所当然地要帮助自己的成员成为名符其实的工人阶级知识分子。第二，要帮助群众解决实际问题。不关心、不解决生活上、工作上许多实际问题，光讲大道理是不行的。不过解决实际问题要政治挂帅。所以工会工作要紧紧抓住政治思想工作这个纲，把政治思想工作大大加强起来，并带动其它各项工作的发展。

有了正确的方针任务，还要有正确的工作作风和工作方法。我们党历来就提倡深入实际、调查研究、实事求是、群众路线的作风和方法，我们要发扬党的优良传统。教育工会的工作对象主要是知识分子，我们要善于关心他们、熟悉他们、了解他们。学会针对知识分子的特点，有的放矢地进行工作。我们要把工作做得深入细致些，向纵深方向发展。

同志们做了不少调查研究，工作中也有不少实际经验，希望大家把这些好东西都写出来，共同研究，群策群力，一起把我们的会议开好，回去以后把实际工作做好，使教育工会的工作向前推进一步。

# 新年话家常*
（1964年1月1日）

新年前夕，看过话剧《年青的一代》，很受感动。这确是一出好戏，它提出了一个很重要的问题，即青年人应该走什么道路的问题，并且通过肖继业、林岚和林育生等几个不同类型青年的生动形象，对这个问题作了正确的回答。因此，它受到了青年、老年和社会各个方面的一致好评。

青年人走什么道路的问题，是关系国家兴亡和革命成败的大问题。这个问题，不仅青年人关心，老一代和家长们也都是关心的。青年人所以关心，是因为他们想找一条正确的道路，使自己的一生有所作为，为国家做出贡献。老一代和家长们所以关心，是因为他们不仅希望自己的子女是好孩子，更主要的是希望青年做我们革命事业的接班人。他们想到的是，如果青年走上了正确的道路，我们的国家就会兴盛，革命事业就会继续发展下去；反之，我们的国家就有衰亡、革命事业就有被断送的危险。剧中林坚说："我们这代人千辛万苦打下了江山，我们的下一代呢？他们都会继承我们的事业还是可能出现一些败家子呢？"这句话的确道出了我们老一代人的心情。所以，当我们看到剧中肖继业、林岚这样的青年，真正继承了老一辈的革命精神，不计较个人得失，不怕艰难困苦，走上了革命的道路，心里充满了希望，感到无限欣慰。当看到林育生那样的青年，忘记了父辈的教诲，不顾国家和革命的利益，只顾追求个人享受，贪图安逸，走上了歧途，心中又着实痛心；当看到林育生在肖奶奶、林坚和肖继业等的教育帮助下，认识了错误，重新走上了正确的道路，又深深感到我们老一代对青年一代进行教育，又是何等的重要。

---

\* 中国青年，1964（1）：4-6。

每一个青年，要想找到一条正确的道路，并且能够沿着这条正确道路走下去，是不容易的。这不只是因为青年比较幼稚，还缺乏选择生活道路的能力，更重要的是由于在阶级社会里，各阶级都在激烈地争夺青年，青年要找到一条正确的道路，需要经过多么严重的考验和长期的生活磨炼啊！像我们老一代人，在年青的时候，是经过了千辛万苦才找到了革命道路的。就拿我来说吧！

我的少年时代，是中国最后一个封建王朝——清朝统治的末期，当时内忧外患，国事日危，心中十分焦虑。为救亡图存，我一心想寻找一条革命的道路。1898（戊戌）年的以康有为、梁启超为代表的资产阶级改良主义运动——变法维新运动兴起时，我便热烈地参加了。但是不久，维新运动就遭到统治阶级的残酷镇压而失败了。维新运动的失败，证明那种不触动反动统治制度基础的改良主义道路，在中国是行不通的。为挽救祖国的危亡，我于1903年留学日本，继续探索革命的道路。

到日本以后，我接受了孙中山先生的资产阶级革命思想，并在1905年参加了中山先生领导的资产阶级革命政党"中国革命同盟会"，为宣传革命主张，在日本办过《四川》杂志；为扩展革命组织，联系组织过"共进会"；为组织起义，购运过军火，并参加了1911年4月27日的广州起义；在四川领导川省人民进行"保路斗争"，并策动了荣县独立、内江起义等等。

1911年10月10日，辛亥革命成功，推翻了在中国历史上延续两千多年的帝制，建立了中华民国。我曾经为此极为喜悦。但不久，由于中国资产阶级本身的软弱，和不敢发动广大群众起来革命，同时对反革命的复辟阴谋缺乏警惕，对帝国主义存在着幻想，结果，辛亥革命的胜利果实被袁世凯窃取而去。辛亥革命又失败了。这使我非常痛心。当时，袁世凯下令通缉我，我在国内待不住了，同时，为了寻求新的救国救民的真理，我于1913年末启程流亡法国去了。在法国巴黎，接触了各种社会主义思想，加上孙中山先生的三民主义和中国古代大同学说，脑子里交织成一幅未来社会的美丽远景。但如何实现它？仍旧是茫然的。

袁世凯统治垮台后，我于1917年回国，希图在国内继续进行革命工作。为培养革命干部，办过留法勤工俭学；为反对北洋军阀段祺瑞政府，我作为四川省代表，参加了孙中山先生在广州成立的"护法"军政府工作。但不久，护法运动又失败了。

从辛亥革命起，我们为推翻清朝而迁就袁世凯，后来为反对北洋军阀而利用南方小军阀，结果都失败了。究竟怎样才能找到一条正确的革命道路呢？我十分烦闷和苦恼。

正在这时，伟大的十月革命爆发了。1919年，中国发生了划时代的"五四"运动。我感到革命有希望，中国不会亡，但要改变过去的老办法。虽然当时还没有系统的完整的新见解，但"走俄国人的路"的思想，在我头脑中逐渐强烈和明确起来了。此后，我参加和组织过四川人民反对北洋军阀的"自治运动"，后来又在成都的工人农民中进行过宣传组织工作。直到1925年才真正找到党，正式加入中国共产党。

我入党时已经四十七岁。我的前半生是在一条崎岖不平的道路上摸索前进的。从我少年时代起，就为国家的忧患而痛苦，而焦虑，而奔走，企图在豺狼遍地的荒野中找出一条光明大道。但是，找了将近三十年，经过失败，胜利，再失败，直到十月革命，马克思列宁主义传到中国以后，我才找到了真理，踏上了一条正确光明的革命大道。我所经历的途程是多么漫长，多么艰难啊！

过去找一条正确的革命道路之所以不容易，主要是因为时代不同。当时的国家，外受帝国主义侵略，内部又极其腐败，一般青年都对现状不满，而有志青年，虽有强烈的改变现状的要求和救国救民的愿望，但是，既没有马克思列宁主义理论的指导，也没有无产阶级政党的领导，要革命，主要是靠自己摸索寻找。即使找到一条比较正确的道路，要想沿着走下去，也不容易。因为在旧社会，要革命，首先就要冒杀头的危险，而且在前进的道路上，暗礁和陷阱很多，既要经受反革命的迫害和利诱，又要应付人与人之间因为阶级利益不同多是尔虞我诈的关系。在这种恶劣的环境中，真是一不小心，错走一步，就会坠入深渊。

回忆当年，有多少人因跟不上时代而掉了队，或者是被历史车轮所摔开，所压碎。其中有因革命失败而悲观失望自杀身死的；也有经不起革命斗争考验而中途妥协的；还有在敌人的淫威面前，在敌人的收买和利诱下，变节投敌，当了反革命帮凶的；等等。这些人在革命的洪流中，沉沦下去了，被冲刷被淘汰了。但是，随着革命潮流的不断前进，真正坚持革命的青年，终于排除千难万险，英勇地走过来了。尽管在漫长的艰难岁月里，有无数的革命战士牺牲了；然而，他们的壮烈行为却唤醒了更多的青年，投入革命的行列中来。

今天的情况与过去根本不同了。现在的青年，是处在一个崭新的时代——伟大的社会主义革命和社会主义建设时代。我们既有马克思列宁主义理论的指导，又有党和毛主席的英明领导，青年们不必像我们当年那样，要经历那么多的坎坷险阻去寻找革命道路，只要听党的话，自觉地按照党所指引的方向走去，是不会走错路的。今天的广大青年，正是按照党所指引的方向，走上了革命的道路，并且在社会主义革命和社会主义建设的各条战线上，发挥着自己的才能，做出了贡献。剧中的肖继业、林岚，就是他们的代表。

但是，是不是可以说，今天的青年走什么道路的问题已经完全解决了呢？每个青年都能够很轻易地就走上革命的道路呢？我想，还不能这样说。因为今天国际国内还存在着严重的阶级斗争，阶级敌人与我们争夺青年一代的斗争还在激烈地进行着，国内阶级敌人的复辟阴谋，和美帝国主义搞的"和平演变"的阴谋，都是把主要希望寄托在我们后代人的身上。而且当前阶级敌人与我们争夺青年一代的斗争，主要表现在意识形态方面，采取了更加狡猾、更加阴险的糖衣炮弹的手法，或是在革命词句的掩盖下施放毒素，企图磨灭青年的革命意志，扼杀青年的革命理想，败坏青年的道德品质。同时，青年人又具有本身的弱点，他们比较幼稚，缺少实际斗争的锻炼，缺乏阶级斗争的经验，辨别方向的能力也比较差。因此，他们如果不加警惕，也就比较容易在不知不觉中受到资产阶级潜移默化的影响，受骗上当，误入歧途。再加上今天的青年，多是在和平环境中长大的，他们没有看到旧社会的黑暗，没有尝到阶级剥削的痛苦，现在又过着比较安宁舒适的生活，这又容易使青年滋长害怕艰苦和贪图安逸的情绪，因而缺乏强烈的革命要求，这也在客观上给了阶级敌人以可乘之机。剧中林育生所走的一段弯路，就是一个明显的例子。

在这种形势下，对于今天的青年一代来说，仍然存在着走什么道路的问题。每个青年只有认清这种形势，加强思想锻炼，从各方面抵制资产阶级的影响，努力学习马克思列宁主义、毛泽东思想，才能逐步树立起无产阶级世界观，走上革命道路。作为老一代和家长，我们也一定要认识这种形势，加强对青年的教育，帮助他们走上革命的道路，培养他们成为革命接班人，这是我们义不容辞的责任。

在我们的社会里，对年青的一代，主要是靠社会教育，但家庭教育也很重要，也是培养革命接班人整个工作中不可缺少的一部分。青年与家长相处时间长，接触多，又有一种天然的感情联系，家庭教育往往对他们印象深刻，影响深远。这从我所受的家庭教育和后来所发生的影响看来，也说明了这一点。

在我童少年时代的家庭教育，多是"富贵不能淫，贫贱不能移，威武不能屈"和"临财毋苟得，临难毋苟免"等等的教育。在我刚懂事的时候，父亲就教育我长大后做一个"顶天立地"的人。祖母对儿孙辈要求也很严，她力禁烟赌，不准妄取人物，常告诫说："小来偷针，大来偷金，不义之物，宁饿死，不接受。""从艰难困苦中长成的人才更有用。"并且从小就要我做如洒扫庭院、整理什物等儿童应做和可做之事，要我"有始有终"。当亲朋夸奖我时，她就告诫亲朋说："不要过于夸奖他，锅盖子揭早了会出气。"这样，我也就不偷懒，不苟且，不半途而废。我的家庭也很注意对我进行历史教育。长辈们常常给我讲一些岳飞、文天祥、黄淳耀等人的历史故事，我也喜欢读这类书文。这样，就逐渐培养起一种崇敬"忠烈"、鄙视叛徒的思想情绪。这些教育，对于我后来参加革命活动，对于培养我的民族气节和革命气节，对于我参加革命后的生活习惯和作风，都曾发生过积极的影响。

关于家庭教育，中国历史上也曾有过许多"教子有方"的事例。如大家所熟知的"岳母刺字"的故事，岳飞教子岳云苦练武功的故事。清代钟令嘉教子蒋士铨的故事，也传为佳话，她呕尽心血，利用一切可以利用的时间，甚至在劳动时间，也不放松教子读书识字。当然，旧社会家庭教育的目的，是"望子成龙"，希图一朝发迹，光显门楣，荣宗耀祖。这种家庭教育的目的以及某些过于严苛的方法，在今天当然是不可取的，但他们那种严格要求和苦心教育子女的精神，还是有借鉴作用的。

我们今天家庭教育的目的，则不只是为了子女个人的前途，为了自己家庭的利益，而首先和主要的是为了国家的前途，为了革命的利益。这就是说，我们进行家庭教育的目的，主要是配合党和国家把青年一代培养成革命事业的接班人。因此，我们老一代和家长们，在家庭教育这个问题上，也要破除旧观点和旧影响，树立无产阶级的新观点和新风尚，很好地担负起教育后代的责任。

正确教育子女的方法，我以为最主要的应该是爱和严相结合。在生活上，既要给予子女以适当的父母之爱，在政治上又要严格要求他们，特别要舍得让他们到艰苦环境中去锻炼，在风雨中成长。这才是真正的爱。只有这样，才能锻炼出人才，成为真正有作为的人。孟子说过这样一段话："故天将降大任于是人也，必先苦其心志，劳其筋骨，饿其体肤，空乏其身，行拂乱其所为，所以动心忍性，曾益其所不能。"孟子的这段话中关于"天命"的说法，当然是不对的。但他这种必须在艰苦中磨炼出来的人才能担当"大任"的道理，还是好的。在今天我们的社会里，父母送子女到艰苦环境中锻炼，已经成为一种社会风尚。这是一种移风易俗的变化，也可以说是家庭教育的一个革命。例如中共北京市委万里书记夫妇送儿子万伯翱到河南国营农场劳动，人民解放军解方将军夫妇坚持要儿子解伟到北大荒农场劳动，许多父母鼓励子女到农村安家落户，等等，都是我们老一代和家长们应该学习的。

教育子女走革命道路，培养青年成为坚强的革命接班人，是一件复杂细致的工作，是很不容易的。我想，在这"送旧迎新"，过新年的时候，在总结我们一年来工作的时候，不妨也回顾一下我们在教育子女方面做得怎样，以便从中找出经验教训，进一步改进和加强教育子女的工作，更好地配合其他方面的教育，把我们的后代培养成经得起风险的、真正可靠的革命事业接班人。

## 大家来写校史*
（1964年1月17日）

去冬以来，各地都根据党的八届十中全会的精神，在全党和全民中开展了以阶级教育为中心的社会主义教育运动。这是一次伟大的革命运动。这个运动的开展，对于提高全党全民的阶级觉悟，坚定人民走社会主义道路的信心和决心，已经发生并将继续发生深刻的影响。

进行社会主义教育的方式，是多种多样的。用村史、公社史、厂史、校史、家史以及由老工人、老干部、老农民讲自己的亲身经历，是让青年一代了解过去、对比现在、展望将来的好教材，也是向青年进行阶级教育的好办法。中国人民大学是有着光荣的历史和传统的。它的前身，可以追溯到抗日战争初期。抗日战争爆发后，大批进步青年从全国各地涌入革命圣地——以延安为中心的陕甘宁边区。我党为了争取、教育一切愿意抗日和革命的知识分子，培养革命干部，1937年8月，在延安成立了陕北公学。1939年7月7日，为适应抗日战争形势的发展，由陕北公学、延安鲁迅艺术学院、延安工人学校、安吴堡战时青年训练班等四校合并成立了华北联合大学，并经过三千里长途行军，通过敌人封锁线，到达晋察冀敌后抗日根据地。在延安则由社会科学院、自然科学院、行政学院等合并成立延安大学。1945年日本投降后，华北联合大学迁到张家口，同从延安开赴前方的延安大学部分干部合并。1948年8月，为迎接人民解放战争的胜利和全国大解放，中央决定原属晋察冀的华北联合大学和原属晋冀鲁豫的北方大学合并成立华北大学。1949年10月1日中华人民共和国成立后，伟大的社会主义革命和社会主义建设开始。党中央和政务院为培

---

\* 人民大学周报，1964-01-17（1）.

养具有马克思列宁主义素养的新中国建设干部，决定以华北大学为基础，合并政法大学，并调来原华北人民革命大学的部分干部，成立中国人民大学。1950年10月3日，新中国第一个新型的、正规的大学——中国人民大学正式诞生了。

从陕北公学成立起，它一直遵循着党办教育的方针，即毛泽东主席经常教导的理论与实际一致、所学与所用一致的原则，坚持党在延安时期所发扬的三大作风，即坚定正确的政治方向、艰苦朴素的工作作风、灵活机动的战略战术。由于它贯彻了党的这些原则和方针，积累了党办教育的经验，在战时和战后培养了大批干部，在我国的革命和建设事业中起了重要作用。根据党在解放区和新中国办教育的经验，党在1958年提出了"教育为无产阶级政治服务，教育与生产劳动相结合"的完整的教育方针，我校就在这个教育方针的指引下，进一步开展我们的工作。

回顾起来，中国人民大学也有13年的历史了；如果从陕北公学算起，就有26年的历史了。26年来，它经历了三个历史阶段，即神圣的抗日民族解放战争时期、伟大的人民解放战争时期、伟大的社会主义革命和社会主义建设时期。在这三个历史阶段中，它不仅有着丰富的斗争经历，而且有着自己的一贯的光荣传统和优良作风。

在回忆校史的时候，我们应该继承和发扬它的哪些光荣传统和优良作风呢？我以为主要有以下几点：

第一，继承它以共产主义精神教育人民的传统。任何一个社会都有与其社会制度相适应的教育内容，封建社会有封建主义的教育，资本主义社会有资本主义的教育，而无产阶级的教育则是以共产主义思想为指导的教育，即马克思列宁主义、毛泽东思想的教育。从陕北公学到中国人民大学，马克思列宁主义和毛泽东思想以及党的方针政策的教育总是占着首要地位，同时坚持政治和业务并重的原则。在业务教学中，坚持以马克思列宁主义、毛泽东思想为指针；在学习生活中，坚持理论与实际相一致、所学与所用相一致的原则。用学到的理论联系思想，达到改造思想，提高觉悟，树立全心全意为人民服务思想的目的，用学到的理论联系革命实践，参加反"扫荡"游击战争和减租减息运动，参加土地改革运动，参加"三反"、"五反"和反对资产阶级右派等政治运动，加强师生的实际锻炼，从而培养他们的阶级观点、劳动观点、集体主义观点、辩证唯物主义观点，树立起为共产主义事业奋斗到底的坚强信念。

第二，继承它为革命战争与阶级斗争服务的传统。任何阶级教育的目的，都是为自己的阶级服务，而无产阶级教育的目的，同样也是为自己的阶级服务，它们的区别在于：一切剥削阶级教育都是为剥削阶级少数人服务，而无产阶级教育则是为被剥削阶级广大劳苦大众服务，为党当时所领导的革命事业服务。陕北公学和华北联合大学主要是为争取抗日战争的胜利服务，培养各种抗日革命干部。华北大学主要是为争取人民解放战争的彻底胜利服务，培养开展新解放区工作的各种干部。中国人民大学则是为我国社会主义革命和社会主义建设服务，培养各种专门人才。它所培养出来的学生，在抗日战争、解放战争、社会主义革命和社会主义建设的各条战线上，都贡献出力量。

第三，继承它教育与劳动相结合的传统。过去一切社会的教育都是教育与劳动脱离，即所谓"劳心者治人，劳力者治于人"。而无产阶级教育的根本特点，在于它始终坚持教育与劳动相结合的原则。陕北公学、华北联合大学、华北大学，都贯彻了教育、战争、生产相结合的原则，它们在残酷的战争年代里，一面坚持对敌斗争，一面坚持学习，同时用一定的时间参加大生产运动，开荒种地，纺纱织布；帮助群众春耕秋收；下乡下厂，与工人农民同吃、同住、同劳动，参加和领导群众开展各种革命运动。到中国人民大学时期，下乡下厂参加生产劳动和其他社会活动，则成为教学计划的重要组成部分，并且成为一种制度。这对加强师生的劳动观点，改变轻视劳动、轻视劳动人民的思想，促进知识分子与工农群众相结合，起了重要作用。

第四，继承它艰苦奋斗和勤俭办学的传统。陕北公学、华北联合大学和华北大学，是处在战争环境中，居住在农村里。由于战争，校址不固定；由于在农村，住地分散，财政困难，设备简陋，没有教室，没有或缺少桌椅、板凳，生活很艰苦。师生穿土布，着草鞋；吃小米、高粱和黑豆；过着"窑洞（或土房）为书房，露天作课堂，背包当坐凳，膝盖当书桌"的学习生活。当时条件虽然艰苦，但大家精神焕发，生活活跃，到处飘荡着革命歌声，洋溢着革命乐观主义的情绪，终于克服了重重困难，坚持和发展了党的教育事业。中国人民大学是在建国后建立的，它所处的环境和条件与过去根本不同了。但初建校时国家正处在国民经济恢复时期,我们根据中央勤俭建国的方针,在基本建设中采取了"因陋就简"的原则。直到现在,我们虽然进行了一些必要的基本建设,但应当说条件还是比较差的。今后我们还应继续坚持勤俭办学的方针,发扬艰苦奋斗的作风。

第五,继承它刻苦钻研和勤奋攻读的学风。在过去战争年代和艰苦环境里,我们的教师和学生,在极端困难的条件下,一般是边学边教和边战边学。中国人民大学建校初期,也有过一段艰难的历程。从领导上说,虽然有老解放区办革命教育的经验,但缺乏在新形势下办新型的正规大学的经验,需要有一个学习和探索的过程。从我们的教师队伍来说,基本力量不足,青年教师居多。我们多数老教师是在过去的战争环境中培养出来的,他们当时没有很多时间读书,也难于系统地研究学问,一般说还缺乏深湛的科学修养;青年教师,则业务不强,经验缺乏,知识不足,需要有一个培养提高的过程。但经过他们的紧张劳动,刻苦钻研,努力学习,都胜利地克服了困难,完成了任务。今后还应继续努力,坚持又红又专的方向,进一步提高教学质量和学术水平。

我们的校史,是一部阶级斗争的历史,是无产阶级教育与资产阶级教育斗争并取得胜利的历史。历史事实粉碎了那种认为在战争环境和在敌后农村中不能办大学,以及在解放后共产党不能办正规大学等反动谬论。

我们现在来回忆校史,总结办革命教育的经验,发扬办革命教育的光荣传统,不仅对发展我国社会主义和共产主义教育事业,对进一步贯彻"教育为无产阶级政治服务,教育与生产劳动相结合"的方针具有重大的意义,而且对加强我校师生员工的阶级教育和革命传统教育也具有十分现实的意义。因此,我提议大家特别是一些老同志拿起笔来,动手写校史。回忆片断,或回忆一件事,都可。在这个基础上再编写出我校完整的校史,作为向青年进行阶级教育的一部好教材,并把它作为"传家宝"代代相传,教育后代。

## 给青年的话（摘录）
（1966年10月）

我为人一生就讲老实；毛主席相信我，就因为我老实。我早将个人名利生死置之度外。

1904年我留学日本的时候，写了一首自题像片诗：中原王气久消磨，四面军声逼楚歌；仗剑纵横摧虏骑，不教荆棘没铜驼。——"铜驼"的典故你们懂不懂？①

出去看看吧，要有点志气。

汪精卫参加过辛亥革命，不能全盘否定，但纵观一生，则太不足取。他早年追随孙中山，但从来就好出风头，好走极端。他执意参加暗杀摄政王活动，事泄被捕，成了举国瞩目的大英雄，同盟会员们也都很崇奉他。其实他是由于对革命失去信心，才去冒险的。而踏踏实实准备这一行动，真正有功的喻云纪，却被陈璧君诬蔑为"怕死""害了汪精卫"，与之大哭大闹，纠缠不休。当时不少同盟会员也为假象迷惑，对喻云纪产生了怀疑。喻云纪很苦闷，对我说："谁怕死，将来的事实会证明的。"果然，在黄花岗起义中，喻云纪一马当先，所向披靡，最后英勇就义，流芳千古，永垂不朽。而堕落为汉奸的汪精卫、陈璧君，实不齿于人类。

历史是很复杂的，喻云纪就受过天大的委曲；历史又是很公正的，汪精

---

＊ 中共四川省委党史工作委员会. 吴玉章教育文集［M］. 成都：四川教育出版社，1989：451-452. 原注：吴廷嘉、沈大德在回忆文章《在北京东四六条的小院》中，记述了他们在"文革"大混乱中访问吴玉章同志时所谈的话。当时他们都是人民大学学生，访问的时间是1966年10月底。不久，吴老住进医院，于这年的12月12日逝世。因此，上述记述可视为吴老最后的话。

① 《晋书·索靖传》："靖有先识远量，知天下将乱，指洛阳宫门铜驼叹曰：'会见汝在荆棘中耳！'"

卫、陈璧君到底还是露了原形。不要看有的人一阵子多得势、多行时，最后才弄得清楚哩！

看问题，就要学会看历史，看历史发展。

# 吴玉章自传
（1942 年）

**原编者按**：一九四二年，吴玉章同志在延安亲笔写了这份自传。原件为李新同志所提供，现由红岩革命纪念馆保存。本刊发表时，只对标点符号和个别错漏字作了订正。

我原名吴永珊，号玉章，字树人；一九三五年至一九三六年在法国，用岳平洋、平洋、岳镇东、镇东、震东、Joseph（约瑟夫）等假姓名，在苏联用Буренин（Burenin）布列宁等名字。

在中国入党时用吴玉章作党名，在苏联入党时用 Н（尼可拉）·И（伊里奇）·Буренин（布列宁）作党名，出席共产国际第七次代表大会时用王荣，现名吴玉章。

我在一八七八年生于四川荣县双石桥蔡家堰，代以耕读传家。父分得祖业约五十亩，理家井然，又酷爱书，望儿辈读书有成。母农村女，未念书，甚敦厚。我有二哥二姊，大哥同父一样，读书理家，二哥与我则专门读书，未作农民。仲兄早慧，十九岁即举秀才。我七岁丧父，十三岁又失慈母，自此即依兄嫂长成。我二兄都有志，后均为革命同盟会员。仲兄于民二闻二次革命失败，愤恨自缢死。长兄于八一南昌暴动到汕头，后我军失败回泸，一九三七年亦逝世。现我父母兄弟姐妹都已亡故。我分得祖业十余亩及一部份住宅，别无其他产业。我二十三岁离家，家贫，有时几不能举火，全赖我妻勤俭治家，养育子女。我有一女一子，女早嫁（有四女二子，长次二女已来延，现在三局学习）。

子名震寰，十七岁我即以勤工俭学送去法国，毕业于德国"恩鲁布儿"电

---

\* 历史研究，1981（4）：13-24.

科专校，在德国大水电工厂作五六年工程师，一九三三年到苏联，一九三七年同我赴法作国际宣传工作，一九三八年同我回武汉，现作长寿水电处工程师。他本于一九三〇年即加入法国共产党，后因专门技术人员参加组织不便，才未正式过组织生活。现家中仅我妻一人守家，凭祖业可以生活，使我自来毫无室家之累。我三四十年在外能安心革命工作，始终不倦，此亦是一原因。以上为我家庭状况。大概一八九二年，中日战争前，仲兄同我正到成都尊经书院念书才半年，值母急病死，仲兄服膺宋儒理学，性笃厚纯孝，母死庐墓三年。每晚我与兄萤灯对坐，共读历史，一同论及文天祥、岳飞、史可法等古人忠义节烈、至诚感人之言行，未尝不废书兴叹，以致痛哭。常自思欲效古人之高风亮节，作一番非常事业。后痛感甲午战之失败，遂关心国事。及至变法维新之说传来，我们即成此一新政运动之宣传者。戊戌政变时，仲兄在成都尊经书院热狂宣扬，我因家贫在一富绅家作教馆，亦热烈宣传新政。不久事败，六君子被杀，冷笑家从旁非笑，取名我为"时务专家"，气不为馁。一九〇二年我与仲兄冒险出外，一九〇三年正月到日本留学。值成立拒俄学生会，请清廷出兵逼沙俄退还旅顺口，我同仲兄均参加了此团体，后成为革命性的军国民教育会。一九〇五年孙中山到东京，我们即组织革命同盟会。过去常以忠君爱国为念，但又以为一人一代效死而卑之。现得三民主义的革命理论，对革命倍加积极坚强了。在同盟会我作评议员（时分评议、执行二部）。一九〇八年革命高潮低落，党员涣散，有孙、黄、章等派别之争。我此时专致力于团结党员，并发行《四川杂志》以助党机关《民报》之被禁，并印些小刊物如《革命丛报》等。时暗杀组织随革命之低落而发展，我同方君瑛、曾醒与现作卖国贼的陈璧君、汪精卫等，组织了炸李准、端方、清摄政王等工作。一九一〇年夏，我秘密到北京，组织劫狱（因汪、黄炸摄政王被捕）未成，即同熊克武、但懋辛、井勿幕四人到香港，与黄兴、喻云纪、胡汉民等商讨广州起义。一九一一年三月二十九日广州起义时，我在日本担任购运军火，我随最后一批军火抵广州时已起义，致使未及参加战斗即失败。随后我又返日到冈山第六高等学校。时四川铁路风潮汹涌，党要我回川，我于七、八月间（旧历六月）抵川。我与内地同志在本乡荣县宣布独立，攻克邻县威远，进攻自流井，因敌不住火器强我的当地巡防军，二次均败。时清政府派端方莅川平乱，武昌趁机起义。旧历十月初，我到内江，适值端方队伍经过，与共进会人决定在资州杀端方，我在内江同时起义。时成都、重庆亦同举义旗，川省革命随成。是年冬，中华民国临时政府在南京成立，孙中山为临时大总统，我被派为四川代表至南京。一九一二年正月我抵南京，孙中山要我作总统府秘书。时南北和议将成，秘书处人或到北京另谋新职，或不满和议另找出路，皆无心作事，我收拾残局，始终忠于职守，未因潮流之高低而作事有冷热。一九一三年袁世凯毁法，并暗杀宋教仁，而二次革命以兴，我亦热心奔波，不久事败，我被通缉，一九一三年冬逃往法国。不久欧战爆发，我入巴黎法科大学。在法李石曾、蔡元培等约我一同组织华法教育会，扩大留法勤工俭学会，并开办华工教育，改良法国招工条约，等等，蔡任会长，李任书记，我任会计。一九一六年正月间云南起义，我由法国议员介绍至伦敦会英国社会党议员，请彼在议会提议不借款与袁，此后袁氏以不得借款，兵事又失败，六月六日暴病气死。一九一六年十月，蔡元培要回国任北大校长，约我同归。我抵安南、云南，为华法教育会募集数千基金。一九一七年二月到北京开办留法预备学校。七月张勋复辟，国会南迁，孙中山为大元帅，发动护法之役。熊克武统一了四川，派我作四川代表，出席广州军政府政务会议。一九一八年五月军政府改组为七总裁制，政学会杨永泰等拥岑春煊为领袖，排斥孙中山的革命派。时我极力维护革命势力，与政学会作了无情的斗争。一九一九年"五四"以前，留日学生为反对二十一条而发展救国运动，我赞助他们，便在上海办《救国报》，又帮助《劳动声》等种种社会主义刊物。"五四"运动我亦热狂参加，并号召在法留学同志反对凡尔赛和约签字。时十月革命成功，无产阶级革命的洪流泛滥到中国。一九一九年冬我回四川，时川省与全国一样，酝酿着内部斗争（南洋派和中华革命党派的斗争），虽经我尽量调处，终于一九二〇年混战起来。时我看日文的《过激派》即《布尔塞维克》讲及列宁党的组织和十月革命后提出"不作工不得食"的口号，异常喜欢。一九二〇年重庆自治运动筹备会请我办理自治会，我即草就一篇《全川自治联合会宣言》，加入这些新的东西，登在《新蜀报》上，引起了全川人民的注意与欢迎。现在看来，其中虽有某些不正确的空想，但确是传播新思潮的利器。一九二一年四月大会成立，此一轰轰烈烈的全川自治联合会比省议会更有力，以致刘湘、杨森等想利用之选省长，我未应。潜用收买代表图贿选，我即机警的以制定省宪问题决定立即解散此团体。刘湘恨我入骨,要通缉我。一九二二年成都高师有逐校长贺伯忠之风潮,学生要求我作校长。在校我组织"中国青年共产党",有二十余人参加,杨尚昆同志之兄杨闇公为最积极最好。一九二四年正月,刘湘、杨森攻下成都,高师为杨森接收。是年五一节前,成都工农决定作一大纪念,杨森喜沾新派之名允准了,后有人告杨此运动乃我组织,想夺政权,杨大怒又要捕我,同志们力劝我出走,我同刘伯承、熊晓岩潜行至贵州、湖南。一九二五年初在北大见赵世炎同志,知道中国共产党成立的情形,即由世炎同志和李国暄、童庸生等介绍入共产党,并把四川的"中国青年共产党"之组织完全解散,函告他们个别加入共产党。而傅双无等以我处置不当,应用团体加入,取得党的重要位置,我坚决反对此种在党内保存小团体及争取位置的主张,日后果然这些人不了解列宁党的组织而有社会民主党的倾向。至于好分子如杨闇公等都加入了中国共产党。时党因我同国民党历史关系很深,派我作国民党中的工作。"五卅"惨案时我正在其中作了些宣传运动工作,国民党上海执行部提议要我回川组织国民党(因四川国民党为西山会议派石青阳、谢持等所包办),我允承,又去广东同廖仲恺、胡汉民、汪精卫等商妥。八月我抵重庆,得杨闇公等同志的帮助,很快改组了国民党,选出第二次代表大会的代表,且在二十天内开办了重庆中法大学附中,使国共合作在四川活跃起来。十一月底我领导四川代表到广州时,只到海外华侨代表彭泽民等三十多人,湖北代表董必武、向忠发等四人,其余各地甚至广东本地代表还未选出。大会由十月延期到十一月,又由十一月延期到翌年(一九二六年)正月一日,而看情形正月一日仍不能开会,因有西山会议派极力破坏。我到广州问汪精卫筹备大会之情形,他颓丧地说自廖仲恺被刺,胡汉民出走,西山会议派又捣乱,恐大会开不成。我说如大会不按时开,则国民党有解体之虞。当我路过上海时,在我党中央报告了四川工作情形,党认为满意,并函告广东党组织可委我以重任。由谭平山提议,国民党以我担任大会秘书长,时距开会时间仅二十多天。大家以为无论如何准备不及,非改期不可,我坚不允。他们问我有无把握,我答只要你们尽量帮助我,一定有把握。于是顿时各方就活跃起来,报上鼓吹,出大会专刊,打电到各地催选代表,果然在一九二六年一月一日大会胜利开幕了。轰轰烈烈开了二十天,作出了最进步的宣言决议,开除了西山会议派的反动分子，执行了党的严厉纪律，这才把孙中山死后动摇了的国民党基础稳定住。这是我党的力量支持了国民党。大会开过后，我要回川整理党务，大会选举我为国民党中央执行委员，广州报上时时有我的名字，一般人对我印象极好，尤其是孙夫人宋庆龄、廖夫人何香凝因我拯救了国民党，非常感激。我离广州后不久即发生三月二十日的中山舰事变，汪精卫出走，蒋介石专横。五月初国民党开二中全会以蒋作党主席，七月出师北伐蒋又任总司令，于是党政军大权在握，形成独裁制。八月我回广州，何香凝一见我大哭说：你一走后闹出了这么多乱子。且告我她托顾孟余作请汪回国复职运动，要我同顾相商。我同顾商定，发起开国民党执监委员联席会议来解决时局严重问题。十月初，广州开执监联席会议，议决了请汪回国，提出党内民主的口号。时邓演达、张发奎、李济深等都拥护此一主张，且蒋攻江西久不下，蒋的威风减煞，党的威权扩大了。十二月，政府部份人员迁至武汉，在汉组织临时政府，我同孙夫人、孙科、宋子文、徐谦、顾孟余、恽代英、陈友仁等到武汉。但蒋介石扣留一部份政府人员在南昌，主政府设南昌，使政府在他肘腋之下可挟制操纵。一九二七年一月三日，武汉群众与英水兵冲突，武汉政府以强硬手段收回汉口英租界，九江英租界亦同时收回，世界人士及全国人民均以另眼相看，认武汉政府为革命之中心。蒋在正月九日到武汉，于欢迎会上受大众"何时把政府全体迁来武汉"的质问及鲍罗廷的批评，回南昌后即打电武汉，要求第三国际撤换鲍罗廷，我们坚决反对，于是武汉南昌之斗争日烈。二月初，我们发出提高党权、实行民主、打倒昏庸老朽、反对个人独裁等宣言，号召开国民党三中全会来解决时局问题；此宣言得到了各处的响应。三月初，国民党三中全会在武汉开幕，顺利的解决了一切问题：取消蒋介石党主席职，以九常委合议制来代替；取消总司令制，以军委会来代替；组织新政府，请汪回任国民政府主席。时值上海三次暴动成功，上海市政府成立，南京同时攻下，革命势力泛滥在扬子江流域，武汉政府威风震动了全中国、全世界。由于我党机会主义陈独秀的领导及资产阶级深感革命对他的威胁，情愿受帝国主义的引诱而叛变。三月二十四日，蒋由南昌到九江，用流氓手段捣毁九江国民党党部。随赴上海，一路使流氓杨虎等捣乱。四月九日小贼头何应钦到南京，四月十二日蒋在申发起了反革命武装进攻，蒋到南京成立了反革命的政府。从此革命分成了两个营垒，武汉的革命反对南京的反革命。

在武汉时代，对我很有信仰，三中全会选我为国民党常务委员兼秘书（时中央秘书三人，陈公博、谭平山不管事，实只我一人）。因各方面有同志帮助，诸事进行的很顺利。从四月十八日汪精卫这不祥之物来武汉后，重心转移到他。汪日渐反对农民运动。五月有许克祥叛变的马日事变，夏斗寅、杨森进攻武汉，被我们同志叶挺率武汉军校子弟兵打得大败。但汪精卫、唐生智、谭延闿等不准进兵长沙，要用和平方法解决，而陈独秀机会主义亦大叫农民运动过火，不许进攻长沙，于是武汉反革命抬头了。时陈独秀在党的机关报《响导》上登了高一涵一篇文章，说我是共产党员，于是国民党恨我入骨，事事同我为难，反共气焰日炽。六月初，我们北伐军攻下郑州，冯玉祥到郑州，汪、唐、谭等即往商议反共，何键在汉阳兵工厂发反共传单，冯蒋徐州秘密会面，于是武汉政府又投入南京怀抱。七月十五，国民党开分共会议，十五日晨我把一切事情向秘书长于若愚交代清，并修书汪精卫说明去职理由，随到九江、南昌组织八一南昌暴动，同叶、贺军南进，我任革命委员会秘书长。十月到汕头，军事失败后到了流沙，开会议分配工作人员停当，我由香港回申。党中央以我熟人太多，不能在国内活动，遂于十一月派我到莫斯科。

到莫斯科在我思想上理论上是一大进展。我以前革命大半是为了不满现状，想改造现在环境，是出于"爱国爱民"不甘受人压迫的英雄思想，对于革命出路及社会发展等理论无啥认识，只凭热心毅力干，而不知方向是否正确。读马列主义书籍后，如得明镜，在思想上豁然开朗，有了正确的宇宙观、人生观，我心窃喜从此得改造，自己对革命更有信心与把握。到莫京，我入病院割痔疮，休养将及半年，故六大未能参加。一九二八年夏，林伯渠同志到莫京，米夫约我同林去中山大学中国问题研究室工作。在图书馆看到了许多在中国都难找的中国古书，我俩抄了许多，搜集有关土地田赋之材料，写成小册子，发表我们关于土地问题之意见。随后我同伯渠同志入中国劳动共产主义大学特别班。同班有何叔衡、徐特立、叶剑英、夏曦等同志，在学习中我对列宁主义、辩证唯物论、政治经济学特别有兴趣，得教员特别优等评语。时校中有托派秘密组织，企图作反党阴谋。一九二九年三月，校内讨论支部工作，各班小组都批评支部工作有许多缺点，特别反对支书别尔曼同志。他有能力，立场亦正确,反党分子利用日常生活的不满及其小缺点来攻击支部,企图夺取支部领导。时特别班有夏曦、江元青二人作支部委员,方维夏为候补委员。江、方二人受反党分子影响,攻击支部,在班上扩大了批评。我班推我同夏、江三人起草决议,他二人不忙,在讨论决议之前晚,我按小组讨论情况,匆忙起了一草,晚十二时夏曦来看决议后说:"不好,并不是不要说支部的缺点,而是有人想利用此缺点来反党,特别是反对立场正确坚定的别尔曼支书,我们的决议首先要说支部的路线是正确的,然后批评工作缺点,如此反党分子即无根据来推翻支部了。"于是我俩共同起草一决议,并决定由我提出。翌晨我把决议内容告诉同房的林老、江浩二同志,并说有人企图打倒支部,我们不要中了奸计,林老非常赞同,江浩则反对。中午班上讨论决议,争得很厉害。三人起草,先讨论我同夏二人的决议,我诚恳地发了言,说明讨论首先看路线是否正确,讨论缺点也要,但是次要的。因平时同志们和我都很好,大多数都未被反党分子拉去,所以虽有方、江等拼命反对,结果还是通过了我的决议,这是我们与反党分子斗争的开始。过了三个月开支部总结大会时,中国有一批新学生来,且有坏人,于是反党分子更得势了,联共"左"、右派反党的联合,影响到校内来。校内"左"、右派反党分子暗中勾结,右派借反托的幌子来拉拢人。大会开了十天,闹得很厉害,虽我同何老在大会上揭发了彭泽湘等右派反党分子的阴谋,但他们还是占绝对大多数。在墙报上他们把这些站在党正确立场的人讽刺为布尔什维克,且说布尔什维克只有二十八人了。后经联共党正确的领导,反党分子推翻党部的阴谋没有成功。大会后即放暑假,学生都去南俄克里米亚海边休养,在休养中托派更有组织了,九月返校反党分子活动更烈,我因右脚跌伤在医院中,何老来院哭告我,班上推翻了前次决议,我走后他们只有林老、徐老、夏曦等几人。我大愤。后校中开始清党,特别班亦纠正过去错误,推翻了他们反党决议,解散了小组。一九三○年七月清党完,我们也同时毕业,九月我同林老、江浩、唐彬等十二人由联共党派往远东工作,我到伯力共产主义大学中国班作主任。一九三一年初我到海参崴党校,是年六月刘斌同志到海参崴与我谈拉丁化新文字问题,想用新文字来扫除中国工人的文盲。我在海参崴作了新文字报告,引起许多人兴奋和注意。十月中央派肖三同志及列宁格勒科学院龙同志、石萍青、刘斌等来海参崴,我们发起开远东中国工人第一次拉丁化中国字代表大会。到会工人一千多，热烈欢迎新文字，由大会制定了新文字字母及原则和写法规则等，新文字具体完成。另外我写了《新文字的新文法》和《中国旧文字的起源和新文字的创造》（在新文字论丛上发表时改名《新文字与新文化运动》）二书，时海参崴成立苏联科学分院，推我为该分院中国部主任，在该院我作了一次中国新旧文字的报告，一九三三年又在列宁格勒科学院作一次报告，大家均甚满意。从前派到远东的人大半是托派，我们这一批是有和他们斗争的任务，因此我们到远东即帮助较好的干部如张锡畴、陈道南等和托派斗争。一九三一年秋，列宁学校托派周大名、董亦湘派来远东边疆党部工作，时远东出版部委我编一本中文教本，我因无暇写即摘录斯大林及一些名人讲演，并选录了沈泽民同志在莫斯科编的中文教本上几篇文章，草率的编成一本中文选集。此书刚出版，即被周、董等抓住，在党内告我，说我犯了机会主义错误，我大惊，急究所指错误，发现在自己作的文章里有一错误，即只简单地说苏联消灭富农，未说在农业集体化的基础上来消灭富农；且在沈所编书中选的几篇文章，关于中国革命问题、国家问题、道德问题等均有错误，这由于我相信沈精于理论，立场正确，故他作的定无问题，并未考究，而剪下编在书中。我痛恨自己铸此大错，花半月时间，夜以继日地研究马恩列斯有关这些问题的理论，深刻痛切地把我所有的错误的来源坦白忠诚地写成一篇声明书向支部提出。同志们因我承认、改正错误的忠诚、透彻、果决，是布尔什维克光明磊落的态度，未给我任何处罚；且以我自我批评的例子作为所有党员的模范和教训。一九三二年秋，教育部派人来考察远东教育情形，于大会上我引列宁致加普利岛学校学生信中说："一切学校里边最重要的是教课的思想，政治方向。什么东西决定这种方向呢？完全和绝对由教员成份决定。"此强调教员成份的说法又被海参崴另一校中托派所反对，两方大辩论，争的几乎动武，结果特派员说是我的正确才算了事。四中全会反立三路线精神由杨松同志带到了海参崴，我写了论中国土地农民问题的小册子，驳斥李立三写的报告的错误。在同杨松同志的接触中，未因亲密而忽略了批评。"一·二八"抗战时，我批评了他报告中说"十九路军有美国背景在后，是帝国主义的战争"的说法。一九三三年六月我到莫斯科，本想回国参加实际工作，因我党驻国际代表团要我担任东大中国部主任，九月又至东大工作。一九三五年六月在莫京听到"何梅协定"及平津日寇屠杀我爱国人民及上海《新生》事件等等难忍的消息，我们急电王明同志共商对策，出了展开革命新局面的"八一宣言"。时方振武秘密来莫京，代表团派我与之见面，出示"八一宣言"，大感动，潜到美国去宣传。在国际七大会上王明、康生、周国森、李光和我都发了言，各国代表时起欢呼，国际的友爱团结，使人无限感动，无限兴奋。出席大会时我用假名王荣。大会结束后，代表团派我秘密去巴黎扩大巴黎《救国报》，在巴黎办一印刷厂以加紧宣传统一战线政策。十月从列宁格勒动身，经许多曲折，十一月初到巴黎，正拟开展工作，忽法政府命令停止此报，如起诉复刊已属不能。因这不是法律问题，而为政治问题，而且时间也等不及。我即电商代表团的同意改为《救国时报》。在中文只添一"时"字，在法文则用同样的意思另用几个字，急把苏京寄来纸版改一报头，居然按期于"一二·九"纪念日出版。此报大受欢迎，并设法寄回中国，亦起了很大作用。我在莫斯科时，陈云同志为我介绍向商务印书馆买汉字铜模，一九三六年三月铜模运到巴黎，于是巴黎印刷所亦成立。是年一月我在巴黎召开中国旅欧共产党员代表会，到英、德、比、荷及法国各重要地方代表共十余人，我作了关于抗日民族统一战线和党的新政策的报告，讨论组织各国华侨抗日救国会和筹备抗联等计划，使多年散漫沉闷的各国同志有了党的新政策，各国同志有了联合及代表团之领导，气象为之一新。时各代表向代表团提议成立"中国代表团驻欧办事处"以统一领导各国中国党员，但因这样会违反国际组织原则，代表团未允。三月世界学联在伦敦开大会，因要不再蹈前次在北京因顾全统一战线而损独立性的覆辙，我去信德国支部，力说我们一方面要顾到统一战线，另方面要保持党的独立，断不可为统一战线而束缚自己手足，并要他们到伦敦后找侯雨民同志商量办法。不意新换了刘光德同志，原收信人他迁，待后转到，信已被拆。在我代表出席大会时，国民党特务由德国用"民族先锋社"名义将影印的这信分散会场，说大会为共产党所召集。幸而柯乐满同志驳斥了他们，未被破坏。随着德国冲锋队捕刘光德同志及许德瑗等同情分子五人，系驻德大使特务程天放勾结法西斯干的。我们发动了各团体向德抗议，要求使馆保人，不久许等释出；而刘则被驱出境。代表团得此消息，急电我返莫斯科，因我在法无居留证，是非法居住的。平时我每日必设法去报馆一趟。因我一生小心谨慎，举止大方，故未露破绽。一九三六年四月代表团派吴克坚同志代我工作，七月我返苏去赵毅敏同志主持之东大分校任教员。时亟需马列主义观点之历史，我即着手编中国史，并在校中讲授，即成自史前时期到明朝的一部讲义，国际教务处又要我写中国历史大纲。"双十二事变"及以后之和平解决，我党中央政策之正确，气度之伟大，震惊全球，全国舆论与人心莫不为之折服。是后国共合作，奋起抗战，使举国振奋，国际同情。时国际及中国代表团想派人去欧美作宣传工作，决定派我同法国共产党代表康民俄去西欧，国际并号召各国支部及各国劳动人民帮助中国人民反日侵略战争。一九三七年十一月同儿子震寰从莫斯科起程，十二月到巴黎，会同饶漱石、陆璀、吴克坚、卢竞如共六人分任工作。时闻李石曾在巴黎，往见，邀我同彼赴苏见要人及催苏出兵，未应。与李同往比京，向中国出席九国公约之代表团主坚持抗战。我在巴黎作了许多公开讲演，在国际援助西班牙大会上，在十二月二十二日法国"中国人民之友社"所召集的援助中国抗战大会上，特别在十二月十一日世界反战反法西斯委员会特为我招待法国新闻记者席上，我作了较详细的报告。后以此讲稿补充修改印成英、法文的小册子，题为《中国能战胜日本》。一九三八年二月，世界反侵略中国分会电派我出席伦敦世界反侵略大会。我同饶漱石、震寰到伦敦，会同陶行知、李石曾、王礼锡等出席大会，当时我作了一篇《中国抗日战争的新阶段》，饶用赵建生名出了《为自由和平而战的中国工人阶级》。当时中国使馆的国际宣传工作全是过时的、不合潮流的宣传，使人看了作呕，我们则很受人欢迎。二月同陶行知、漱石、震寰等庆幸的谒伦敦马克思墓。一九三八年三月二十日同震寰起程回国，共赴国难。道经新加坡、西贡，在华侨中宣传讲演，起了不少影响。四月二十一日到香港，二十四日乘机抵汉口。十一年前活动的旧地而今重莅，使我生无限的感想。抵汉后，同志间不必说，即是新知故交、青年、白头，亟问世界大势及国际间对我抗战的情形；特别是问苏联是否出兵，我即把苏联的处境及其援助民族革命的国策详细说明。对旧交（张季鸾、张群）我很恺切的和他们讲我党的政策，勉我们共同奋斗。六月三日我由汉飞重庆，动身时恩来同志留给我一纸，说中央社有一电说国民党监委会恢复我们党籍，我们已交涉好，不许报载，你到渝如该地报已登出，则以此紧急声明要报馆登。我即去，午后抵渝时，许多人欢迎我。旧交周钦岳（《新蜀报》主笔）告我国民党恢复党籍事报上已登，多人约我到青年会作长谈，时几个报馆负责人均在座，我即说明三点理由不能接受：第一是两党合作关系是否恢复民十三年之办法并未决定；第二事前未通知与征求我党中央及我们的意见；第三这恢复党籍中有张国焘、陈独秀等为我党开除的，和我们同类相待未免滑稽，更不能忍受。大家听了有理，我即以下面的声明书给他们看，请登。

毛泽东、周恩来等七人紧急声明：

顷闻中央社重庆电，中国国民党监察委员会三日上午八时开十四次常会通过恢复陈其瑗等二十六人党籍一案内列有周恩来、林祖涵、吴玉章、毛泽东、董必武、邓颖超、叶剑英等七人姓名。按鄙人等系中国共产党党员，国共两党虽在政治上已告合作，但组织上两党合作关系是否恢复民十三年之办法并未商定，而对恢复鄙人等国民党党籍，事前更未通知与征求本党中央及鄙人等意见，因特郑重声明：中国国民党中央监委此项决议关系鄙人等七人部份，鄙人等实不能承认。周恩来、林祖涵、吴玉章、毛泽东、董必武、邓颖超、叶剑英等七人同启。

六月三日此声明当即由重庆办事处周怡同志分送各报馆作为广告登出。当时张继在渝，一闻此信即请各报缓登，第二天一早即来找我，苦口说此声明万不可登，否则影响合作甚大。我说明各种理由，他说是他们的错误，好在还须经过中央委员会批准才能成立，可容缓图。于是我打电与恩来同志，他打电与蒋，随即由国民党中央委员会间接声明取消此案了事。在渝一星期，每因忙于赴会讲演，我即利用此等公共场所、会议讲台，广泛的宣传抗日民族统一战线的前途及世界反法西斯的力量，抗战必胜。同时也宣传苏联社会主义建设的胜利及其援华之真诚，说到社会及中国发展之前途，本着国际及我党新政策讲话，带些书籍及我的《抗战言论选集》送人。加以辛亥时代旧同事很多，还居高位，即在野亦算名流。如同盟会二十余人在"留春幄"欢迎我，谢持、黄复生二人风瘫不能行，尚乘舆莅会，可见我新政策是能感动人的。十一日飞成都，宾客盈门，到处欢迎，大有目不暇给之势，这真是我宣传的好机会。报馆、电台的人也要我谈话广播，足足忙了八九天。二十日返荣县家乡，二十一日到家，在乡场双石桥群众欢迎会上作了讲演。二十二日在家招待四邻农民、故旧亲朋，作一番讲演，劝他们为国出钱出力多去当兵。因此，以后我们县里志愿兵最多，引起国民党疑惧，以为另有用意，县长受批评，几乎处罚。二十二日县长定邀我赴欢迎会，全城挂旗志庆，一早我在公园作了很长的讲演，连了又作二次讲话，到晚始赶回家。二十四日晨即要乘车赴重庆，赶赴"七·七"开的参政会，二十五日到渝飞汉口。到汉后我们与救国会、青年党、国社党、第三党及黄炎培、胡景伊等轮流请客，讨论对于参政会提案，收效颇大。因此我们以区区七人能团结出席人数的半数以上，有三四十人的坚固堡垒，同情者有七八十人，故我们提案常常得四五十人甚至七八十人的连署。国民党须有二十人连署的规定未能难倒我们，相反的我们团结抗战进步灼见的提案大都通过了。在参政会我们的威信极高。大会开了十天，由于过劳和酷暑，七月底我痔疮大发，八月初入武汉疗养院。

在此有一事堪注意，在开大会前几天傅斯年、梁实秋等想在参政会提弹劾孔祥熙案，其用意是在去孔拥汪精卫上台。七月一日傅约我去梁实秋家谈话，说孔昏庸无能，且多劣迹，参政会为民意机关，应提出弹劾，想拉我党出面。傅问我意如何，我答我不能代我党发表意见，但我个人觉有三点须考虑：1. 参政会是民众渴望多时的统一战线之萌芽，将来可发展为民意机关，但现还不是，政府给它的权有限。是否能如国会可倒阁尚属问题，何况大敌当前更须举国一致，参政会有团结各党派的作用，是大家辛苦得来的，它的任务以团结抗战为第一，不能和政府取对立态度。2. 孔固然不好，但还能随蒋一致抗战，倒孔后又易以何人？如换一人与蒋意见不一致的（如汪）则更坏。3. 今日蒋实为政府之主持人，孔无能力，实不过蒋的代理人，倒孔无异倒蒋，我们拥蒋以其有能力且能决心抗战，应互相信任，才能战胜敌人，倒孔不引起他反感尚不可，何况必致反感？如果闹成僵局，使亲痛仇快，岂不更糟？傅大发脾气，且约四号开一会征求我党意见。我归即告我们同志，开党团会议，认为我的意见正确。四号我即往提出我党不赞成此举。一场风波才平，否则首次参政会定要闹乱子。

我八月八日飞西安，二十二日见阔别十一年，在南昌起义失败时分别，在抗战高涨时重见的朱总司令，真说不出如何欢欣鼓舞。九月初到延安，见了许多年共同奋斗而未得见面的同志，使人悲喜交集。十月一日我出席党扩大的六中全会，听了毛主席《论新阶段》的报告，认为此是我们抗战的总方略，是最重要有历史意义的文献。在大会上我作了一个国际对我抗战的同情和国际宣传的发言。全会推举我和林老、董老为中央委员。因重庆二次参政会又届,六中全会未开完,我即同王明、博古、林老等赴西安飞渝。时武汉失守,蒋已到渝。参政会后我同博古、林老、董老、王明等六人应蒋之约恳谈有五六点钟,蒋力劝我们去国民党作强有力的干部,为国家民族共同奋斗,不必要共产党,并说共产党不去,他死不瞑目。辩论很久,他且特别对我说:你是老同盟会,国民党的老前辈,还是回到国民党来吧!我说:我相信共产党是相信马列主义社会科学的真理,深知只有共产主义才是社会发展的正确道路,不能动摇,如果"二三其德",毫无气节,你也会看不起吧!他这一说服手段毫无效果,反使我们知其反共之决心。此后果有"防止异党活动"的密令。此次参政会有二事值得注意:一为讨论陈嘉庚来电"日寇未退出我国土之前,凡公务人员对任何人谈和平,概以汉奸国贼论"的提案时,汪精卫反对此提案,引起一场大闹。此时汪投降之机已见。二是邹韬奋所提"请撤消国书杂志原稿审查办法案"连署者达七十四人,占出席人数半数以上,大会竟通过了。国民党中央大发雷霆,作一决议——"以后不得党的许可,党员不得连署"。此决定后,我们连署不易了。一九三九年五月,我到北碚休养了半年,十一月回延,十二月二十二日党中央开庆祝斯大林六十寿辰大会上,发起成立中苏文化协会延安分会,我被推为会长。一九四〇年一月十五日,党中央为我六十生辰设盛宴,使我感到无上的光荣。毛主席的讲话尤使我兴奋感激,答辞中我说到我参加革命的经过及庆幸走到信仰共产主义成为光荣的中国共产党之一员是人生最大的幸福。我之所以能如此,一方面受了中国旧文化的熏陶,一方面是受了新文化的改造。我勤求真理,不愿随俗浮沉。我是老实人,对人对事都必忠实。我愿以共产主义的道德来发扬光大中国的旧道德。时边区文协开代表大会,毛主席发表《新民主主义论》,我认为是我党第二个有历史意义的文献。在文协大会上我作了新文字的报告,大家赞成在边区推行新文字,大会举我为文协会长。党中央要我作鲁迅文学艺术学院院长,我才疏力弱,只负一名义而已。我非常热心推行新文字,我和边区教育厅商定,今年冬季在延安县全用新文字扫除文盲,试办一年。十月开办新文字教员训练班,我亲自去教,朝夕讲解,不但教了新文字,而且团结组织了他们。十一月七日开新文字协会成立大会及训练班毕业，六十余人分在延安县、市去工作，成绩很好。因过于兴奋和积劳，十一月底我病了，几乎不起。翌年一月始有起色。国民党拟在一九四〇年十一月开国民大会，可促使实行宪政。在延开宪政促进会，我被推为会长。自己动手专为培养推行新文字干部创办了"新干校"。一九四一年夏，党中央开办延安大学，以我为名义校长，实际均副校长赵毅敏同志在努力。一九四二年二月我党领袖毛泽东同志以马列主义的思想方法和革命理论来改造训练全党党员，发出了整顿三风的演讲，这是我党第三个历史文献，使党员、非党员在思想上来一个革命。一九四二年十月由党西北中央局召集了高级干部数百人，开了三个月的高干会议，把过去党的工作，特别是西北党的工作来一番深刻的检讨，把过去犯的主观主义、教条主义、党八股及"左"右倾机会主义作了一总清算。我在这会上得了不少教训，因为过去在国内的时间很少，未参加实际工作，在此次检讨争论中，把理论与实际联系起来，真是胜过研读十年马列主义。高干会中毛主席写成的《经济问题与财政问题》的文章，也可说是毛主席第四个有历史意义的文献。我党有此领袖也同联共党有斯大林一样，有了高明的舵师，革命一定会胜利。

整风中，人人写思想自传，号召坦白运动，在此发现了国民党派来党内不少特务，我党以宽大政策来号召拯救被陷害的青年。现已有不少改过自新了，此为反共分子初料所不及，所谓"作伪心劳日拙"。新的残酷的斗争来了，我又要欢欣鼓舞来迎接这斗争。我又会同数十年的战斗一样，又看到新的胜利。

回忆我一生，从孩提时我自尊心、自信心就特强，小时作事即有始有终，始终如一。稍长又受兄长熏陶，养成坚忍沉毅的个性，仲兄给我读《见义不为无勇也》一篇文，深受感动。时我也慕曾、左等"中兴名臣"，思想上是模糊的，即随后崇康梁变法维新，也不过旧思想之继续。到一九〇〇年看赫胥黎《天演论》、达尔文《进化论》后，思想上才起一变化，笃信"优胜劣败""适者生存"的理论，此种英雄主义、发展个性、思想自由、打破传统的呼声在沉郁的旧社会中，当时还有其革命意义，此等思想引导我走上了革命。在日本看卢骚《民约论》及幸德秋水的《社会主义神髓》，十八世纪法国的思想，二十世纪社会主义的思想及无政府主义的思想搅混一团。见中山三民主义，以为好，愿为之奋斗。辛亥革命前即有派别之争，失败后，党内涣散，分派别，斗争尤烈。我素不参加任何派别斗争，但还未认识到思想一致性的重要。一九一三至一九一九年我未参加何党派，似无政府主义的信仰者，是我苦闷而未得出路时代。一九一九年我看了日文的《过激派》《布尔什维克》才走向马列主义。

我的思想最初是忠君爱国，后发展为资产阶级民主革命（三民主义），最后到共产主义。于今我数十年追求的真理得到了，我将尽我一生永远为这真理的实现而奋斗。

我觉得我有些优点，但同时又是缺点。如我忠诚坦白，但因此常乏警惕性，易受人欺；有恒心毅力，但因此作事迟缓，不敏捷；志趣远大，但又因好大不顾实力，常常不能完成计划；特别是"党八股"的毛病深，写文章总是长而拙；我坚苦而耐劳，克己为人，往往因此不应让步者亦让步；我能好恶人，但不能"好而知其恶，恶而知其美"，特别在使用干部上常受其害；不为威胁，不为利诱，能知足安分，存心作一好人，能随时代潮流并进，心志纯洁，大公无私，十七岁以前很沉默寡言，但以后又变为多言，现在还是有时不必多言而哓哓不已，有时应言而又隐忍不发。在会议时特别在参政会中，既无急智，又无辩才，因而碌碌无所表现。因我的心思迟钝，不能应付急变，虽然有例外，但并不多。我之愚有时为常人所不及，但这样愚有时反变为智。例如我姑母的一个儿子，又是我的姐夫，大我二十余岁，与我仲兄同时得举秀才。我幼年肯听他的话，他关心我亦切。他笃信佛，好善乐施，去年以八十八岁高龄死后，乡间有失去生佛之感。他常对我家说，我辛亥革命、"五四"运动、大革命时代的战友，有的飞黄腾达，有的退隐山林，只有我老死不变，茹苦含辛，朝夕的奔忙，既不为名，又不为利，真是愚不可及。是的，我数十年同事的"革命英雄"们至今还剩得几人？我奋斗不懈，为的是追求人生的真理，人类的解放，常人颇难了解，而我终于得到了人类最宝贵的马列主义，彻底了解了宇宙和人生的究竟，比那些糊涂一生的人快活得多。"求仁得仁"，我正以此自傲自慰，毕竟谁是聪明谁是愚笨呢？这也可以说，愚之极却开了智之门，又是辩证的真理。我有学而不厌的好处，虽然有不少的缺点，我愿在党的领导下，同志们的批评下，和自己的努力学习下，发扬我的优点，克服我的缺点，以完成我革命的志愿。

[附注]前年组织部要我为党的"七大"写一自传时,陈云同志曾告我:你病后可缓缓地写。当时写了一本,迟到最近才把它写完,还不算完备就有约三万字。这个自传是把它缩减以符五千字之限,但已逾限了。而内容往往只是一个提纲,不能详写事实。如不明白请看为"七大"写的较详的自传。我写了一篇《六十自述》,比较更详,写完后当送上。

# 参考文献

**一、吴玉章专著、文集**

[1] 吴玉章. 吴玉章抗战言论选集［M］. 武汉：中国出版社，1938.

[2] 吴玉章. 中国最近五十年民族民主革命运动简史［M］. 石家庄：华北大学教务处，1948.

[3] 许立群. 中国史话［M］. 吴玉章，序. 上海：文华出版社，1948.

[4] 吴玉章. 新文字与新文化运动［M］. 石家庄：华北大学，1949.

[5] 吴玉章. 中国历史教程绪论［M］. 哈尔滨：东北新华书店，1949.

[6] 吴玉章. 第一次国内革命战争时期的历史情况［J］. 党史资料，1954（6）.

[7] 吴玉章，等. 在列宁主义的旗帜下：列宁诞生八十五周年纪念文集［M］. 北京：人民出版社，1955.

[8] 吴玉章，郭沫若，沈雁冰，等. 中国文字改革的第一步［M］. 北京：人民出版社，1956.

[9] 吴玉章，等. 简化汉字问题［M］. 北京：中华书局，1956.

[10] 吴玉章. 关于当前文字改革工作和汉语拼音方案的报告［M］. 北京：文字改革出版社，1958.

[11] 吴玉章，等. 戊戌变法六十周年纪念文集［M］. 北京：中华书局，1958.

[12] 吴玉章. 辛亥革命［M］. 北京：中国人民大学出版社，1960.

[13] 吴玉章，等. 毛主席在重庆［M］. 北京：解放军文艺出版社，1961.

[14] 文字改革出版社. 汉语拼音字母的发音方法［M］. 北京：文字改革出版社，1962. 本书根据吴玉章1941年讲授的新文字发音方法改编。

[15] 吴玉章. 历史文集 [M]. 北京：人民出版社，1963.

[16] 吴玉章. 论辛亥革命 [M]. 北京：人民出版社，1972.

[17] 吴玉章. 吴玉章回忆录 [M]. 北京：中国青年出版社，1978.

[18] 吴玉章. 文字改革文集 [M]. 北京：中国人民大学出版社，1978.

[19] 刘伯承，吴玉章，杨尚昆，等. 忆杨闇公同志 [M]. 成都：四川人民出版社，1980.

[20] 吴玉章. 吴玉章诗选 [M]. 成都：四川人民出版社，1983.

[21] 吴玉章. 吴玉章文集 [M]. 重庆：重庆出版社，1987.

[22] 吴玉章. 吴玉章教育文集 [M]. 成都：四川教育出版社，1989.

[23] 吴玉章. 八一革命 [M]. 北京：社会科学文献出版社，1991.

[24] 程文，陈岳军. 吴玉章往来书信集 [M]. 重庆：重庆大学出版社，1993.

[25] 陈述琪. 吴玉章对联导读 [M]. 成都：四川人民出版社，2010.

二、相关参阅材料

[26] 田嘉谷. 抗战教育在陕北 [M] //佚名. 明日丛书：三. [出版地不详]：明日出版社，1938.

[27] 新华日报索引编辑组.《新华日报》数据库 [EB/OL]. iffhb8bd5334b299e4d6ehoovqp5uqbonv6bk9. ffaz. libproxy. ruc. edu. cn/xperss. apsx.

[28] 华北大学成立筹委员会. 华北大学成立典礼特刊 [Z]. 石家庄：华北大学成立筹备委员会，1948.

[29] 刘少奇，吴玉章. 学习毛泽东思想 [M] //佚名. 改造丛书：一. [出版地不详]：改造生活出版社，1949.

[30] 华北大学华大生活社. 华大生活 [J]. 1949（1）—1949（15）. 石家庄：华北大学华大生活社，1949.

[31] 中国青年出版社. 一切为了社会主义 培养英勇劳动，艰苦奋斗的精神 [M]. 北京：中国青年出版社，1954.

[32] 高等教育部办公厅. 高等教育文献法令汇编（1949年—1952年）[M]. 北京：人民出版社，1958.

[33] 中国人民大学"人民大学周报"编委会. 人民大学周报 [N]. 1950

（1）—1963（201）. 北京：中国人民大学，1950—1963.

［34］教育科学研究所筹备处. 老解放区教育资料选编［M］. 北京：人民教育出版社，1959.

［35］延安时事问题研究会. 抗战中的中国文化教育［M］. 上海：上海人民出版社，1961.

［36］《人民教育》社. 老解放区教育工作经验片段［M］. 上海：上海教育出版社，1958.

［37］《人民教育》社. 老解放区教育工作经验片段：第二辑［M］. 上海：上海教育出版社，1961.

［38］救国时报社.《救国时报》合订本：1935年12月—1938年2月［M］. 影印本. 北京：人民出版社，1980.

［39］陕西省档案馆，陕西省社会科学院. 陕甘宁边区政府文件选编 第1辑［M］. 北京：中国档案出版社，1980.

［40］陕西师范大学教育研究所. 陕甘宁边区教育资料：高等教育和干部学校部分 上［M］. 北京：教育科学出版社，1981.

［41］陕西师范大学教育研究所. 陕甘宁边区教育资料：在职干部教育部分［M］. 北京：教育科学出版社，1981.

［42］陕西师范大学教育研究所. 陕甘宁边区教育资料：教育方针政策部分［M］. 北京：教育科学出版社，1981.

［43］程文. 吴玉章同志领导我们战斗在山城—重庆：回忆撤离重庆的前后［J］. 四川党史研究资料，1982（3）.

［44］中央文献研究室. 毛泽东书信选集［M］. 北京：中央文献出版社，2003.

［45］中央教育科学研究所. 老解放区教育资料：2 抗日战争时期 上［M］. 北京：教育科学出版社，1986.

［46］中国社会科学院新闻研究所，中国报刊研究室. 延安文萃：上、下［M］. 北京：北京出版社，1984.

［47］北京工业学院高教研究室. 延安自然科学院史料：第1—5册［M］. 北京：北京工业学院，1985.

[48] 曲士培. 抗日战争时期解放区高等教育［M］. 北京：北京大学出版社，1985.

[49] 张腾霄. 中国共产党的干部教育：抗日战争时期［M］. 北京：中国人民大学出版社，1988.

[50] 高维进. 延安鲁艺 1938—1945 年简要记事［J］. 新文化史料，1988（2）：49-64.

[51] 王谦. 晋察冀边区教育资料选编：干部教育分册 上、下［M］. 石家庄：河北教育出版社，1990.

[52] 韩辛茹. 回忆北方大学［M］. 长治：北方大学校友会，1991.

[53] 董纯才. 中国革命根据地教育史：第一、二、三卷［M］. 北京：教育科学出版社，1993.

[54] 人民教育出版社教育室. 马克思 恩格斯 列宁论教育［M］. 北京：人民教育出版社，1993.

[55] 王云风. 延安大学校史［M］. 西安：陕西人民教育出版社，1994.

[56]《北方大学工学院史料》编辑委员会. 北方大学工学院史料［M］. 北京：北京理工大学出版社，1995.

[57] 华北大学工学院. 华北大学工学院史稿［M］. 北京：北京理工大学出版社，1995.

[58] 华北大学农学院院史编委会. 华北大学农学院史记：1939—1949［M］. 北京：中国农业出版社，1995.

[59] 曹剑英，刘茗，石璞，等. 晋察冀边区教育史［M］. 石家庄：河北教育出版社，1995.

[60] 中共中央文献研究室. 毛泽东文集：第 1—8 卷［M］. 北京：人民出版社，1993，1996，1999.

[61]《华北大学工学院回忆录》编辑组. 华北大学工学院回忆录［M］. 北京：北京理工大学出版社，1998.

[62] 刘文耀，杨世元. 吴玉章年谱［M］. 成都：四川人民出版社，1998.

[63] 中央档案馆. 共和国雏形：华北人民政府［M］. 北京：西苑出版社，2000.

[64] 王晋，汪洋. 华实录：华北大学回忆文集［M］. 北京：中国人民大学出版社，2003.

[65] 龚海泉，张晋峰，张耀灿. 20世纪的中国高等教育：德育卷［M］. 北京：高等教育出版社，2003.

[66] 人民日报社. 人民日报［N/OL］. 1946-05-15—2003-12-31. http://iffxbdd1e1233606b4464hqq0ffwfu5uo96v0p. fgcz. libproxy. ruc. edu. cn/search?channelid＝10100&searchword＝％C8％D5％C6％DA％3d2020. 12. 11％20and％20％B0％E6％B4％CE％3d1.

[67] 中共中央文献研究室. 邓小平论教育［M］. 3版. 北京：人民教育出版社，2004.

[68] 中国人民大学校友工作室. 人大往事：1937—2004 第1、2卷［M］. 北京：中国人民大学出版社，2005.

[69] 刘志鹏，别敦荣，张笛梅. 20世纪的中国高等教育：教学卷 上、下［M］. 北京：高等教育出版社，2006.

[70] 刘葆观. 血与火的洗礼：从陕北公学到华北大学回忆录 1937—1949 上、下［M］. 北京：中国人民大学出版社，2007.

[71] 刘葆观. 在神州大地上崛起：中国人民大学回忆录 1950—2000 上、下［M］. 北京：中国人民大学出版社，2007.

[72] 中国人民大学校史研究丛书编委会. 造就革命的先锋队：中国人民大学史（第一卷）［M］. 北京：中国人民大学出版社，2007.

[73] 中国人民大学校史研究丛书编委会. 中国人民大学纪事：1937—2007 上、下［M］. 北京：中国人民大学出版社，2007.

[74] 陶行知. 中国教育改造［M］. 北京：人民出版社，2008.

[75] 人民教育出版社. 毛泽东论教育［M］. 北京：人民教育出版社，2008.

[76] 自贡市政协文史资料编辑委员会. 辛亥革命在自贡［M］. 成都：四川人民出版社，2008.

[77] 延安大学史编委会. 延安大学史［M］. 北京：人民出版社，2008.

[78] 中国延安干部学院. 延安时期资料选编：文化建设卷［M］. 延安：

中国延安干部学院，2010.

[79] 中共中央党史研究室. 中国共产党历史：第一卷（1921—1949）[M]. 2版. 北京：中共党史出版社，2011.

[80] 中共中央党史研究室. 中国共产党历史：第二卷（1949—1978）[M]. 2版. 北京：中共党史出版社，2011.

[81] 中共中央组织部组织二局，教育部思想政治工作司.《中国共产党普通高等学校基层组织工作条例》学习辅导读本［M］. 北京：高等教育出版社，2011.

[82] 中国延安干部学院. 延安时期资料选编：干部教育卷［M］. 延安：中国延安干部学院，2012.

[83] 成仿吾. 战火中的大学：从陕北公学到人民大学的回顾［M］. 北京：人民出版社，2014.

[84]《红色档案——延安时期文献档案汇编》编委会. 红色档案：延安时期文献档案汇编：1—60卷［M］. 西安：陕西人民出版社，2013，2014.

[85] 中共中央文献研究室，中国延安干部学院. 延安时期党的重要领导人著作选编：上、下［M］. 北京：中央文献出版社，2014.

[86] 法律出版社法规中心. 中华人民共和国高等教育法［M］. 最新修正版. 北京：法律出版社，2016.

[87] 中国人民大学前身时期校史读物编委会. 迎接新时代的曙光：华北大学（1948—1950）［M］. 北京：中国人民大学出版社，2017.

[88] 光明日报社. 光明日报［N/OL］. 1949-06-16—2017-12-31. http://hfigy1bceb09348dc4afehpfpwnnvob59b6ucf.fcch.libproxy.ruc.edu.cn/.

[89] 中国人民大学档案馆. 人大·档案·记忆：第1辑［M］. 北京：中国人民大学出版社，2017.

[90] 中共中央文献研究室. 习近平关于青少年和共青团工作论述摘编［M］. 北京：中央文献出版社，2017.

[91] 齐鹏飞. 中国共产党创办新型高等教育的历史、理论与实践：中国人民大学80年办学经验总结［M］. 北京：中国人民大学出版社，2018.

[92] 教育部课题组. 深入学习习近平关于教育的重要论述［M］. 北京：

人民出版社，2019.

［93］本书编写组. 习近平总书记教育重要论述讲义［M］. 北京：高等教育出版社，2020.

［94］教学与研究编辑部. 教学与研究［J］. 1953（1）—. 北京：教学与研究编辑部，1953—.

［95］中国青年编辑部. 中国青年［J］. 1923（1）—. 上海：中国青年编辑部，1923—.

三、纪念文献

［96］何其芳. 吴玉章同志革命故事［M］. 苏州：苏南新华书店，1949.

［97］中国人民大学《教学与研究》编辑部. 吴玉章同志诞辰一百周年纪念专刊［M］. 北京：中国人民大学出版社，1978.

［98］中国四川省委党史工作委员会《吴玉章传》编写组. 怀念吴老［M］. 重庆：重庆出版社，1986.

［99］黄达. 吴玉章与中国人民大学［M］. 太原：山西教育出版社，1996.

［100］李文海，卢铁城，隗瀛涛. 爱国重教务实求真：纪念吴玉章同志诞辰一百二十周年［M］. 成都：四川大学出版社，1998.

［101］四川省吴玉章研究会. 革命元勋 千秋师表：纪念吴玉章诞辰130周年［M］. 北京：中国人民大学出版社，2009.

［102］四川省吴玉章研究会. 百年回眸：纪念辛亥革命100周年［M］. 北京：光明日报出版社，2011.

# 编　后

　　在庆祝中国共产党成立 100 周年之际,《吴玉章论教育》面世了。1987 年 10 月 15 日,邓小平同志为建在中国人民大学的吴玉章老校长雕像题字:"我国杰出的无产阶级革命家、教育家、历史学家、语言文字学家吴玉章"。34 年来,"新中国教育的开拓者,我们敬爱的吴老"[①] 始终用他那慈祥的目光关注着我们。为"不忘初心,继续前进",我们编辑出版了这本文集,意在既有益于读者深入研究吴老与时俱进的高教思想及其形成脉络,又有益于高教工作者运用他承前启后、融贯东西的高校办学理念及实践经验,科学服务高教改革,为实现"两个一百年"奋斗目标做出应有的贡献。

　　为便于读者研读,本文集采用按时间先后排序的方式编辑。依据教育教学和管理工作者从事科学研究和教学管理实践的需要,编者甄选了自 1905 年 1 月至 1966 年 10 月,吴老在不同场合的讲话、公开发表的文章和书信等共计 85 篇。文集的文献搜集和编辑整理,参考了《吴玉章文集》、《吴玉章教育文集》和《吴玉章往来书信集》等相关书籍。文集遴选的文献均源自公开出版的吴老著述,出处包括《人民日报》《光明日报》《解放日报》《新华日报》《教学与研究》《人民教育》《华大生活》《人民大学周报》等报纸杂志,以及有关档案主管单位公开出版发行的史料等。文集中选用文献的出处编者均予注释,其他注释均采用原出版物已注明的信息。吴老的教育专著和文集众多,因篇幅所限,本文集未能一一列入,读者可参照书后参考文献选读。借此专门说明。

　　习近平总书记在全国高校思想政治工作会议上的重要讲话中强调指出:"我国有独特的历史、独特的文化、独特的国情,决定了我国必须走自己的高

---

① 郭影秋. 吴老与中国人民大学:纪念吴玉章同志诞辰一百零五周年 [N]. 人民日报,1984-01-23 (5).

等教育发展道路，扎实办好中国特色社会主义高校。"在扎根中国大地办世界一流大学的今天，推出"中国新型高等教育的开拓者"①——吴老历经半个多世纪的研究和实践成果，正是为各类高校传承红色基因，培养中国特色社会主义事业的合格建设者和可靠接班人提供参考和借鉴。出版本文集的意义亦在于此。

本文集的顺利出版，离不开中国人民大学党政领导的关心、指导和支持。文集由中国人民大学校史研究室王学军、周石、楚艳红精心选编，吕鹏军后期核校，现由中国人民大学出版社出版。需要特别提到的是，文集编纂前期选编内部资料《吴老五十条箴言》时，中国人民大学原党委书记程天权题词，他说："真理明白，大道至简。就吴老的五十条语录，一个人能照着实践了，所向无阻，一世无碍。开卷有益：做饭容易洗碗难。善始容易善终难，高调容易谦卑难，鲜亮容易淡泊难，自持容易纳言难……"这些话无疑给予了读者以科学的启示。此外，文集于文献收集和编纂过程中，也得到了中国人民大学吴本立教授、研究生院原副院长徐志清等老领导、老专家的悉心指导和关心。此间，中国人民大学档案馆、马克思主义学院和教育学院，四川省自贡市荣县吴玉章故居陈列馆馆长吕远红，延安大学档案馆馆长张雪梅等，也都为本文集的出版做出了贡献。中国人民大学出版社编辑更为文集的出版付出了心血。在此，一并由衷致谢。

---

① 蒋南翔. 纪念我国无产阶级教育家吴玉章同志 [N]. 人民日报，1984-01-14（4）.

特别鸣谢
中国人民大学教育基金会资助

图书在版编目（CIP）数据

吴玉章论教育/吴玉章著；中国人民大学校史研究室编. --北京：中国人民大学出版社，2021.6
ISBN 978-7-300-29251-9

Ⅰ. ①吴… Ⅱ. ①吴… ②中… Ⅲ. ①教育-文集 Ⅳ. ①G4-53

中国版本图书馆CIP数据核字（2021）第060856号

**吴玉章论教育**
吴玉章　著
中国人民大学校史研究室　编
Wu Yuzhang Lun Jiaoyu

| | | | | |
|---|---|---|---|---|
| 出版发行 | 中国人民大学出版社 | | | |
| 社　　址 | 北京中关村大街31号 | 邮政编码 | 100080 | |
| 电　　话 | 010-62511242（总编室） | | 010-62511770（质管部） | |
| | 010-82501766（邮购部） | | 010-62514148（门市部） | |
| | 010-62515195（发行公司） | | 010-62515275（盗版举报） | |
| 网　　址 | http://www.crup.com.cn | | | |
| 经　　销 | 新华书店 | | | |
| 印　　刷 | 唐山玺诚印务有限公司 | | | |
| 规　　格 | 170 mm×228 mm　16开本 | 版　次 | 2021年6月第1版 | |
| 印　　张 | 22.75　插页4 | 印　次 | 2024年1月第2次印刷 | |
| 字　　数 | 356 000 | 定　价 | 72.00元 | |

版权所有　　侵权必究　　印装差错　　负责调换